生のリアリティと福祉教育

福山清蔵・尾崎 新 編著

序　文

立教大学にコミュニティ福祉学部が誕生して、十年が過ぎた。本書は、本学部の教員が開設以降の十年間、それぞれに試行錯誤した教育実践と問い続けた教育理念を考察した論文集である。

本書の目的は、福祉教育が、人が生きることの多様な現実と奥深い本質（本書はこれらを「生《せい》のリアリティ」と呼ぶ）を、なぜ大事にすべきか、いかに「生のリアリティ」に近づくか、を論じることである。

わが国の大学、専門学校の福祉系学部・学科は、社会福祉士、精神保健福祉士などの国家資格の誕生以降、受験資格に必要な講義や演習、実習を中心にカリキュラムを構造化した。これは、福祉の専門性や資格を育てるうえで必要な構造化であった。しかし、われわれは資格のために整理された理論や知識を重視しつつも、それだけで福祉教育を醸成できるとは考えない。福祉教育は、何より「生のリアリティ」がもつ、わからなさ、矛盾、葛藤と向き合う時間や経験であると考えるためである。つまり、福祉教育の原点は、整理された理論・知識のほかに、「生のリアリティ」と向き合う経験を不可欠とする。そのような経験とは、たとえば教員と学生が互いに、「人生」や「いのち」の諸相を何度も見つめなおすこと、コミュニティの歴史や構造、現実を問いなおすこと、「障害や貧困とはいったい何か」「共感や自己決定の支援は、はたして可能か」などの問いの前に立ちどまり、悩むことである。あるいは、教員と学生がこれらの問題意識のなかで、それぞれが自分と向き合い、他者と対話し、互いに豊かなまなざしを育てようとすることである。福祉の実践や教育が向き合おうとする「生のリアリティ」には、わからなさや矛盾、葛藤が満ちており、理論や知識に整理しきれない奥深さが存在するからである。

ここに、「生のリアリティ」を簡潔に示唆したことばがある。藤川幸之助の詩集『満月の夜、母を施設に置いて』(二〇〇六) の表紙帯に書かれたことばである。

介護は　どうしてこんなに　無駄で　貴いのだろう。

認知症は　どうしてこんなに　腹立たしく　愛おしいのだろう。

母は　どうしてこんなに　小さくて　大きいのだろう。

認知症の母を介護する詩人が、母と介護と自分に向き合い、わからなさや矛盾の前に立ち尽くし、その経験を表現した詩集である。その帯に記されたことばは、「無駄で　貴い」「腹立たしく　愛おしい」「小さくて　大きい」。これらは簡潔ではあるが、そこには矛盾とわからなさが満ちている。だからこそ、奥深い。このような深さこそ、「生きること」「苦しむこと」のリアリティである。本書は、福祉教育がこのようなリアリティを、なぜ、いかに、大切にすべきかを論じる。

本書は三部構成とした。第Ⅰ部は、各教員が試行錯誤した教育実践の報告である。そこでは、「障害当事者」の兼任講師として十年間講義を試行錯誤した安積による報告、実習教育における試行錯誤など、多様な経験が考察される。第Ⅱ部は、教員と学生によるいくつかの共同作業の過程でみえてきた成果と課題、また講義や演習がコミュニティとどう向き合ったかなどの報告、さらに本学部以外の学生が履修する講義の実践報告などである。第Ⅲ部は、福祉教育の理念を問いなおす考察である。とりわけ、「生きること」「いのち」を主題とした論文を収めた。

むろん、本書がもつ「生のリアリティ」に迫ろうとする視点は、福祉教育の多くの先人が育て続けた課題と同じである。このような福祉教育に流れる源流は、いつの時代も存在し、流れ続けている。本書の願いは、本学部における教育実践の試行錯誤と問いなおしを世に発信することにより、福祉教育の源流にいっそうの厚みを加えることである。なお、本書の特色は、執筆したそれぞれの教員がいずれも自らの教育実践や教育観を問う点にある。つまり、各章の考察の主語と対象は教員自身である。そのため、本書では、学生の変化などの記述に主眼は置かない。また、カリキュラムの構造や変遷、あるいは学生による授業評価などのテーマは扱わない。

本書を次の方々にお読みいただければありがたい。まず、さまざまな場で福祉教育を試行錯誤する方々。そして、福祉教育をともに育てる学生や福祉実践関係者。本書は何よりも福祉教育をめぐる社会的対話をいっそう豊かにしたいと願っている。また、教育学を専攻し、教育学に関心をもつ方々。本書は福祉教育の実践と考察ではあるものの、広く教育についての対話も豊かにできればと思う。さらに、本学部の十年後、二十年後の教員と学生たち。本書は、学部創世期の教育実践を報告することにより、後の時代の教育をめぐる対話の資料となることも目指した。

編　者

二〇〇九年三月

【引用文献】
藤川幸之助／詩・松尾たいこ／絵・谷川俊太郎／対談（二〇〇六）『満月の夜、母を施設に置いて』中央法規出版

目次

生のリアリティと福祉教育

第Ⅰ部　実践としての福祉教育

かかわり

第1章　グループワークの場所

福山清蔵

第1節　グループワークの位置づけ

はじめに

長い間、カウンセリング臨床に取り組み、学生たちやボランティアに携わる人たちのカウンセリングの学習を援助してきた経過のほとんどにおいて、「グループ」を活用している。

それは初学者として、さらには指導者として、私自身が経験してきたことでもあった。つまり、これまでカウンセリングを学ぶ際に、ロールプレイング、ベーシック・エンカウンター、構成的エンカウンター、ケースカンファレンス、グループ・スーパービジョンなど、多彩な形式で「グループ」を通じた学習を体験してきたのである。

また、別のスタイルとしては、フォーカシング、ゲシュタルトワーク、サイコドラマなど、多くのワークショップが「グループ」で運営されており、それらにも参加してきた。他者との間で多くのことを学び、自分自身を確認する場として、いつでもグループの独特の場の力、他者の存在と他者の感性とを必要としてきた、ということでもある。

それらの経験のなかで私が大切にしてきたのは、グループのダイナミクスというよりも、それによって刺激され、直面化させられ、挑戦する自分自身の姿であった。

現在、大学の講義のなかで、一年間「グループワーク」を通してカウンセリング」を学ぶ試みを行っている。この「グループワーク」という概念について少し述べるところから始めて、実際のクラスの動きを紹介しつつ、この「グループワーク」のもつ力や個々の成長過程について考察してみたい。

さて、「グループワーク」という言葉や働きは、社会福祉学や臨床心理学で比較的頻度高く用いられている用語である。この「グループワーク」とは、グループで行う「共同作業」を指したり、「グループ」のなかで起こる出来事を指したりと、多義的に用いられている。

私が学部生のころに受講した故柳原教授の講義で、年間を通じて「グループワーク」が取り入れられていた。あるときは「ディベート」として、あるときは「他者とのかかわりの促進」や「自己理解の発展」として、「グループ」が活用されていたのである。受講生はほぼ七、八人であって、グループサイズとしてもちょうどよかった。

当時私は、講義というものは、先生が大切なことを〝教えてくれるもの〟であると信じていた。しかし、そのときの教授は特に何かを教えるわけでもなく、そのまま一年が過ぎていった。それなのに、どうしてもその講義は私の記憶から離れない。そこでの実習（ワーク）が取り立てて面白かったわけでもないし、メンバーがユニークで興味深かったわけでもなく、そこから何か貴重な何かを学んだという感じもしなかった。けれども、私に衝撃を与えてくれたことは間違いない。そして、そこで行われていることを、「不満」と「不信」と「疑問」とで見つめ続けていたことをここでは告白する。「なぜ自分を確認する必要があるのか」「どうして善し悪しをつけないで進行するのか」「惨めで否定すべき自分を改善するための方法をどうして先生は教えてくれないのか」と。

その後、柳原教授に勧められて「Tグループ」（感受性訓練）にたびたび参加し、のちにそこでのトレーナーを経験するようになってから、ようやくこれまでの謎が解けてきたのである。カウンセリングの学習を通じてのさまざまなグループ体験から、「問いはあるけれど答えはない」ことや、「応えは人との間にこそ存在する」こととして理解してきた。

私にとっての「グループ」は、このような過程で確かめられ、現在の信念が形成された。

ところで、その後二十年ほど経ってカウンセリングの世界で流行のように取り組まれてきたのが、構成的グループエンカウンターである。これは國分康孝ら（一九九二）によって提案され、研究され、広められてきた新しい学習・研修方法であるが、「リーダーが用意したプログラム（エクササイズ）で作業や討議をする方法」として、一九九〇年ごろから盛んに実践的に研究され紹介されてきた、「心理教育プログラムでありこころのふれあいを深めていく方法」（國分　一九九二）である。この方法は、國分の主たる活動分野である教育現場において、広く受け入れられてきている。この國分らの活動で展開されてきたことを踏まえつつ、大学教育における「グループワーク」の可能性を探りたいと、試みを始めているところである。

私にとっての講義としての「グループワーク」は、柳原教授によって年間を通じて展開された講義がモデルであるが、その後の私自身の方法の広がりや展開の工夫を元にしながら進めてきたものである。

講義は、通年科目の「フィールドスタディ」のひとつとして展開されたが、本講義の課題と目標は以下のようなものであった。

（1）　グループ参加の楽しさを味わう
（2）　グループを通して自分の立場と力に気づく
（3）　グループを通して自己概念の再構築を模索する

（4）グループを通して自分の行動の過程を確認する
（5）グループを通して自己探求の過程に取り組む
（6）グループを通してメンバー間の積極的な信頼関係を築く

講義タイトルは「グループワークで学ぶカウンセリング」としている。取り組んだプログラムの主な内容は、上記目標に沿って計画され、進行してきた。

そのプログラムの内容的な枠組みは二つに分けられ、前期は主に「対人コミュニケーション」にかかわるものであり、後期は「援助的コミュニケーションとしてのカウンセリング」の方法論にかかわるものである。この講義における「カウンセリング」は、人間関係を通した自己理解と他者理解の方法のひとつとしてとらえている。

当初は、フィールドに出かけて実際的な観点から学習を進めていくことも想定していたが、結局は教室内での学習によって実施された。学生が、クラスのなかでの取り組みから多くのものを学んでいったことがわかると同時に、これはこれで確かな挑戦でもあることを確認している。そして、フィールドは学外に求めるものだけではなく、クラスのなかに「関係のリアリティ」としても存在していることに目を向けたいと考えている。

学生たちは、これまでの人生を通して青年期的課題に直面している。それはある学生にとっては「親子関係」であり、別の学生にとっては「恋愛関係」である。そして、ほとんどの学生たちにとっては、「自分自身に向き合い、これからの人生設計を再構成する」という課題でもあったといえる。

これまでの長い学校教育を通して、彼らは人との関係を、「親密さと協働」の視点からとらえることそのものに困難さを抱えてここまできている。ある学生は親子関係に押しつぶされて自分を見失っているし、別の学生は他者に前に自分を差し出すことに抵抗と恐怖を抱えている。そして、多くの場合に、学生間で親密なコミュニケーションを取れないままに日々を過ごしてきているのである。孤立し、自分の痛みや空虚を抱えたままで過ごすキャンパス生活の孤独と厳しさは、一時代前よりもはるかに増幅しているようにみえる。そして近年、学生たち相互での理解とサポート機能が低下していることにも気づかされている。チームワークや対人関係の力が衰えているようにみえる。

ここでは、世代論や協働論を持ち出して論じることは避けるが、現代の学生たちは携帯電話によるコミュニケーションに過度に依存した、「携帯電話恐怖症」ともいえるような状況にあって、人との関係や自分の孤独について怯えを抱えているようにみえてくる。だからこそ、せめて教室内でなにがしかのふれあいや、自己確認をすることの意義はとても大きいと感じているのである。

1　クラスにおけるグループ運営の方法論

P・B・スミス（一九八四）はグループワークを、「グループそのものを活用資源としてトレーナー（ファシリテーター、セラピスト、ソーシャルワーカーなどを含む）がグループに働きかけ、グループ過程をとおし、グループの力動相互作用を利用して、メンバーの人間的成長をはかり、彼らの思考、態度、行動、感情に変化を起こさせるとともに、社会的適応をはかる教育的、または治療的な過程」であるとしている。この見解は、どちらかといえばグループは触媒的扱いであるが、私が経験してきたグループは、グループに存在する「関係」そのものに着目し、関係そのものが成長していく過程としてとらえてきたといえる。その関係は、「相互信頼」と「相互フィードバック」とに裏づけられた、オープンで親密な関係を指している。

さて、「グループワークワークを通してカウンセリングを学ぶ」というコンセプトは、どのように可能なのであろうか。私の視点はこうである。

（1）共感的コミュニケーションによって支えられること。
（2）共感的であるとは、相手の内面に入り込み、相手の感情との間に立って揺れること。
（3）関係の動きに対して敏感になり、関係のプロセスに対して積極的に参与すること。
（4）関係のなかで自分の感情や行動に気づき、自己課題を明確にすること。
（5）自分の感情や行動に対して否定したり歪めたりすることなく、誠実に向き合う。
（6）カウンセリングの関係は、これらを統合することで成立する。

しかしながら、二十二名のクラスメンバーは、グループとしての活動に不安と戸惑いと萎縮をもっていたことは、次の記述からもわかる。

「私は以前から、人から注目されるのが恥ずかしくてとても苦手で、複数の人のなかで自分だけが話したり、自分の意見を言ったりすることができません……」

「人前で意見を言うことが苦手で、周りの人に同調ばかりしていました。人に同調することで安心感を得ていたのだと思います」

「考えなくてもわかっていたことだったのだが、私は何カ月も授業で心を開いて話をしていなかった。私は遠慮しているのか警戒しているのか、当たり障りのない返答だけをして、話を広げようとはしなかった。私だけでなく、皆がそうだと思う。私はそれが問題だと思わない。初対面同然の人に、自分をありのままに話すことなんかできないだろう」

これら学生たちの記述からもわかるように、人が怖い、人とかかわることが苦手という学生たちの存在は、高校までの教育のなかでは解消されずにきている。だからこそグループワークのなかで、自分を成長させる力を発見してほしいと願っているのである。そもそも、この講義の受講生たちは、専門家としてのカウンセラーを目指す学生たちではないのであるから、おのずから目標や学習内容や学習過程に限界が想定されている。しかし、先ほど述べたように、クラスのなかに存在する学生たちの存在の希薄さや対人関係への怖れに対して、何がしか小さな冒険を促すことこそが私のこの講義に向かう姿勢でもある。

グループワークとしての体験学習は、私自身が体験してきたＪＩＣＥ（立教大学キリスト教教育研究所）で展開されてきた「Ｔグループ」（感受性訓練）で用いられてきたプログラムの方法論に依拠している。それは概ね、次の原理と方法を元にしている。

（1）グループ体験があり、そこに表れた自分に謙虚に向き合い、そして関係に向けての態度・姿勢を、暫定的・自我関与的に想定する。
（2）「今、ここ」にある、自分と他者を発見する過程である。
（3）相互にオープンな「フィードバック」によって、自分自身の態度・位置を再確認する。
（4）メンバーを全体存在（as a whole）として理解する。
（5）グループはグループダイナミクスの理論によって解釈されるが、あくまでも関係の過程に着目する。
（6）ファシリテーター（トレーナー）はグループ・プロセスに、促進的・援助的にかかわる。

ところで、グループワークとレクリエーションとの違いは、「相互フィードバック」としての「ふりかえり」を重視する点にあると認識している。したがって、講義でも毎時間必ず「ふりかえり」が設定されている。そして、それを相互確認するための時間も設けられている。さらには、それら「ふりかえり」用紙は毎学期に返却され、各自で自分のプロセスについて確認できるようにしている。

私の立場としては、カウンセリングを「不適応を改善するための諸方法のひとつ」として学生たちに学んでもらうことよりも、「自己を知り、自己と異なる他者を受け入れ、他者と異なる自己を慈しむことを通じて、社会のなかで自己の関係と場所を発見する過程」として受けとめてほしいと願っているのである。

私と同様の視点による試行は、菅沼ら（一九七八）によって学会で報告されている。そこでは、大学の講義のなかでの構成的グループエンカウンターの導入が、学生たちの成長に大きく貢献していく過程として指摘されており、私の今回の実践報告もそれに連なるものと位置づけられよう。

菅沼の報告では「人間関係開発」という視点であり、本試行は「援助的コミュニケーション」を追求するという方向性をもっている点で、相違がみられる。しかし、大学の講義のなかで複数の「エクササイズ」を導入した方法という点では、相違はみられない。

2　方法論の検討

さて、次に構成的グループエンカウンターの方法論に、論を移そう。

構成的グループエンカウンターの主導者である國分康孝によれば、この方法は「折衷主義」として、精神分析、集団療法、エンカウンターグループ（C・R・ロジャーズ）などとの折衷として立場を表明している。

ここで若干の説明を加えておくこととする。ベーシックエンカウンターグループ（ロジャーズ）と比較すれば、構成的グループエンカウンターにおけるファシリテーター（もしくはトレーナー）の役割や場の構造に、大きな違いが存在している。

（1）ファシリテーターは、ベーシックエンカウンターでは直接的なメンバーとのかかわりが大きいが、構成的エンカウンターでは間接的なかかわりが中心となる。

（2）ベーシックエンカウンターではメンバー間の自発的かかわりによってグループは進行するが、構成的エンカウンターではあらかじめ想定されたプロセスによって進行する。

（3）ベーシックエンカウンターではファシリテーターの力が相当に影響するが、構成的エンカウンターではプログラムの構成によるところが大きい。

（4）ベーシックエンカウンターでは操作的、構造的介入は慎まれるが、構成的エンカウンターでは場に対する構造的介入そのものによって行われる。

（5）ベーシックエンカウンターでは「今、ここ」に生じていることそのものが素材となってグループは進行するが、構成的エンカウンターではあらかじめ想定されたプロセス促進のためのエクササイズが素材となって進行する。

（6）構成的エンカウンターでは外から課題が持ち込まれるが、ベーシックエンカウンターではグループ内に課題があり、それをグループで発展・解消されるように進行する。

（7）構成的エンカウンターでは個別的な対応が困難であるが、ベーシックエンカウンターは個別的対応の場面に有効に働くことができる。個人的課題についても具体的な把握ができるし、個人のグループ内でのプロセスも共感的に把握できる。

（8）ベーシックエンカウンターは内面的なかかわりと理解が可能であるが、構成的エンカウンターでは一般的なかかわりと理解しかもちにくい。

（9）ベーシックエンカウンターでのかかわりはあくまでも少人数（通常七、八人）に限定されるが、構成的エンカウンターは相当数の人数でも一定の過程を体験することができる。

私は学習当初にはベーシックエンカウンターに心酔しており、「今、ここ」の過程そのものにこそグループの価値があると信じてきた。しかしその後、大人数のワークショップ等の運営を任される経験などから、徐々に構成的な方法にも一定の意義と価値があること、目的的な学習については構成的な方法によっても意図と過程が明確になることなどを発見し、以後、積極的に構成的な方法を取り入れるようになっている。本講義のなかでの試みはこの延長でもあるし、十人を超える人数に対して働きかけていくことを考えると、構成的な方法以外には困難であったといえよう。

学生たちの存在を全体としてとらえようとしているのであるから（これは学生のなかで動いてる「感覚」と「意識」を素材としている）、それぞれの場とかかわりに関して、個々の学生による自由で柔軟な解釈と判断を求めている。また、プログラムはあらかじめ想定したものというよりも、学生の過程に関与する立場から毎回エクササイズを選択し、多くの場合、メンバーのために新しくエクササイズを作成し、提示してきている。学生たちの自己への学びの過程こそが私の最大の関心であったし、学生たちから提出された「ふりかえり」を読むことでその過程を確認してきている。

概括的にいえば、学生たちのなかに存在する自己意識とそれらへの「破れ」の体験に対して、それぞれの自己理解のテンポによって、時には放置し、時には頑固なまでに意地を張り、さらには大胆な挑戦として現れたりする過程そのものに意義があると、認識してきたのである。

個人の変化に対して、「気がついたら自分が変わっていた」という変化こそが、定着として大きな意味をもつものであると考えている。「夢中で何か事態に取り組んでいくことのなかにある自己過程」「今、ここでの関係にみえている『ずれ』から逃れないという覚悟」こそが、変化の原動力であると理解しているのである。その意味では、成長は、目的であるというよりも絶えざるプロセスであり、自己の課題に正直に向き合った人が、結果それに至るものと考えている。

3　講義で取り組んだグループワークの過程

(1)「伝え・聴く」コミュニケーション
(2) 人の知覚・認識の多様さを体験する
(3) 言語以外での伝達の可能性
(4) 柔軟で多彩な発想に挑戦する
(5) 自分の固定観念を確認する
(6) 話し合いを通して相互の価値観を再認識する
(7) 課題達成のためのコミュニケーション
(8) 身体的な共同感覚を味わう
(9) 色を用いてグループで対話する
(10) 自分のここまでの歴史を点検する
(11) 空気や色彩や匂いなどを通して自然に触れる
(12) 非言語の共同作業を通して信頼を再確認する
(13) 他者理解のための対話

第2節　講義の展開と学習のプロセス――学生の「ふりかえり」から

講義では毎回のようにエクササイズ（グループでの作業課題）が提示され、それぞれのグループでさまざまなコミュニケーションや交流が始まる。

1　初期――とまどい

クラスが始まった直後は、雰囲気はとても硬く、お互いの会話もほとんどない状態であった。通常の対人関係では「自己紹介」を行い、とりあえずの個人的な情報を共有するところから始められるのだが、ここではいきなり「ワーク」（ここではかかわりの作業全体を指して用いる。主に活動を指している）に入っている。それは、かかわりを通したお互いの理解と調整の過程から始めたいとの考えからである。

当初の二、三回は伝達と受け取りを中心とした、お互いのすれ違いに焦点を当てている。そして次のステップとしては、自分のなかにある相手から受け取るときに働く思い込みや歪みについて確認している。ブレーンストーミング法なども併用して固定観念を揺さぶり、考え方を拡げることを模索する。

この初期の段階ではもちろんのこと、簡単に自分の枠組みが変更されることは想定していない。むしろ、自分自身の内部に起きていること、自分の姿・態度などに初期的な気づきを促していくことに留意している。

「人はそれぞれに違った観点でものをみるのだと、改めて確認しました」
「こうやってグループで意見を言い合って、ひとつのものに集中できるのだと思います」

「さまざまな見方があるからこそ、一つになったときの喜びが大きいのだと思います」

「考え方や意見などはそれぞれバラバラで、ある人には当たり前なことも別の人からしたら考えられないことだったり、みんな『考え』は違うということは前からわかっていたけれど……」

「他の人に納得してもらうことがどんなに大変かわかりました」

「自分が伝えたいと思っていることを聞いてくれる側も、ある程度理解してくれていると思ってしまうけれど、実際はそんなことはない……」

このように、学生たちはそれぞれの言葉でそれぞれの体験を語りはじめていく。私は、できるだけ学生の感想や自己発見は、まったくばらばらであるほうがよい、いや違ってほしいと考えている。その分だけ個人的な判断力の資源となると信じるからである。

この時点では「できるだけ反省はしないでください」と発言している。つまり、多くの場合「反省」とは、「過程」よりも「目標」に、それも目標に到達しなかった結果に目を向ける行為であるからである。しかもその目標はたいていの場合、一般的・外在的な価値判断に基づいているようである。そして往々にして「反省して、終わり」となっていくのであるから、せめて自分のかかわりのプロセスを反芻して、自分の内部での変化を確かめてほしいと願うからである。

2　中期――自己課題化

次の段階は共同作業である。「一つのものを完成させる」「コンセンサスを創る」などが課題として提示されている。お互いを語り合い、感じ合うということは、実はそれぞれの違いを再認識するということでもある。課題達成のために情報を交換するとか、グループで色を用いて対話する、視覚的情報を取り去ってしかも無言で作業するなど、さまざまな課題が提示された。

中間にさしかかって、グループはかなり疎通性がよくなり、情緒的なつながりもできつつあった時期であるが、この段階は毎週次回の課題をどちらに向けていくかについて、教員として煩悶していた時期である。少し個人の内面に視点を向けていくか、もう少しお互いの違いを乗り越えていくような課題にしていくか、それともクラス全体の相互サポートを高める方向にいくべきか……。

そして学生の立場に立ってみると、毎回のように新しいエクササイズの課題が提示され続けることそれ自体で、マンネリ化するのではないか。ワークのなかでその都度自分の力を確認できるようにとの考えから、多くの場合に新しいエクササイズをこのクラスのために作成してきた。そして、それは私にとっても新鮮で緊張のあるクラスとのかかわりの過程でもあった。

「話し合うという行為は自分が思っていた以上に有意義なことが、この講義を通じて身にしみました」

「自分に自信がないこととつながっていると思うのだが、自分が思っていることと相手が思っていることが違っている場合、相手の考えがもっともらしく感じられて影響されてしまうことが多い……」

「思った以上に、周りの人の意見と自分の意見があまり合致しないと感じた……それぞれ違った解釈をしていることがよくあった」

「生きていくなかでの人とのコミュニケーションでは、傾聴して相手の考える過程を理解しようとすることは大切なことだと思う。自分の考え方の枠に当てはめて考えているだけではうまくいかない」

「話し合いのなかで、『○○さんはどう？』と聞かれて、曖昧に返事をしていて同調だけをしている自分がいた」

「『いや、だけど』と自分の主張をはっきり述べている人の姿を見て感心した」

「自分のことを振り返ってみて、さまざまな感情や閉じ込めてきた記憶がよみがえってきた。それだけの感情を自分がもっていること驚いた」

さらにこの段階で、夏の一日を使って外に出かけている。近隣の「平林寺」という古くからある有名な禅寺で、静かな、そして武蔵野の面影を残した広大な境内で、自然に触れながらのグループワークを行った。教室ではできないこと、通常の時間割のなかではできないことを中心にしつつ、かつ身体的な活動を取り入れている。主には「ネイチャーゲーム」として開発されてきた自然のなかでの感覚的活動であるが、学生たちにも新鮮な感覚で取り入れられていたように思われた。

「木のプレゼント」「空の散歩」などがそれであるが、「木のプレゼント」は、目隠しと無言でペアの人からプレゼントされた木を探り当てるものであり、目隠しすることで陽ざしと日かげ、音や皮膚感覚などにあらためて気づいていく。「感じている自分を感じる体験」はとても新鮮に受けとめられていくようである。「空の散歩」は、グループが全員で一人ずつ肩まで担ぎ上げて、ゆっくりと十メートルほど移動するものである。担がれる人は、「空と一体になった感覚」や、メンバーから「担ぎ上げられる不思議な体感」に、驚きと喜びが寄せられる。

3　後期――傾聴的かかわりの模索

さて、後期に入ってからは「援助的コミュニケーション」として話をきちんと聴くことを課題に、いくつかのスタイルでロールプレイングを行っている。

ここでは、「他人になって相談してみること」「丁寧に聴くことで何が起きるのか」という視点で進めている。

自分ではなく他人になってみることはどんな意味があるのか。それは他人のなかに入り込みその人の感情を追体験する、他人になってみることで逆に自分の姿を改めて再認識する、という目的である。

「クライエントにより近くなるために、ただただ聴くという方法を選んでみました。もう少しクライエントに関する情報を少なくして、マクロな話からミクロな話までしていけたらと思いました」

「沈黙が大事なことにも驚きました。重要な気持ちを聞くことが大変なことを学びました」

「表情ひとつでクライエントに不安を与えたり、共感を伝えたりするものだと感じました」

基本的なカウンセリングの技法について、教師が説明することの大切さはもちろんのことだが、それよりも実際に自分の力でかかわってみて感じることのほうが、数倍もの発見があることを学生は理解しつつある。そして同時に、この段階まで来るともっと別の方法で体験してみたいとか、こんなふうに試行してみたいということが語られていることは、印象的である。

4　四人の個人的総括

「今まで私は、人とコミュニケーションをとることが得意ではないという自覚はあったが、周りに甘い人が多かったためかそれを深く考えることが少なかった。この一年間のゼミでの学習で、私はまず自己開示が少なすぎること、話題の提供が少ないこと、第三者を気にしてしまって思うように話せないことなどが、人と話をしていて沈黙ができる原因だと感じた。ゼミでの体験を通して、自己開示の大切さを実感した。だが、自分のことを自分から話すことがどうも苦手なようで、聞かれたら答えられるが自分からは言い出せないということがある」

総括的ふりかえりでこのように述べているが、この学生は自分のコミュニケーションについて、いまだ自分の殻や枠について確認した段階であるといえよう。それでも、自分のかかわりのスタイルに一定の確かな気づきがみえている。

「授業のなかで、今まできちんと向き合ったことがなかった自分と向き合うことができた。そのなかで、私は自分で自分の感情や可能性を抑えつけていたことに気がついた。私は自分の心で思うことよりも、頭で考えた感情や可能性を表に出していた。『私ならこう感じるはずだ』『私にはこれができない』といったように考えていた。しかし、その『私なら』『私には』といったときの『私』は、人からはこう見られているだろうと頭で想定した『私』であり、自分が感じたり考えたりしたことに素直に従った私ではないことに気がついた。

私の可能性は私にさえわからない未知のものであると思う。『私にはできない』ではなく、環境が許す限りは『やりたい』と思ったことに前向きに挑戦していきたい」

この学生は、関係のなかで、自分の自己像と他者からの像との間でずれを感じ取り、そのうえで再決断に踏み出している。

「グループワークでは、日常での自分の性格がとてもリアルに現れていて、問題に直面したとき自分ひとりで抱えて、誰にも頼らず自分ひとりで解決しようとするところがそのままでした。周りを感じ取れていない、独りよがりになった姿勢は、周囲との信頼関係に影響することに初めて気がつきました。無言で行った色塗りでは、周りを感じることに敏感になっていました。『この人はどんな色を塗って、他の人に塗りつぶされたことで、どんなことを思ったのだろう』と、意識が周りへと自然にいきました。そして、表情の変化や別の所を塗りだすときのささいな行動の変化で、その人の気持ちをなんとなく感じることができました。このことは私にとって大きかったのです。私は今まで人の気持ちは言葉にしてくれないとわからない、伝わらないと思うことが多かったのですが、自分が周りを見る、感じる努力をあまりしていなかったのだということに気がつきました。今はもっと人のことを感じたいし、より深く人をわかりたいです」

この学生は、普段の自分のかかわりのスタイルをグループワークから発見し、自分へ向けていた視線を他者に向けていく感性に、自ら気づいている。

「この一年間を通じて、他人と自分とではもののとらえ方や判断法が違ってくるのを知ることに始まり、忘れ去ろうとしていた自分の過去、嬉しかったことも辛かったことも、もう一度今の自分の立ち位置からみてみたり、何年も持つことのなかったクレヨンを使って気持ちを表してみたり、果てにはカウンセリングの方法まで貴重な体験ができた。（略）コミュニケーションについて、私は苦手意識があることは事実だが、この講義のなかでさまざまなことを発見し、苦手意識は一年前よりは少しは改善したと感じている。また、多少苦手意識をもっていても、自分なりに精一杯ほかの人とコミュニケーションを図って、失敗してもそこから学べばよいと感じている。私がコミュニケーションが苦手なのは、現在の自分を認めようとせず統合性のある自己概念をもつことができていないと思われることや、積極的に他人とかかわろうとすることに苦手意識があることが、今考えてみると主な原因ではないかと思う」

この学生も同様に、グループのプロセスで感じたことを見つめなおし、自己との対話に手ごたえを感じはじめていることがわかる。

このような記述からみえてくることは、クラスのなかで展開してきたさまざまなワークを通して、それぞれが自分の姿を再発見し、関係のプロセスに敏感になり、そこから再出発の手がかりを模索していく過程である。

第3節　自分の内面へ目を向けなおすこと

グループのなかでのコミュニケーションを体験しなおすところからみえてきたものは、高校までの教育の過程で見失ってきたものそのものであったといえる。それは自分自身であり、他者との関係であり、他者との協働の過程で生じている葛藤と喜びであった。

（私自身を含めて）これまでの教育の過程は、常に目を外に向け、外部から自分の目標を与えられ、他人と競争し、自分を確かめる時間と余裕を奪うことであった。だからこそ、大学生になって自分に向き合うことに、絶望と不安と怖れが立ちはだかるのである。

グループワークで扱われる事柄は、生の現実そのものではなく、現実の断面を切り取った素材でしかなかった。しかし、関係という視点でいえば、生の現実そのものであったと学生たちは実感を伴ってとらえている。

学生たちはエクササイズの課題に没頭し、夢中で取り組んでいたようにみえて、その内面では他人におののく自分を抱えて苦しみ、他者に通じないことにいらだち、そして共通の感覚の幾ばくかを確かめたときの感動を味わったことがみえてくる。

先に「学生たちのなかに存在する自己意識と、それらの『破れ』の体験に対してそれぞれのテンポによって、時には放置し、時には頑固なまでに意地を張り、さらには大胆な挑戦として現れたりする過程そのものに意義があると認識している」と述べたが、その一端を確認できたと感じているのである。

さらに「私は個人の変化に対して、『気がついたら自分が変わっていた』という変化こそが、定着として大きな意味をもつものであると考えている。『夢中で何か事態に取り組んでいくことのなかにある自己過程』『今、ここでの関係にみえているずれから逃れないという覚悟』こそが、変化の原動力であると理解しているのである」とも述べたが、学生たちはそのように自分の姿をしなやかに変身させつつあることがわかる。

現代の教育システムのなかで大きく取り上げられてきた「ゆとり教育」は、何に対してのゆとりであったのか、何をもたらそうとしてきたのか、それは単なる知識、情報の詰め込みからの回復を目指すこと以上のものであったはずなのだが、その教育を受けて大学までたどり着いた彼らからみえてきたものは、他人と孤独を怖れ、人とどのようにつながっていけばよいのかに戸惑う姿である。

しかし、本講義を再検討してみて今、いくつかの希望をもっている。学生たちは場と課題を通じて、それぞれなりの自己発見と前進のための勇気をもつ健康さが備わっていること、そして現実のかかわりとしてのコミュニケーションそのものだけでなく、エクササイズのかたちで示された関係のかたちにも、有意義な自己発見の可能性があることなどを再認識している。

私は、社会福祉学や臨床心理学や教育学といった学問を「関係学」ととらえるが、関係を見つめ、関係をとらえなおし、関係に開かれていくことにこそ、社会の未来があると信じるのである。

この本のテーマである「福祉教育」につなげていえば、福祉教育を支える思想は、関係と関係の過程に対して自分自身を投入し、我-彼のずれの間に立って徹底的に関係に拓くことを通して、この場に立ち続けることである。

最後に、ここでの教育実践を総括的に二点取り上げることで、締めくくることとする。一つは、コミュニケーションという視点での、グループワーク導入の可能性について確認したことについて。二つめは、教員としての関係をみる視点について、簡単に述べたい。

一つめのグループワークの可能性についてでは、今回の試行としては「構成的」な手法を用いた。これは、二十二人の学生に対して、ある程度均一の学習の進行とプロセスのコントロールという観点からこれを導入している。そして、一単位九十分という時間の限界、および課題の明確化の必要性からこの方式を活用した。グループは適宜編制替えして、「苦手な人」と「通じやすい人」とが固定されないように考慮している。この構成的手法の利点は、主に時間的な配分から全体の進行に配慮できる点である。もう一つの利点は、「ふりかえり」を構造化して各々のプロセスを個人的に把握できる点である。

このような考えからの「構成的」方式の導入であったが、結果としてこの方式に一定の評価を再確認できている。「構成的」方法の導入によって、学生たちの自己発見や揺れ動きを促進できたことは確認できたといえる。

二つめの点は、教員のかかわり方についてである。教員はできるだけ学生たちの活動を、基本的には恣意的に誘導しないことが肝要と考える。特に、「あるべき」姿を提示することには抑制的である必要がある。それは、彼らが自分の力で自分を見つめることによって、これまで疎外され続けてきたことから解放したいという考えからである。

そして可能な限りそのように進めることができたときに、学生たちは自らの力で自分を見つめなおすことができているのである。さらには、おずおずとであるが、人との違いを確かめつつグループの活動を通して、葛藤やずれを感じながらも前進していく過程がみられている。この学生たちの動きについて信頼を保っていくことが、教員の基本的な立場である。

ときにそれは、教員の期待を超えて感動的な展開をみせるものでもある。たとえば、「クレヨンと模造紙」を前にして、「それではこれから、色でほかの人と対話してみましょう」と呼びかけた場面が印象的である。この課題は、久しぶりの「クレヨン」との出会いとして迎え入れられたし、色を塗りつけながらの共同作業のなかで人の動きや感情のプロセスを感じ取っていく様子などは、色を使ってかかわるということ以外に課題らしきものがみえない不安で始まっている。一見楽しそうな作業のなかで、明確な意識を保持しつつ展開していったことが、何人ものふりかえりにみられている。

もう一つの教員の働きのポイントは、いったん課題を提示したら手を出さずに過程をみていくということである。エクササイズのねらいと課題を提示したら、そこから学生たちが何をつかみ取っていくのかに関心を向けていくことであり、けっして「これをつかめ、このことを気づけ」と強いないことである。強いられた目標に向かわせられることは、これまでさんざん彼らが体験してきたことなのであるから。だから、これまで往々にして「教師の期待に沿った感想や発見」が繰り広げられてきた。

その意味では、エクササイズの選択と提示の過程そのものによってのみグループの進行を図り、以後は教員は自らを撤退させていくべきであろう。

こうして、ようやく長い間私が感じてきた、「なぜ自分を確認する必要があるのか」「どうして善し悪しをつけないで進行するのか」「惨めで否定すべき自分を改善するための方法をどうして教師は教えてくれないのか」という、私の学生時代の疑問に、今私なりの応えをもっていることを確認している。ある言い方をすれば、構成的方法は「作業課題の提示」から先は放任である。そしてそれこそが、学生の自律的精神と協働の営みに対する尊敬である。

本来的には学生一人ひとりとの対話やかかわりを通じて、自己理解や相互的かかわりを促進していくことが望ましいのであるが、本講義のクラスでは、二十人以上の学生たちに一定のそれぞれなりの取り組みを保証することを考えると、このような方式に可能性を見出したいと願うとともに、一定の成果をみることができたことを喜びたい。そして、何よりもこのような試みに全力で取り組んでくれた学生たちを、誇りに思うのである。

【引用・参考文献】

國分康孝編（一九九二）『構成的グループ・エンカウンター』誠信書房
坂野公信監修（二〇〇五）『学校グループワーク・トレーニング』遊戯社
GWT研究会編（一九九二）『グループワークトレーニング』日本レクリエーション協会
菅沼憲治・國分康孝（一九七八）「大学生の人間関係開発のプログラムに関する研究」日本相談学会発表論文集
スミス、P・B編 *Small Groups and Personal Change.*（岡村二郎編訳〈一九八四〉『小集団活動と人格変容』北大路書房）
武田建・大利一雄（一九九一）『新しいグループワーク』日本YMCA同盟出版部
南山短期大学人間関係科監修（二〇〇四）『人間関係トレーニング』ナカニシヤ出版
福山清蔵（一九九八）『カウンセリング学習のためのグループワーク』金子書房
水野治久・谷口弘一・福岡欣治、古宮昇編（二〇〇七）『カウンセリングとソーシャルサポート――つながり支えあう心理学』ナカニシヤ出版

第2章 実習教育のちから
——ある実習生と職員の対話に注目して

尾崎　新

はじめに

教員として二つの大学の福祉学部に勤めて、二十年が過ぎた。この間、筆者は講義やゼミのほかに、社会福祉および精神保健福祉の実習教育を担当してきた。そんな筆者が抱え続ける謎がある。「福祉教育における実習のもつ力とはいったい何か」「実習を経験して、なぜ学生は飛躍するのか」という謎である。むろん筆者も、実習は学生が利用者の生きる場、福祉従事者が働く場を実体験する時間であり、学生が大学で学んだ知識と実践の現実を照らし合わせ、自分や実践、制度や社会と向き合う得がたい機会である、との一般的理解はもっている(岡本ら　一九九九、精神保健福祉士養成セミナー編集委員会　一九九八、日本社会福祉士会・実習指導者養成研究会　二〇〇四)。しかし、実習教育のちからはそのような説明だけでは語り尽くせていない、実習教育のちからを語る言葉はほかにもあるはず、そう思い続けてきた。

本章はこの謎に迫る。とりわけ、実習生と実習担当職員との対話に注目することにより、実習教育のちからの構造とダイナミックスを明らかにする。

昨年のこと、筆者はこの謎に迫るうえで大きなヒントとなる、ある学生が書いた卒業論文に出会った（毛利　二〇〇八）。論文の題名は「私の実習——私に光と風をくれるもの」。一人の学生が大学三年次の実習から約一年後、卒業を目前に、自らの実習体験の意味を考察した論文である。主観を大切にしているため、客観性、普遍性を備えた論文ではない。しかし、実習教育のもつちからをわれわれに示唆する、みずみずしい記述に溢れている。論文は次の言葉で始まる（以下、卒業研究論文からの引用を■印で開始する）。

■実習が終わって一年以上が経過した。にもかかわらず、なぜ今、私は実習について書こうとしているのか。「実習」、この言葉を自分のなかでささやくと、まず感じるのは苦しさ、惨めさ、辛さ、言いようのない緊張感、歯がゆさ。次の瞬間、私を包むのは熱く、あたたかい感情。自分のなかに駆け巡るこの感情の波をどう表現してよいのか、私はまだわからない。だが、現在の私なりに表現する。私にとって実習は大きな意味をもつものであったということを、これから実習に臨む後輩や実習を受ける職員、将来実習を担当するかもしれない私に伝える。今の私を創っている、そしてこれからの私を創る私の実習の価値を今、言葉にする。

論文を書いたのは毛利愛子さん（本人の許可をいただき実名）。彼女は二〇〇八年三月、立教大学コミュニティ福祉学部を卒業。小柄な身体つきで、髪はショートカット。物静かだが、物事に誠実に向き合おうとする、眼のキラキラ光る学生だった。彼女は大学三年次に精神病院、精神障害者授産施設など三カ所で、合計六週間の実習を行った。

筆者と毛利さんの出会いは、彼女が大学二年のとき。筆者が、翌年度の実習履修を希望する学生たちと個別面接を行ったときだった。以来、実習やゼミでのかかわりが始まる。当初、筆者は彼女が自らについて話した「私、自分を好きになれないのです」「自分と社会を許せないのです」という発言が印象に残った。筆者は、彼女は自分を好きになれない過去、自分を許せない歴史を生きてきたのだろうと、漠然と想像した。以下では、毛利さんと彼女の実習先機関の許可をいただき、彼女が論文と実習ノートに書き残した言葉、職員が実習ノートに記載した言葉を引用しながら論考を進める。

第1節　実習の概要

毛利さんの実習先機関と、実習担当職員の概要を述べる。

実習先機関と実習担当職員

実習先は三カ所。最初の実習先は、A精神病院（実習期間は十四日間）。二カ所めは、B精神障害者通所授産施設（十二日間）。三カ所めは、生活支援センターやグループホームなどを運営するC福祉会（十二日間）である。

当時、筆者はB授産施設とC福祉会とは、実習先としてすでに六年間のかかわりをもっていた。しかし、A病院に実習を依頼するのは毛利さんが初めてであった。実習を依頼するとき、A病院の職員から「教員のあなたが学生や実習先と丁寧に向き合うことが、実習を受け入れる条件です」と言われた。

次に、三つの実習先で毛利さんの実習指導を担当した四人の職員を紹介する。職員の紹介は、毛利さんが卒業論文に書いた文章をそのまま引用しよう。

■A職員。A病院のソーシャルワーカー。四十歳代の男性。細身で、鋭い目が印象的だが、笑顔がとても優しい。私の言いたいことを、私のまとまらない話のなかから、正確に汲み取る。自身とも、周りとも、まっすぐに向き合っている。

■B職員。A病院のソーシャルワーカー。二十歳代の女性。あたたかく人懐っこい笑顔が特徴。あたたかな陽の光で人を包み込むような優しさと、自分自身を誤魔化さずに追及するたくましい面をもつ。

■C職員。B通所授産施設のスタッフ。三十歳代の男性。小さく輝く目が印象的。私の話を吟味しながらしっかりと聞く。自分自身の意見も吟味しながら話す。私の書いた実習ノートを読んで、よく「非常に面白い」と言っていた。

■D職員。C福祉会の地域生活支援センター・スタッフ。四十歳代の男性。ほんわかと、ゆっくりとした雰囲気をもつ。人を包み込むようなあたたかな口調で、物語を聞いているような美しい言葉で話す。

第2節　実習体験

1　渦巻く不安

二〇〇六年五月。A病院の実習が目前に迫った。新緑の気持ちの良い季節。だが、毛利さんは言いようのない緊張と不安のなかにいた。しかも、彼女が緊張を表現する適切な言葉を見つけられないためか、また筆者に対する緊張と遠慮もあったためか、彼女は渦巻く感情を語らず、緊張した表情だけを見せていた。筆者は、実習を目前にして多くの学生が経験する、未知なる体験への不安と同種のものだろうと想像した。

しかし、実習を終えて約一年後、筆者は彼女の卒業論文を読み、このときの彼女の渦巻く不安を知る。彼女は不安と緊張をこう書いている。

> ■不安や期待が渦巻いていた。「実習に行きたい」と期待に溢れる自分を周りの人には見せながら、内心、「逃げたい」という気持ちに近いものもあった。自分が病院でどう受け取られるのかをとても気にしていたのである。入院している方の生活の場に入っていくことが正しいとは思えなかったし、大学生の自分が実習生というキラキラとした肩書きを持って病院にいることを想像すると、嫌な気分になった。そんな私を病棟の方は嫌うだろう。私は嫌われて当然の存在と自分に言い聞かせていた。何かショックなことを言われても仕方がないのだと自分に言い聞かせることで、「人に嫌われる」ときの衝撃を和らげようとした。病院のスタッフからも、自分がどう思われるのか気になった。「大学生の私」「実習生の私」の考えていることが、「現場で働くスタッフ」にとってはつまらないことであったり、当然のことであったり、間違っていることであったりするのではないかと懼《おそ》れた。私の意見や考えがスタッフをがっかりさせてしまうものではないか、私は「だめな実習生」で見放されたりはしないか。そんな不安に押しつぶされそうになっていた。

　毛利さんは、「嫌われるのではないか」「見放されるのではないか」と恐れる。実習から「逃げ出したい」とも書き、「不安に押しつぶされそう」とも書いている。また、彼女は実習生という肩書きで、患者の生活の場に足を踏み入れることへ、そんな資格が自分にあるかと、自分と実習への強い違和感も抱いていた。いかなる学生も実習を前に、多かれ少なかれ、不安と緊張を味わう。実習は未知の経験だから、それが自然である。なかには、「実習は利用者の生活の場に土足で踏み込むこと」「学生に土足で踏み込む資格はあるか」と違和感に悩む学生もいる。

　このとき、教員は学生の不安や緊張にどう向き合うべきだろう。筆者は学生に実習先や職員の様子を具体的に伝える。しかし、それも不安解消にはあまり役立たない。同じ実習先に実習に行った先輩学生の話も、不安解消の大きな助けにはならない。不安や恐怖あるいは違和感は、実習生が自分で向き合うしかない、からである。ただし、筆者は「実習は学生が一人で取り組むものだが、一人だけで取り組むものではない。教員も学生の不安や緊張に向き合う覚悟をもっている」と必ず伝える。しかし、この時期、多くの学生は教員に対する緊張や遠慮も強い。とりわけ、他者から「嫌われ」「見放された」歴史をもつ学生は、教員にも実習先職員にも、あるいは学生同士でも、「嫌われ」「見放される」恐怖を言葉にしない、語れない。

2 自己表現を抑制する

毛利さんは、職員や患者から「見放され」「嫌われる」ことを避けるように、実習を始める。すなわち、実習で感じる疑問や怒りなどを職員に伝えぬよう、気づかれぬよう、実習を始める。その様子が実習ノートに書かれている。以下は実習初日のノートの一部である（以下、実習ノートからの引用を●印で開始する）。

●今日は閉鎖病棟にいた。私は最初、自分のもっていたイメージよりもずっとよい閉鎖病棟だと感じた。それは、窓が大きく、鉄格子もなく、外には林が見え、入院している方の飲食や喫煙が自由であり、職員も入院している方を管理しようとしている雰囲気ではなかったからである（略）。だが、入院しているAさんと話していて、違和感を覚えはじめた（Aさんは二十代。眠そうな印象、話好き）。Aさんは他の病院に入院していたころに、医師に乱暴に扱われ、大変傷つけられたと感じていて、「本当にありえないよ。本当に辛かった」という言葉を繰り返した。目には涙がたまっていて、Aさんの怒りや悲しさ、苦しさは、私にAさんの当時の入院がかなり制限されていたことを**感覚的に伝えた**（筆者注：強調と傍線は毛利さんによる。以下の強調と傍線もすべて同じ）。私は、Aさんが今は以前より辛くないのかどうか気になり、尋ねてみると、「今は天国だよ。ここは天国」とAさんは言った。私は、はっとした。『天国』という言葉に何かひっかかる感じがしたのだ。私はこの病棟を『開放的』と独断で考えてしまっていて、Aさんは『天国』と表現する。入院している方一人ひとりが生活している病棟の善し悪しを、社会に存在している閉鎖的精神病棟やそのイメージをもとにして、比較しているのだということに気づいた。本当にこの病棟が『天国』かどうか確かめたくなり、自分が一カ月間入院していることを想像しながら、病棟を歩いてみた。木が風で揺れていて風を感じたくなるが、壁一面のガラスの窓はさえぎるものなく、外の景色を私に見せつける。一面の窓は取手がなく、開く構造ではない。部屋の窓は開けることは可能で風を感じることはできるが、網戸のようなものが付いていて、すっきりとした景色を見ることはできない。病棟の端から端まで（百歩）は一分もかからないうちにいけるほどの広さ。出入り口には鍵がかかっており、許可なく出ることはできない。食事中は六人ほどの職員に見られている。**今日、数時間いただけでもこれほどの制限がある。私だったら、一カ月間この病棟で生活することはとても苦しいに違いない。**少なくとも『天国』とは思えない。軽々しく第三者からの視点から病棟をみて、「開放的な病棟だ」と思い込んだ自分がいかに浅はかだったのか気づく。そのことで、より一層Aさんが言った「ここは天国だよ」という言葉の重みを感じる。Aさんが歩んできた（おかれてきた）人生や、Aさんの多くの苦境を乗り越えてきた強さが、Aさんに『天国』という表現を使わせたように思う。

A病院を「開放的」とみた自分の視点を振り返ったノートである。すなわち、入院生活を「軽々しく第三者の目で見た自分を浅はかだ」と書く。また、Aさんの「ここは天国」という言葉には、Aさんの苦難の人生が表現されているのだと考察する。これは、考察の視点を増やそうとする良い試みである。だが、実はこの裏に、彼女の不安と恐怖が隠されていた。彼女は考察の視点を多面化することによって、疑問や怒りの表現の濃度を薄め、職員から「嫌われる」ことを避けようとした。約一年後、毛利さんはこのノートをこう振り返る。

■傍線部で私は、確かに憤りや悲しみ、苦しみを感じ、「病院はなんてひどい所なのだ」と怒っていた。だが、私はノートにはその感情を直接表現していない。私は、スタッフにどう受けとめられるのかを気にして、直接感情を表現することを避けていたのだと、今はわかる。私は、スタッフから「違うよ」とか「おかしい」と言われることが怖くて、自分に逃げ場を与えながらノートを書いた。

自分に逃げ場を与えながらノートを書く。本音を和らげて実習ノートを記載する。実習初期、多くの学生はそのようにノートを書く。それは、現場の現実を十分に知らない学生の謙虚さである。だが、それは職員の出方を探る学生の知恵や工夫でもある。しかし、毛利さんは実習三日目に初めて怒りを書く。「見放され」「嫌われる」恐れを抱えながら、それでも自分と他者に誠実であろうとする彼女がノートに怒りを書く。

●午後からリハビリテーション部の会議があった。クライアントが自殺に至ったケースを振り返り、今後の対策などを検討するものだった。私はその会議でまったく知らない人の命の終わりを知ることや、淡々と話が進んでいく空気に異様さを感じた。人の命が失われてしまったときくらい、弱音を言ったり、泣いたりするものだと私は思っていたが、涙を見せるどころか、居眠りをしている人がいるのだ。「冷静すぎる」という印象を受けた。だがそれは、もしかすると感情的になってしまうと、辛くてたまらないからなのかもしれない。「繰り返したくない」という思いが職員にはあるから、必死に自身を守りながら、ケースと向き合っているのかもしれないと、考え直した。会議中「このようなケースは今まではあまりなかったから、自殺は考えもしなかった。どのようなものなのか実感がわかない、わからないんだよね」というような声を聞いた。この言葉を聞いたとき、私は正直腹立たしい感情を抱いた。「この人はこの世の中に存在する一人ひとりの気持ちを、自分の知っているケースに当てはめて考えるのだろうか、自分はそれをわかると思っているのだろうか、せめて自分の感覚だけでなくほかの人の意見にも耳を傾けるべきなのではないか」。それらの言葉が私の頭の中で爆発しそうになっていた。

毛利さんは怒りが「爆発しそうだ」と書いている。職員からノートを批判され、否定される覚悟で書いた文章である。一年後、毛利さんはこのときの感情をこう書いている。

■自分が周りにどう受けとめられるかを気にしている私が、怒りを表現することは恐怖であった。この日のノートを、緊張しながら実習担当のスタッフに手渡したことを覚えている。

3　受けとめられる

職員からどのようなコメントが返るか恐怖だった。「現場の歴史や事情を知らずに、何を言うか！」「もっと勉強してから、意見を書きなさい」と叱責される可能性もあった。実際、そのような叱責を受ける実習生がいないわけではない。また、そう叱責する職員の指導を単純に誤りとはいえない複雑さを、現場は抱えている。しかし、ノートを読んだA職員から返ったコメントは、叱責や単なる感想、助言ではなかった。A職員のコメントを引用する（これ以降、職員のコメントの引用を▼印で開始する）。

▼ソーシャルワーカーにとって怒りはとても重要なものであると思っています。仕事をしていると、い

ろいろな怒りが出てきます。問題は、その怒りをどのように自身の仕事（ソーシャルワーカーの）に生かしていくか、日々私は問われています。今の気持ちはとても大切だと感じました。そして、それを持ち続ける大変さ、難しさも感じています。

A職員は「日々、私は問われています」と、自分や自分の実践と向き合ったうえでコメントを書く。実習中の毛利さんは、このコメントを次のように読む。

■私が一番欲しい言葉が詰まっていた。私が恐る恐る表現した「怒り」は、「とても重要なものである」と受けとめられた。そして、私の「怒り」は遠くからではなく、近くで感じとられている。つまり、怒りを持ち続けることをキレイゴトとして処理してしまうのではなく、「それを持ち続ける大変さ、難しさも感じています」というように、自身の現実的な問題として表現されている。遠くの理念・価値観を言うのではなく、今現状の、ここでの、自身の問題として表現されている。自分自身と真摯に向き合っているスタッフの姿を、私はコメントから感じとることができた。私の言いたいことは「伝わった」と感じた。スタッフも言いたいことを私に「伝えている」と感じた。「私は怒りを感じてもよいのだ、表現してもよいのだ」と強く感じ、安心した。

筆者は、毛利さんがA病院での実習を終えた直後に、彼女から実習ノートを預かり、A職員のコメントを読んだ。A職員は自分と自分の実践に向き合おうとしながら、実習生と向き合おうとしている。人が他者と向き合おうとすることは、自分とも向き合うことだと伝えることから、実習生とのかかわりを育てはじめている。そのことが教員として嬉しかった。同時に、筆者は教員が学生や実習先と向き合おうとするときの課題も同じであると再確認した。教員の仕事も、教員が自分と自分の教育実践を問うことから始まる。

自分に逃げ場を与えながら実習を始めた毛利さん。しかし、A職員のコメントに出会って以降、彼女はノートに怖さ、わからなさ、希望などを率直に書きはじめる。以下は、五日めのノートの一部である。

●今日は開放病棟にいた（略）。病棟に出た瞬間に、先週いた閉鎖病棟との違いを感じた。廊下で寝ている方がいて、入院している方のなかで歩き方が独特（首をうなだれて小さい歩幅で歩いたり走ったり）な方が多い。一人で椅子に座って笑っている人もいる。**私は、正直怖いという感情を抱いた。**私の感情はとても差別的なものだったと思う。**「どうしよう。この病棟では何をしたらいいのだろう」と不安でわからなかった**が、心を決めて病棟を歩きはじめた（略）。病棟で十人の方とお話しする機会があったが、話しているうちに歯がほとんどない方が多いことに気づいた。また、自分の思いどおりに動くことが困難な方も多くいて、そのことにイライラしていると思われる方もいた。昼食時に介助が必要な方もいて、昼食の風景を見て、老人ホームを思い出した。精神科の病棟でこのように高齢の方の介助が行われていることを、私はまったく予想していなかった。精神障害とともに生きている人びとにとって、今よりもっとよくなかった（薬や理解や環境）時代を生き、一般的に慢性期といわれる人びとが高齢化した結果であるのかもしれない。この病棟にいる高齢の方が退院していく先は、高齢者の施設がほとんどではないかと思う。今日、ワーカーと医師が、入院している方の特別養護老人ホームの申し込みについての話もしていたからだ。**入院している方にとって、どのような退院が理想なのか、入院している方の家族にとってどのような退院が望ましいのか、病院にとって退院は何を意味するのか、そのようなことを考えていた。**「ワーカーの仕事は俺たちを退院させることか、一人暮らしさせることか」という言葉をふと思い出した。以前いた病棟にいたFさんが私に突きつけた質問だ。Fさんが言ったことは確かにワーカーの仕事の一部であると思う。病院としては、退院する方がいなければ新しく入院が必要な方を受け入れることができない。**だが、その人の意思があってこその退院であるべきだし、私はその人の夢や生き方を共に探し、応援していくことがワーカーの仕事であってほしい。**

この日、毛利さんはノートに率直な疑問、違和感、希望を書いている。また、悩みながらも率直に考察を書く。そして、この日のノートに開放病棟を担当するＢ職員から次のコメントが返る。

▼病棟の担当になって今年で三年目になります。言葉が聞き取れる、聞き取れないといったことは、慣れもあってかあまり気になりませんが、全体的に自分の思いや主張をはっきり言葉で伝えたり訴えたりされる方は少なく、自分の担当の方が毎日何を思い入院生活をされているのか、何か困っていることやこうしたいという希望はあるかを、どうしたら少しでも聞くことができるのだろうと悩んでいます。この日、参加してもらった病棟カンファは、医師、看護、ワーカー、ＯＴと、それぞれの立場から意見を出し、病棟としてその方にどうかかわるかを考える場です。病棟では退院促進をやってきたこともあり、論点が退院に関すること、たとえば「老人ホームの申し込みをすればいい」というものになりがちです。私は退院ももちろん大切と思いますし、最終的に目指すところだと思いますが、その人が入院して長期にわたり病院にいなければいけなかった経過や、その途中で感じてきただろうこと、それをふまえて今できることを考えたいと思います。しかし、それだけでは実際になかなか関係がつくれなかったり、新たな動きをつくることにはならなかったりしています。結果よりも過程が大事と思いますが、長期入院でお年をとった方には時間がありません。病院で人生の半分以上を生きて死ぬより、せめて一つでもどこかで楽しい思いをしてほしいと思うと、自分の目指すもの、その人にとって良いと思われるこ

と、その人の思いのなかで悩んでしまいます。

筆者はこのコメントも嬉しかった。B職員も、A職員と同様、自分や自分の実践と向き合い、自分の感情を吟味したうえで、「悩んでいる」と実習生に伝える。毛利さんは一年後、B職員のコメントをこう振り返る。

■コメントのなかに二回出てきた「悩んでいます」というスタッフの言葉が、今の私に強く訴えかける。このコメントのなかに、私が考えた「入院とは何か」や「退院とは何か」に対する答えはない。「答えを出すこと」と「割り切ってしまうこと」は少し似ている。「割り切って」しまえば、このノートを書いたときの私のように無力感に襲われることも、絶望感で胸がいっぱいになることもない。さまざまな考えの間をさまよう不安定さもない。自分に自信をもつことができる。だが、私は「悩んでいる」というこのスタッフに対して逞しさを感じる。はっきりとした「答え」ではなく「悩んでいる」その姿を表現されていることに、逞しさを感じる。「答えを見つけること」よりも、「答えを見つけようとすること」のほうが、ずっと苦しいことなのだ。「答えを見つけよう」として、そこで踏ん張りながら前進しているスタッフの姿が、このコメントから私に伝わる。「スタッフはこのように考えながら、毎日入院している方とかかわっているのだ」と思うと、理想や結果に至るまでのさまざまな思いや気持ちの揺れがあることに気づく。私はこの日の実習の「答えを見つけよう」とした。スタッフも、この病棟での「答えを見つけよう」としている。私は、「悩む」ことのできる自分に胸を張っていいのである。

A病院での実習は、緊張と恐怖で始まった。また、「自分はここにいる資格があるのか」と違和感を抱えて始まった。そして、自分と自分の実践と向き合おうとする職員に出会い、彼女は精神保健福祉実践や、精神障害者の生活や人生の現実の一部と、向き合おうとし続ける。やがて、A病院での実習が終わる。

4　信頼感の芽生え

A病院での実習から三カ月後、B通所授産施設での実習が始まった。季節は盛夏。毛利さんは、B授産施設の実習では、事前に実習目標を明確に定める。実習への不安と緊張はやはりあっただろう。だが、「居心地の良さとは何か」「共に働くとは何か」を考えるという目標を立てる。なお、この実習が始まる約半年前、筆者は毛利さんを含む学生たちと、B授産施設が運営するカフェを見学している。毛利さんはB授産施設への実習事前訪問で、半年前のカフェ見学時の印象も含めて、実習目標を記載したレポートをC職員に手渡す。以下はその一部。

●B授産施設のカフェには去年の夏、先生と学生とで訪れたことがあります。そのとき、**きれいで、明るくて居心地の良さそうな場所だと感じたことをはっきりと覚えています。**一度訪れただけなので、私にとってはまだ異空間でしたが、「B授産施設」の目指す「くつろぎの場」を私は確かに感じたことになります。建物の構造だけが、私に居心地の良さを感じさせたわけではないと思います。カフェの中にいた人びとがつくり出す雰囲気が関係していたのだと考えています。それは、私が訪れたとき、お母さんと赤ちゃんがカフェにいたことと、それを見て心が温かくなったことが強く印象に残っているからです。このようなことから、**実習では居心地の良さは、どのような環境でできるのかを感じ取り、深く考えたいと思っています。**また、先生から、B通所授産施設での実習は、メンバーさんと楽しんで働くようにと言われました。A病院での実習では、私はどこか遠くから眺めているような感覚をもっていることが多かったように感じます。入院や面接は、私自身が参加できるものではなかったからだろうと考えています。B授産施設での実習では、私自身が参加し、**自分でも居心地の良さを感じることができるように、メンバーさんと共に働きたいです。**

以下は初日のノートの一部である。

●今日も暑い日だった。実習初日だったので余裕をもって家を出たつもりだったが、通勤ラッシュに慣れていない私は予定より時間がかかって**焦っていた**。暑さのせいもあって、少し**イライラしていたと思う**。だが、今日一日を振り返ってみると、B授産施設にいる間はずっと**心が穏やかだった**。もっと正確にいえば、居心地の悪さを感じることがほとんどなかった。初めての実習、初めて会う人びと、慣れない環境のなかで、気持ちが張り詰めなかったのは不思議だ。

初日から、毛利さんは自分を率直にノートに表現する。また、周囲のスタッフやメンバーとのかかわりに、のびのびとした心地良さを感じる。そんな実習が続く。しかし、実習四日め、彼女は実習ノートに返ってきたある職員のコメントを読んで混乱し、動揺する。以下はその日のノートの一部である。

●私の頭の中は今非常に混乱している。頭の中に靄が広がっていて、そのなかに私がもともと持っている答えがあるはずなのだが、探し出せずにいる。今日、I職員が書いてくださったとても丁寧なコメント。だが、なぜか読み終わったあと、心がざわついていた。私は何か、違和感と表現できるような感情を抱いていて、何度も何度も読み直した。違和感は、私が記した状況（場面）が理解されていなかったから生じたのではないとすぐにわかった。私のなかの「感覚」や「信念」のようなものが、このコメントを吸収することや、簡単に流すようなことを拒んだのだと今、気づきはじめている。では、私の「感覚」や「信念」とは何なのか。考えずにはいられないのだが、考えても、考えても言葉で表現できるように明確な姿を見ることができない。この気持ちの悪さに、名前をつけることもできないことに強い歯がゆさを感じている。今、書きながら考えているとめまいが止まらない。私のこの状況からも、私が今考えていることが自分にとって非常に大きく、難しく、重要な問題であるということがわかる。伝えることができる範囲で、私の違和感を表現してみる。まとまりのない文章になるだろう。

返ってきたコメントは全体として、「支援者」という立場の側に立っているコメントであるような印象が私にある。それは、「受容」という表現が出てきたことや、相手とのかかわりに意味づけしているように捉えることができるような文があったことが、私に影響を与えたのだと考えられる。「支援者」の側に立つ意識が、私には欠けているからなのかもしれない。拙い表現力しかなく、考える力も十分ではない私だが、私は「福祉」と呼ばれる領域のなかで、誰かとかかわっていきたいのではない。「福祉」と呼ばれる領域のなかで、誰かを助けたいわけでもない。私は人と人（あなたと私）とのかかわりのなかに、「福祉」と呼ばれているような要素を取り入れたいのだ。いや、むしろ、「福祉」と呼ばれているものが存在しているのは、本来、人と人がかかわるこの世の中だけなのではないか。やはり、今の私にこの感覚を表現することは難しい。意味の理解できない文にしかならない。私が今日このような考えを巡り巡らせることができたことは、本当に忘れられないほどの衝撃だ。自分の感覚や信念と向き合い、それを人に伝えられる言葉にすることは苦しい。このような文章を実習ノートに書き、提出することは勇気のいることだ。私がコメントを捉え間違えている可能性もある。だが、今感じている気持ちを別のノートに記録することはもったいないと思う。

このノートは、彼女が錯綜しているため、理解をするのが難しい。おそらく、コメントを書いた職員は、「支援者が利用者をいかに支援すべきか、どう受容すべきか」をめぐって丁寧にコメントを書いた。しかし、毛利さんはそのコメントに強い違和感をもつ。だが、その違和感の正体がわからない。違和感を言葉にできない。それでも、彼女は「私は『福祉』と呼ばれる領域のなかで、誰かを助けたいわけではない。私は人と人（あなたと私）とのかかわりのなかに、『福祉』と呼ばれる要素を取り入れたいのだ」と書く。そして、自ら実習担当のC職員に違和感を伝える。約一年後、彼女はこの日のC職員との対話をこう振り返る。

■私はスタッフのコメントを「理解できない」と訴えた。私は本当に混乱していて、このときは、「取り繕う」ことさえできなかった。このノートのコメントが返ってくる前に、C職員は私と一時間以上話し合った。私はそのときに、「わからなさ」、言葉にできない「苦しさ」を、C職員にぶつけた。本当は、「実習を受けてくださっているスタッフに対して、『あなたの意見が気に入りません』と言うことで、実習が中断されてしまうのではないか」という恐れも、私のなかにはあった。だが、伝えないことが、スタッフに対して失礼だと考えることができた。そう考えられるほど、スタッフは毎日、私のことを真剣に受けとめてくださっていたし、悩みながらご自身の考えを伝えてくださっていた。C職員との振り返りの際、私はとても緊張し、興奮していたのだと思う。このときの自分や話をしたときの感覚は残っているのだが、話の内容がまったく思い出せない。ただ、C職員は私に、「君は間違っている」とは言わなかった。私が納得するまで話し合ってくださった。逃げなかった。言葉で表現できないときは待ってくださった。この経験によって、私は人から信じられるということを実感することができた。それは同時に、私のスタッフに対する信頼の芽生えであった。

C職員は、混乱する毛利さんと時間をかけて向き合う。自分から逃げることなく、実習生が納得するまで向き合おうとする。そして、次の言葉をノートに残す。

▼「このような文章を実習ノートに書き、提出することは勇気のいることだ」と書かれていますが、表現してくれてよかったと思っています。私は、支援を仕事とする職員として、メンバーにかかわっていますｓ。その際、自分の居方やかかわりの意味、目的について、自覚的であることが大切となります。そのことが、自分の居方やかかわりの意味や目的について考えていくうえでの基準になるからです。結果は思わぬ形になることもありますが、スタート地点というか、考えるうえでの拠り所は、結果や経過を検証するうえで重要であると考えています。しかし、これはあくまでも私の考え方です。考えの内容によっては参考にならないものもあるかもしれませんが、取り入れてみたり、反面教師にしたりするという方法もあります。毛利さんの実習ノートに「自分の感覚や信念と向き合い、それを人に伝えられる言葉にすることは苦しい」とありました。実際そのとおりだと思います。ただ、その苦しさを表現していくことが、伝えられる言葉になっていくこともあります。今回の振り返りは、書く際には苦しいことがあったかもしれませんが、実習ノートに表現したからこそ、ともいえます。実習での体験が少しでも毛利さんご自身の「感覚」や「信念」への気づき、あるいは、それらを考えるときに活かされればと思います。

C職員は混乱するノートを読む。同僚が書いたコメントに対して違和感が綴られたノートである。おそらく、C職員はどう対応すべきかに悩み、迷っただろう。それでもすぐに、C職員は多忙な仕事の合間を見つけて、毛利さんと向き合う。まずは、彼女の違和感を頭から否定しない。彼女が何を言おうとしているのか、何を大事にしたいのかに想像力を動員する。そして、彼女の表現を励ます。そのうえで、待つ。また、C職員は自分から逃げない。自分をごまかさずに毛利さんと向き合おうとする。さらに、職員として大切にしている視点を丁寧に伝えようとする。毛利さんはこのやりとりを通して、C職員やB授産施設から、一人の人間として大切にされている信頼感をいっそう強くもつ。人が他者を信頼する体験とは、このようなやりとりを指すのだろう。

5　最大の混乱と勇気

A病院の実習から五カ月後、B授産施設での実習終了から一カ月後、毛利さんのC福祉会での実習が始まる。秋の気配が漂いはじめた季節だった。毛利さんは卒業論文に、C福祉会での実習当初の様子をこう書いている。

■実習担当の先生からは「楽しんできてください」と言われていて、実習の事前訪問のときにも、実習担当スタッフから「楽しんでください。自分が楽しんでないと、メンバーさんも楽しくないので」と言われていた。私は、「楽しんでいいのか！」という気持ちと、「でも、実習に行くからにはたくさん考えなければ」という気持ちでいたが、今までの実習先よりも、楽な気持ちで実習に臨んでいた。実習三箇所めということもあり、慣れのようなものもあったと思う。私は、それまでの実習のなかで一番すがすがしい気持ちで実習に臨んだ。C福祉会での実習は、私にとって楽しいものだった。「こんなに楽しくていいのでしょうか」とスタッフに相談したこともあるほどである。

筆者は、毛利さんがC福祉会で実習を始めた当初、彼女に会っている。実習五日めのころだった。そのとき、彼女は開口一番、「先生。私、実習を楽しんでいますよ」と明るく語った。筆者が初めて見る毛利さんの自然な笑顔だった。しかし、実習十日め、彼女は実習全体のなかで最大の混乱と苦しみを味わう。

■私はまさか、こんなに苦しい思いをするとは想像もしなかった。実習十日め、私は自分が何者であるのかさっぱりわからなくなる。自分は生きていていいのだろうかとさえ思ったのである。

実習十日め、C福祉会が運営する地域生活支援センターでの実習中、彼女は数人のメンバーとカードゲームを楽しむ。ゲームに夢中になったためか、彼女はメンバーに冷たい言葉を平気で発し続ける自分に気づく。そして、自分の冷酷さ、醜さに愕然とする。「自分は生きていていいのだろうか」と自分を否定する。この日、彼女はこんな実習ノートを残している。

●私はとうとう話せなくなった。本当にまったく話さないという意味ではなく、口を開くことが難しくなった。自分の発言が恐ろしくて仕方ない。実習が始まってから、さまざまな人と話をする間に少しずつ感じていた（蓄積されていた）ある感覚が溢れ出して、その正体に気づかされたのだ。私が発してしまう言葉は、相手への当然の配慮を欠いているものばかり。私は、発言した後ですぐ後悔せざるを得ない言葉ばかり発している。

今日、メンバーさんと六人でカードゲームやジェンガ（積み木を柱から抜いて積み上げるゲーム）をしていた。普通のゲームだ。それなのに、その間さえ私は自分が発する言葉がものすごく浮いて聞こえるのだ。よく考えてみると、実習に来てから私と話をしてくださるメンバーさんは、誰一人として私を傷つけるようなことは言っていなかった。特別気を遣っているわけではなく、自然に温かい言葉を伝えてくださる。ゲーム中に話される言葉は楽しく、面白く、冗談交じりのものだったが、誰かが何かを責めるようなものは決してなかった。だから私の言葉は浮いていたのだ。なぜだろう。私は相手に対しての想像力や配慮が足りないようにも感じたが、それだけのせいではない。素の私で今実習していることから、私はその原因を理解した。今まで生きてきて染み付いた感覚や考え方によって、いつの間にか私の発する言葉はこうなっているのだ。ゲーム中、私は笑いながら相手を責めるような言葉ばかり言ってしまっていて、言ってしまってから自分の発言の冷たさに気づくという流れを、何度も繰り返していた。「なんでこのカード出すんですか」「ひどーい」。どの言葉も笑いながら、面白く発していた言葉とはいえ、あまりにも冷たく、相手を責めている（略）。ここでの実習の前の実習で、私は今日のような感覚を抱いたことがない。それは「実習生」という役を自分のなかで作っていたからだろう。当たり前のように「実習生」らしく丁寧すぎるほど丁寧な言葉を使い、細心の注意をはらって行動し、ほとんどの出来事を対象化してみていた。それがすべて間違いだったとは思わないが、「自分」を内側に置いていなかったことがある。今回の実習で私はメンバーさんと一緒に楽しみ、働き、過ごし、「自分」はいつの間にかその場面や空間に入っていた。だからこそ素の私が出てきて、普段の私の言葉が出てきた。私はなぜ生活支援センターで実習生の私でなくなったのか。生活支援センターという場が私を素にしていることは確かだ。今まで「外」として、あるいは「領域」や「異空間」として捉えていたことが、私にとって「外」ではなく「内（中）」に、「領域」ではなく「日常」に、「異空間」ではなく「ここ」になったのではないかと考えている。今はまだそれだけしかわからない。

自然のうちに、あるいは半ば無意識に、冷たい言葉を投げ続ける自分、相手を責め続ける自分。毛利さんは、自分が冷酷で醜い人間であったと改めて気づく。おそらく、彼女には冷酷で醜い言葉を伝え、伝えられ、他者と傷つけ合い、自分を傷つけた歴史がある。自分を肯定できない過去がある。筆者が毛利さんに初めて会ったとき、彼女が話した「私、自分を好きになれないのです」という発言はこうした事情を示唆している。約一年後、彼女はこの日をこう振り返っている。

■この日、私は本当に苦しかった。すべての実習のなかで一番の居心地の悪さだった。とても混乱していた。自分の発する言葉の恐ろしさから、人と話したくなかったし、実習先に居るというだけで、苦しくて仕方なかった。できるなら消えてしまいたかった。自分のことがとても嫌だった。私の頭のなかは「私なんて、私なんて……」「私ってどうしてこんな私なのだろう」「私はなんとひどいんだ」という三つの考えで埋まっていた。

この日の振り返りのとき、私は泣いたことを覚えている。どんな内容の話をしたのか、詳しくは思い出せない。私は自分のことを責めていて、聞いていたスタッフは、ゆっくりと私の話を聞きながら、言葉を選びながら話してくださっていたように思う。「痛い過去を振り返るだけではなく、気持ちのいいことを見つけること」「心にできたかさぶたを何度も何度も剝がしてしていると、傷が膿んでなかなか治らなくなる」。そんな話を温かく私に沁みる言葉でされた。

C福祉会のD職員は毛利さんの話をゆっくりと聴く。そして、言葉を選んで伝えはじめる。「痛い過去を振り返るだけではなく、気持ちの良いことを見つけること」「心のかさぶたを何度も剝がしていると、傷が膿んで治らなくなる」と。そのうえで、D職員はノートにこう書く。

▼良い文章だと思いました。言葉が生きている気がしました。自分自身を受け止める勇気が、実は一番

難しいのですよね。その勇気が伝わってくる文章だと思いました。毛利愛子さんは、迷いながら手前に進んで行こうとする方です（略）。毛利愛子さんの忍耐力は、そういう忍耐力です。

D職員は、醜い自分と向き合うことは、誰でも大変な勇気がいると書く。そして、毛利さんのノートを勇気が伝わる文章だと書く。さらに、かさぶたを何度も剝がすと膿んでしまうと伝え、毛利さんは迷いながら前に進む人だと書く。つまり、「あなたには冷酷さも醜さもあるが、そんな自分に向き合う勇気もある」「そんな勇気をもって前に進んでほしい」と伝える。そんなふうに毛利さんの混乱と向き合おうとする。D職員の言葉は毛利さんにどう伝わっただろう。一年後、彼女はこう書いている。

■コメントを読んで涙があふれた。今読んでも涙があふれる。私の内側からこみ上げてきてぐっとのどに詰まるこのときの感情を、どう言葉にしたらよいのだろう。私のなかに湧き出す感情を、一つひとつ、今ある感情の言葉に置き換えることは、なんと残念なことだろう。「感謝の気持ち」「受け止められた」「うれしい気持ち」こんな表現で表現しつくせるものではない。混乱している私の言葉にならない言葉を受けて、スタッフは「いい文章だと思いました」と始めているのである。そして、「毛利愛子さんは、迷いながら手前に進んでいこうとする方です」と書いてある。私は、ここにいていいのだと強く感じることができた。

おそらく、D職員はこの日の毛利さんだけを見て言葉を伝えていない。D職員は毛利さんのA病院やB授産施設での実習ノートを読み、また彼女がC福祉会で実習しているさまざまな姿も見たうえで言葉を伝えている。そうでなければ、実習生が自分の醜さ、許せなさを書いたノートに、先のような言葉は伝えられない。つまり、D職員は毛利さんが生きてきた歴史、実習の経過という文脈のなかで彼女の混乱と向き合おうとした。人が他者を受けとめようとするとは、このように他者の歴史を多面的に想像したうえで、時には新たな視点を提供しようとすることである。そのような他者が傍らにいてこそ、人は自らの冷酷さや醜さと向き合う勇気をもつことができる。

ところで、毛利さんは自分への不信と許せなさの正体を、卒業論文のなかで次のように書いている。不信と許せなさの正体を具体的に書いているわけではない。だが、次のような内面があるからこそ、彼女はD職員の言葉に涙が溢れたのだろう。

■私のなかにあるひとつの「部屋」について書こう。私のなかには「暗く閉ざされた部屋」がひとつある。ずっと私のなかにあるものだが、私はその部屋のなかに、気がつくと閉じ込められていることがある。自分で自由に開くことも、閉じることも、壊すこともできないその部屋に閉じ込められることは、私にとってこのうえない恐怖である。その部屋には、何があるのかといえば、重くのしかかり私をつぶそうとするどろどろの空気と、私を一人ぼっちにしてしまう頑丈な扉。私がその部屋に閉じ込められるときは、自分が許せないとき、そして、人に嫌われてしまうのではないかという不安に襲われるときである。この部屋は、私が生きてくる道の途中で、私が創ったものなのか、自然にできたものなのか、それははっきりとわからない。どちらでもあるともいえる。そして、おそらく一生消えてなくなることはない部屋なのである。

私はいつの間にかできていたその部屋の存在を恐れていた。その部屋に閉じ込められることがないように常に注意しながら、恐る恐る生きていたのである。だから、人を信じることができなかった。自分を信じることもできなかった。そして、その部屋のことが大嫌いだった。

筆者は、毛利さんの自分への許せなさや他者から嫌われる恐怖の歴史について、具体的には何も知らない。だが、おそらく彼女は他者からの孤立を恐れながら生きてきた。だから、安心して他者を好きになれず、そんな自分も好きになれない。他者を信じることができず、自分を信じることもできない。そんな「閉ざされた部屋」を内に抱えてきた。だが同時に、彼女はそんな自分を乗り超えようと、自分と他者に誠実に向き合おうとしながら生きてきた。そんな毛利さんが実習のなかで、自分の実践と必死に向き合おうとする職員、彼女を丁寧に受けとめようとする職員に出会う。出会いを通して、毛利さんは自分の実習と向き合おうとする。また、彼女が彼女であろうとする勇気を得る。それが毛利さんの「実習という光と風」の正体である。それは職員との出会いによるものだが、同時に自分や他者へ誠実であろうとした毛利さんのちからによるものでもある。

6　毛利さんの考察

毛利さんは卒業論文で、自らの実習体験を次のように考察する。

■ここまで、私の実習ノートとスタッフのコメントを振り返ってみた。私に強く訴えかける何かがあると思った場面とコメントを選んだのだが、その何かとは何だったのか。どの場面も、私の大きな感情の揺れが含まれている。その感情の揺れを無視しなかった私がいる。その感情の揺れは、無視できるような小さなものではなかったからである。私の芯を直接大きく揺り動かすものだったからである。どのノートの場面をとっても、私は、私自身と対面せざるを得ない状況にあったといえる。自分自身と対面するとは、自分のなかに巻き起こる感情を見つめることである。私は私自身と対面した状態で、スタッフに対面する。スタッフも自身と対面しながら私とかかわっている。そこに「熱くあたたかいもの」が生まれる。

■「実習」という言葉を私のなかで繰り返したときに巻き起こる感情を言葉にしていこう。「苦しさ」とは、自分自身と対面する苦しさであった。私にとって、居心地がいい空間であろうと、「居る」というだけで辛い空間であろうと、自分自身との対面は、必ずあった。私は私自身のなかに巻き起こる「怒り」や「悲しさ」、「ありがたさ」、「許せなさ」を一つひとつ確かめた。そしてその自分自身と対面し、実習先のスタッフ、メンバーさんとは、その自分でかかわっていた。「惨めさ」とは、何もできない自分を感じることであった。たとえば高齢の長期間入院している方が目の前にいたとして、私はその事実を知り、怒りを感じることがあっても、目の前にいるその人の生活は何も変わらない。「辛さ」とは、「惨めさ」を感じながら何もできずにそこに居続けることであった。「言いようのない緊張感」とは、自分に対する周りからの評価を気にするものであった。この私をスタッフは、入院している方は、メンバーさんは、どう感じているのだろう。傷つけてはいないか、傷つけられはしないか。私は見放されないだろうか。「歯がゆさ」とは、伝えたいことを伝えられなかったり、言いたいことを言葉にできなかったりすることであった。自分のなかに確かにある思いを人に伝えられる言葉に置き換えることは、実習中にはほとんどできなかったように感じている。「熱く、あたたかい感情」とは、私と向き合いながら自分自身とも対面しているスタッフと、自分と対面し続けた私の熱であった。苦しさ、惨めさ、辛さ、言いようのない緊張感、歯がゆさの波にのまれそうになる私は、それらの感情を誤魔化さなかった。そして、その時私は一人ではなかった。スタッフもまた、感情を誤魔化さずに私と共にいた。

毛利さんは論文の考察を次の一文で簡潔に結ぶ。

■私も人とかかわって生きていく。そのなかで、誰かに光や風を与えられるような人になりたい。

「光や風を与えられた私」は、いつかどこかで「光や風を提供する人になりたい」。これが毛利さんの結語である。つまり、他者から受けとめられた体験は、やがて別の場所で誰かを受けとめ、他者と自分を大切にしようとする希望や意志を育てる。このような正の循環や連鎖を創造することも、実習教育のちからである。

第3節　考察――実習教育のちからの構造

毛利さんの実習は、自らをゆさぶられる体験の連続だった。当初、彼女は職員や患者から「嫌われないか」「見放されないか」と怯える。やがて、福祉に対する疑問に出会ってゆさぶられ、冷酷で醜い自分に直面してゆさぶられる。しかし、彼女はゆさぶられる自分から逃げない。自分をごまかさない。そして、自ら職員や実習と向き合い、福祉実践や実践現場、地域社会などへ関心を広げる。さらに、「私も誰かに光や風を与えられる人になりたい」と希求する。これが彼女の実習体験の軌跡である。この軌跡を創造した一つの鍵は、すでに述べたように、自分と他者や実習に誠実であろうとした毛利さんのちからである。

だが、この軌跡を創造した鍵がもう一つある。それは、自分や自分の実践から逃げずに、向き合おうとしながら、実習生に向き合おうとした職員がそばに居たことである。彼女の疑問や混乱に耳を傾け、たとえ否定的な疑問であっても、それを見守ろう、見届けようとし、実習生の歴史に想像力を動員しながら、時には新しい視点を提供しようとする職員がともに居たことである。そのような職員との出会いが、毛利さんが他者と自分を信頼しはじめた萌芽であり、彼女が安全感のなかで実習に挑戦していく出発点であった。

一般に、実習スーパービジョンには三つの機能があるといわれる。一つは、職員が実習生に現場の情報や知識を提供するマネージメント（管理的）機能。二つは、実習生との間に信頼関係を構築する支持的機能。三つは、実習生が考察を深めるのを助ける教育的機能である。

また、いくつかの文献は、実習スーパービジョンに必要な能力・態度を次のように整理している。たとえば、日本社会福祉士会・実習指導者養成研究会（二〇〇四）が編集したテキストは、職員の実習スーパービジョンに不可欠な力量として、①実習生の課題が整理できる能力、②実習ノートを活用する能力、③実習期間中にかかわりを育てようとする態度、④実習を適切に評価する能力を挙げている。

また岡本ら（一九九九）は、実習スーパービジョンでは、①人格の相互尊重、②価値観の共有、③愛と信頼関係の形成への努力、④固定的な観念・方法に縛られない柔軟な態度、が不可欠であると述べている。これらの指摘はむろん正しい。だが、これだけでは足りない。

繰り返しになるが、毛利さんの実習を担当した職員のかかわりは、二点の特質をもつ。第一に、自分の実践や実習指導と向き合おうとしたうえで、実習生と向き合おうとした点。これが、毛利さんの職員と向き合おうとする信頼感と、実習に挑戦する勇気を醸成した。第二に、職員が毛利さんの疑問や混乱を見守ろうとし、彼女の疑問や混乱の歴史に想像力を動員し、時には彼女の疑問や混乱に新たな視点を提供しようとしたこと。これも、毛利さんが他者と自分に向き合おうとする信頼感と勇気を育てた。すなわち、この二点が、毛利さんと職員が向き合うことを可能にした基礎であり、毛利さんが安全感のなかで実習に挑戦することを後押しした出発点であった。

これら二つのかかわりなくして、「人格の相互信頼」（岡本ら　一九九九）や「実習ノートの活用」（日本社会福祉士会・実習指導者養成研究会　二〇〇四）も、あるいは「実習を適切に評価すること」（岡本ら一九九九）や「固定的な観念・方法に縛られない柔軟な態度」（日本社会福祉士会・実習指導者養成研究会二〇〇四）の実現は難しい。職員が自分と自分（自分たち）の実践と向き合い、実習生の歴史を想像して見守り、時には新たな視点を提供するかかわりこそ、「人格の相互信頼」や「実習の適切な評価」などの出発点だからである。これは、教員が実習生や実習担当職員と向き合おうとするときも同じである。すなわち、本章の結論をいえば、この二つのかかわりこそ、実習教育のもつちからを創造する基礎であり、骨組みである。むろん、実習スーパービジョンでは、実習生の課題を評価して整理すること、人格を相互信頼すること、柔軟にスーパービジョンを進めることなどは、重要な課題である。しかし、そのためにも、二つのかかわりがその前に存在しなければならない。

なお、職員は以上の二つのかかわりを大切にするためにも、自分のスーパービジョンの進め方に向き合う必要がある。毛利さんの実習で、四人の職員がどう自分のスーパービジョンと向き合ったかはわからない。しかし、M・ドゥエルら（Doel et al., 1996）がこの点で具体的な示唆を残している。M・ドゥエルらの具体的示唆を筆者の言葉で要約すれば、以下のようになる。

（1）職員は自分のスーパービジョンの特性と傾向に関心をもつ。
（2）スーパービジョンを進める原則を実習生と対話しながら作り、見直す。
（3）職員と実習生の間に力関係の相違があることを認めながらもオープンな対話を心がける。
（4）スーパービジョンの目的をたえず意識化する。
（5）職員と実習生が互いにスーパービジョンをどう感じているかを話題にする。
（6）実習生が対話に参加できるよう、職員の助言や発言をできる限り具体化する。
（7）対話に「実習生が今のままでよいこと」と「実習生が変えるとよいこと」の二点を盛り込む。

筆者も同意見であるが、これらの示唆は教員が実習生と向き合う際にも有用である。

本章は、一人の実習生と実習担当職員との対話に注目して、実習教育のちからの本態を論じた。むろん、毛利さんの実習体験から実習教育を一般化して論ずることはできない。むしろ、彼女の体験は稀な例とみるべきだろう。実習生のなかには、実習の動機づけが乏しいまま実習に臨む学生もいれば、自分と向き合うことを避けたまま実習を終える学生もいる。また、実習への意欲を発揮する機会に恵まれない学生もいれば、実習への意欲が高いからこそ、意欲が空回りして不全感を抱えたまま実習を終える学生もいる。さらに、教員と一緒に実習に取り組む機会に恵まれない学生もいるだろう。

実習先現場にも、社会制度の激変や職場の変動など、職員が自分や実習生と向き合うことを難しくする条件が多数存在する。さらに、実習は教員にとっても不安と緊張の連続である。教員が実習生や実習先現場と向き合おうとすれば、教員も自分を問われ、ゆさぶられるからである。これらも実習教育を構成する複雑な現実である。しかし、実習教育は、学生も職員も、そして教員も、それぞれに自らをゆさぶられる体験である。自分の生き方までもが問われる経験である。ここに、実習教育が講義や演習科目以上に、自分や他者、さらに社会とリアリティ豊かに向き合う体験となる理由がある。また、ここに実習教育にかかわる者が、互いに丁寧に向き合う姿勢と態度が必要とされる理由がある。

おわりに

毛利さんは実習終了後から卒業までの約一年間、自ら三つの実習先に何度か足を運んだ。その都度、その時点で感じる自分の実習体験の意味と感謝を精一杯、職員に伝えた。彼女が卒業論文を執筆したことも、実習体験の意味を伝えようとするひとつの試みであった。筆者は、毛利さんに限らず、学生の実習終了後の実習先訪問にできる限り同行する。教員が感じる実習後の学生の変化や、教員自身の変化と発見などを自らの言葉で伝えることが、教員が実習先と向き合おうとするひとつの方法と考えるためである。

【引用・参考文献】

岡本栄一・小田兼三・竹内一夫ほか編（一九九九）『改訂福祉実習ハンドブック』中央法規出版
精神保健福祉士養成セミナー編集委員会編（一九九八）『精神保健福祉援助実習』へるす出版
Doel, M., Shardlow, S., Sawdon, C., & Sawdon, D.（1996）*Teaching Social Work Practice : A Program of Exercises and Activities Towards the Practice Teaching Award.*（中野敏子・茨木尚子・大瀧敦子監訳〈一九九九〉『社会福祉実践をどう教えるか――英国の実習指導者のためのテキスト』誠信書房）
日本社会福祉士会・実習指導者養成研究会（二〇〇四）『社会福祉実習を担当する方のコンピテンシー養成講座・基礎編』日本社会福祉士会
毛利愛子（二〇〇八）「私の実習――私に光と風をくれるもの」立教大学コミュニティ福祉学部二〇〇七年度卒業研究

第3章 障害をもつ当事者教員は学生にどのようにかかわったか

安積遊歩

はじめに

私は大学教育を学生として受けた経験はない。大学どころか高校も通信制さえ中退しているので、学歴では中卒となる。しかし、福祉教育を担当するとしたら、障害当事者である私ほど教えるにふさわしい人はいないと、心ひそかに長年思ってきた。福祉教育で伝えたいことは、「人間はみんな助け合い分かち合える存在で、それを実現するために社会がある」ということだ。それを強烈に知らざるを得なかった私だからこそ、教壇に立ちたいと思い続けてきた。

コミュニティ福祉学部ができたときから声をかけていただいて、非常勤講師を経て、今は兼任講師となった。若い人と付き合うのは非常に興味深く、なんといってもこれからの地球を担っていってもらう人たちだから、お互いにとってとても重要なことをしているという自覚がある。この文章では、まず私が若いときのことを若干振り返り、若い人に生きることの希望と安心を伝える大人にどんなになりたかったのかを振り返ってみたい。その後、障害をもつ人からの正しい情報を得ることで、具体的な付き合いが深まる出会いの場としての授業の様子をみていこうと思う。

第1節　医療と教育のなかで――その1

この仕事に招かれたときに、私は四十歳で初めての出産を果たしたばかりのときだった。それまでの活動でも、人類史に初のことをしてきたつもりがあったが、この出産という行為はそのなかで最も強烈なチャレンジだった。障害をもつ体にもう一つの命を宿すという、非常にリスキーな行為であったが、もしこの子との出会いがなかったら、学生たちとのかかわりは大いに違ったものになっただろう。私はこの子に自分が受けた医療とはまるで異なったかかわり方をしている。彼女は、あくまでも自分の体は自分のものであるということを、幼い時から知っている。授業のなかで私は自分の医療体験を話すなかで、一人ひとりが自分の体にリーダーシップをとり続けることを伝えている。では、私と医療とのかかわりがどんなものであったかをみてみよう。

私は一九五六年に福島県に生まれた。生体実験を繰り返した七三一部隊のことを知ったのは、中学生ぐらいだったと思うが、そこで加害者であった人たちが、戦後各地の大学病院や製薬会社に職を得たことにひどく驚いた。医療とか医学というものは人の命を助けるためのものであって、生体実験や生体解剖を繰り返すとしたら、それは医学でも医療でもなく殺人でしかない。いくら犠牲者に鎮魂をしたとしても、そこで行われた行為を徹底的に反省することなく日本に戻り、また医学の現場に立ったとしたら、そこで行われた医療には倫理観というものが圧倒的に欠如していただろう。私に行われた医療がまさにそうだった。

○歳から二歳までの私の体には、骨形質が弱いということで、生体実験としか思えない男性ホルモンの投与が行われた。これは正に戦争の影響からきたものであって、医学と呼べるものではなかったと思う。なぜなら二年後にも一向に状態が改善されないということで、医者はそれまでの治療をあっさりと諦め、一日おきの注射が終わったのである。その前後には、小さな私自身が、あまりの辛さで自分の髪の毛を全部むしりとってしまうということもあったという。これらの話を初めて母から聞いたとき、私は自分の内なる怒りがどこから来ているのかがよく理解できた。その後は、二歳ぐらいから主に大腿骨の骨折を繰り返すようになった。特に思春期までの時期に二十回ぐらい折れた。その間に八回ほどの手術もあり、痛みゆえの怒りと苦しみが体に満ち満ちているのは知っていたが、それ以上に医者や看護師に対する激怒とも憤怒といえる激しいものが常に心の中に渦巻いていた。人間の体を使って治療の実験を行うという近代医学は、生命尊重の思想とは相容れないものだ。結局医師がなぜ投与を中止したかといえば、私の骨の状況が改善されないということもあったが、それ以上に医師の良心が呼び覚まされたということがあったからだと思う。

ちょうど私が二歳の時に母が妹を妊娠し出産したのである。私には兄が一人いるのだが、その兄の手を引いて私を背負い、だんだんおなかの大きくなっていく母と注射のたびに激しく泣いて抗議する私を見て、医師も決断したのだと思う。私になされていた虐待ともいえる治療を止めてくれたのが、妹の誕生であったのだ。

十一歳になるまで、それでも私は大学病院に行き続け、十三歳までの二年半くらいは養護学校が併設された手術のできる療育施設に入園した。一年の約束でその療育施設に行ったわけだが、結果的には二年半という長期滞在になった。当時は、医師が子どもとした約束などというのはまったく守られることはなく、二年半でさえ、私のような障害程度の仲間たちと比べると極端に短いほうだった。それまで大腿骨の変形を何度も手術されてきたが、二年半で出ようと思うきっかけになったのは、医師からの脊椎測湾、つまり背骨の変形を矯正手術するという提案に愕然としたためだった。もちろん、一年間で親元へ帰れるという約束を破られていたことにも深い悲しみと怒りがあったが、そこに加えてさらに手術をしようとする残酷さに、心の中の悲しみと怒りが一気に表面に浮上した。

今でも十三歳だった自分の言ったことをしっかりと思い出す。これ以上自分の体にメスを入れるつもりはないこと、大腿骨に入れたピンも放置してかまわないこと、医師の立場からいえば放置かもしれないが、私の体だから自分でピンの状況を感じながら付き合っていけること、それと同じで、背骨もいくら変形しても危ない手術はまったくする気がないということ、今後は自分の体は自分で面倒をみるので、大学病院やこの施設には二度と戻ってこないということなどなどを、一番話を聞いてくれそうな医師の顔を見ながら伝えた。

彼は、もちろんすぐに私の意見に賛意を表したわけではなかった。ただ、私が脊椎の手術を危ないというふうに思ったことについては、よくわかってくれた。そのときには、すでにそうした手術を受けて失敗して寝たきりとなった仲間が、その施設にいたのである。私は、失敗は学びを重ねていくなかでは必要なものであると心から知っている。子どもたちはさまざまな失敗を重ねていくなかで、人として成長していくものだ。しかし、大人が人の命を使ってする失敗は、決して許されるものではない。それは犯罪と呼ばれるものだ。それにもかかわらず、その当時は、そして今も、医師は自分より徹底的に立場が弱い人に対しては、失敗を容易に許されると思ってしまうようだ。もちろん医師が最近告発されるケースが多く、そのために産婦人科の医師は特になり手が少なくなったと聞く。産婦人科の医師が激務に苦しみ、そのうえ告発されることを恐れ、なり手が少ないというのは、これは制度上の失敗であって、人間としての失敗ではない。生体実験をどこかで許している医療制度の失敗が、人びとをひたすらに追い詰めるのだ。

十三歳のときに私は、その医療制度のいびつさを見抜き、そこから脱出した。その体験を学生に語ることによって、私は若い人のもっている権利を表現することを徹底的に励ましている。過酷な医療体験のなかで学びとった、自分の権利を主張することの大切さを、私は学生たちに共有してほしいと切望している。

第2節　医療と教育のなかで――その2

その後、決断どおり私は養護学校を出て地域の学校に戻るはずだった。ところがここでまた、大きな挫折と直面したのである。小学校一年から四年まで、私は地域の学校で何の問題もなく過ごした。いや、本当は問題がたくさんあった。私の側からいえば、送り迎えに親の送迎を強制され、授業の間のトイレの移動にも親の待機を求められた。しかし、天皇制教育を潜り抜けてきた私の両親にとっては、学校は子どもの権利を行使する場ではなく、特に障害をもつ私のような子には、「入れていただいてありがたい場所」であったから、排除されないという一点で問題なく通えたと感じていたのだ。ところが、養護学校から今度は地域の中学校に転校しようとするときには、校長からの拒否にあった。つまり、排除という差別問題がいっきに持ち上がったのである。

差別は個人的な感性のなかでとどまるのであれば、きちんと向き合うことを通して変革は容易だ。しかし、校長という制度上の役割を担った人が差別してくるとしたら、その意識を変えるのは困難をきわめる。このときもそうだった。彼が退職して新しい校長が来る前段階のとき、教頭代行でようやく私の受け入れが認められた。受け入れるということもまた、就学権の保障という観点からはおかしな言葉だが、実際今でも「受け入れる」「受け入れない」という言葉が使われている。それほどにも障害をもつ子の教育現場は差別的である。

中学二年から三年までの二年間は、親の送迎は要求されたが学校での、付き添い強要はなくなった。小さな体の私を背負って、体の大きかった友人たちが大活躍してくれたのである。現在行われている養護学校との交流教育というプログラムに、私が大いに疑問を感じているのはこの体験からである。つまり一緒に時空間を共有しない限り、特殊な環境を大人が準備しても、そこには本当に人間的な付き合いや交流はない。一方的に仕組まれた関係性のなかで、真の助け合いの関係づくりは困難をきわめていくのだ。いつもお互いそばにいて、そこに大人の確かな注目があれば、友人の障害を障害と認識することさえなく育っていく。

最近、共に生きる教育がどんなに大事かを象徴する話を聞いた。重い自閉症の子がクラスにいる子どもたちが、養護学校の教師たちから頼まれて、そこと交流教育をしたそうだ。小学校四年の子どもたちだが、感想を聞かされて私は本当に嬉しくなった。なぜなら、ほとんどの子が、自分のクラスにいる自閉症の子のことを障害児とは思っていないらしく、「障害をもった人に初めて会ったので怖かったです。でも、遊んでいるうちに、仲良くなれてよかったです」と書いてあった。障害をもつS君はクラスの仲間であって、誰も障害をもっている特別な人と見ていないことが明らかだった。

子どもの力、共に生きようとする力というのは、人類が生き延びてくるために必須の賢明な力だった。それを表層的な無知ゆえの恐怖を利用して差別や排除を制度化しようとする、分離教育に基づいた学校がある。もし福祉教育を本当に考えるのなら、国際的にも批准された障害者権利条約にのっとっての、インクルーシブ教育から考察することが必要だ。この権利条約は、当事者が中心となって作られた、差別をなくしていくための画期的な条約である。特に教育については、差別を教育のなかから止めていくための方向性が、明確に述べられている。日本政府が国内法を条約に合わせ改正し、この条約を批准し、インクルーシブ教育を実現することは、福祉教育の大前提である。

第3節　第一期生との出会い

1　障害をもつ教員という立場で

インクルーシブ教育とは、障害をもつ人との出会いを日常的にし、共に生きる社会を実現するために、一九九四年のサラマンカ宣言以来、世界中で模索されてきたものである。しかし、日本においては私の子ども時代にも、現代においても、インクルーシブ教育の方向性は行政的にはまったくと言っていいほど見つめられていない。それどころか、先にも書いたとおり原則分離教育が主流なので、そのなかでインクルーシブ教育の方向をどう目指せばよいかを考えてきた。そうしたときに、障害をもつ教員という立場で障害をもたない学生たちに、少しでもその機会をつくることができるならば、それはそれで面白く興味深いと考えた。そこで、立教大学からの非常勤講師の依頼を受けたのである。

コミュニティ福祉学部ができて最初の年は、私が娘を産んで二年目ぐらいのときで、身体的にも精神的にも初めての子育てでかなり緊張していたので、授業の内容などは細かく憶えていない。しかし、あくまでも印象だが、福祉学部というところに自らの意思で来た学生たちは、今よりはもっと多かったと感じる。授業の最初の日に、何人かの学生の眼差しが私に吸いつくように注がれていたことはよく憶えている。

四月の半ばに授業が始まり、五月のゴールデンウィークには私の家の引越しがあった。引越しまでには授業は三回くらいしかなかったはずだが、引越しのときには十人以上の学生が手伝いに来てくれた。第一期生というフレッシュさやモチベーションの高さが好奇心と教員との連帯感を高めたのか、学生に助けを求めるのも容易だった。今でもそのときに知り合った学生数人とは深いつながりがある。特にＭ・Ｋさんとは、お互いの日常をも共有する仲間である。具体的にいえば、彼女は私の家のホームヘルパーとなり私の活動を支え、今では社会福祉士、介護福祉士と次々と資格を取りながら、草の根の地道で非常に重要な援助を数家族にわたって展開している。今は彼女の活動をバックで支えるという地点に私はいるのだが、それまでのプロセスこそ真の福祉教育の実践ともいえるものなので、少し丁寧に紹介する。

2　M・Kさんの活動

M・Kさんのことを語る前に、彼女の援助先の状況を簡単に触れよう。私は東京の国立市で自立生活センターの代表をしているのだが、そのセンターの目的は、一人でも多くの障害をもつ人たちが、地域のなかで自己選択と自己決定に基づいた自立的な生活を送れるよう、さまざまなサービスを提供することにある。そのサービスの一つに権利擁護活動があって、施設や地域のなかにいる障害をもつ人たちの状況によっては、施設や家を訪問する。そして、その障害をもつ一人ひとりの人たちの権利が守られるよう、サービスを提供していく。しかしそのためには、自分の権利意識が確立されなければならないわけで、そのための話をまず当事者同士で聞くことが、ピア・カウンセリングと呼ばれる活動である。これから述べるＡ子さんとの出会いは、自立生活センター以前の出会いではあったが、その後がずっと気になっていた。

Ａ子さんは、私と同様に障害をもつ友人で、うつ病と診断され服薬するうちに日常生活が困難となるなか、二人の子どもたちが不登校になりはじめていた。彼女の夫がトラックの運転手だったときに、お年寄りを交通事故に巻き込み、交通刑務所で数カ月を過ごしたことがあったという。その後ギャンブルに手を染め、闇金融につかまった。

私がＡ子さんの家を訪問したときには、夫は彼女と子どもたちの年金や手当てにも手を出していた。彼女は自分の家にどれくらい借金があるのかも正確にはわかっておらず、薬とタバコを使って現実から目をそらそうとしていた。彼女と話ながら、ここで私が彼女にできることは残念ながらほとんどないと考えた。しかし、彼女自身には何もできなくても、彼女の注目を得ようとしながらもその努力が報われず、テレビゲームや漫画で一日を過ごしている子どもたちには、何かできるかもしれないと考えた。何より子どもたちの食生活が心配になった。私はこのとき初めて、コンビニの宅食サービスというものがあることを知った。育ち盛りの子が、添加物などのいっぱい入った冷たい食事と、父親がパチンコ店から持ち帰った景品のお菓子で食いつないでいることだけでも、なんとかできないものかと思ったのである。

そこで、私の家にホームヘルパーで来てくれていたM・Kさんにその話をした。彼女は、週に一回遊びに行くことならできると言ってくれて、すぐに訪問活動を始めてくれた。当時彼女は大学三年生で、まだ職業としてヘルパーになることが、明らかに意識されているわけではなかったが、この家族とのかかわりのなかで、彼女は主体的にどんどん動いていってくれた。まず立教の仲間を二人ずつオーガナイズし、自分の行けないときでも子どもたちの遊び相手を確保したのだ。そのうちA子さんが離婚を決意したときにも、M・KさんがA子さんとその夫の間に入って、手続きを進めてくれた。私はM・Kさんの報告でそれを聞いていたのだが、M・Kさんの賢さと行動力は、それはそれは見事なものだった。さらに驚いたのは、闇金業者との闘いである。

A子さんは夫のした借金の肩代わりをさせられ、自己破産した。驚いたことに闇金融業者は、自己破産した人を狙い撃ちでやってくる。預金通帳に勝手にお金を振り込んで、怒声と罵声を電話で浴びせかけ、あまりの恐怖で考えられなくなって、法外な利子の要求にも応じさせるという仕組みだ。M・Kさんは電話でA子さんが怒鳴られているところに居合わせ、機転を利かせてその電話に自分から出て、冷静な口調で「私は○○氏のケースワーカーですが、どのようなご用件でしょうか」と一歩もひるむことなく答えたそうだ。結局、闇金融業者の恫喝はM・Kさんの機転で止まり、即断の通帳ナンバーを変えるという行動で、被害にあうことはなかった。

その後も、子どもたちへの教育の場の保障という取り組みや、生活保護の取得の支援等々をやり続けてくれている。彼女の公的な役割は、そのころまで一ホームヘルパーでしかなかったが、市役所との交渉などに私の友人があまりにも主張できない様子をかんがみて、社会福祉士の資格も取得した。「行政交渉に一ホームヘルパーとして同席するより、社会福祉士の名刺を作ってそれを差し出しながら同席したほうが、何となく態度が変わるんだから」とこれは彼女の弁。

彼女は自分の役割は、あくまでも障害をもつ当事者一人ひとりへのバックアップであることを自覚している。私は彼女の実践を心から尊敬しているので、三回目以降、必ず一度は彼女に授業に来てもらっている。

3　共生社会をつくる福祉教育

私のように先天性の障害をもちながらも、この社会に自分の基本的人権と自由を獲得するためには、さまざまな言語体系を駆使することが必要となる。しかし、さまざまな言語を駆使する力を使って、この社会と対等にやっていける人間だけが権利を行使して自分らしい生活を構築できるのであるとすれば、それは真の共生社会ではない。すべての人が共に生きる社会を実現するために、福祉教育が必要となる。

福祉教育の目的は、福祉の現場に立とうとするもの、あるいは現場に行かないまでも社会のさまざまな場に出て行く学生たちが、その場その場で多様な身体とニーズをもった人と関係をつくれるよう援助することである。そしてそれは、人間が人として助け合い、自立して、対等な関係をつくる社会の創出を目指すことだ。そのようなさまざまなことを考えて、私は友人たちを、特に障害をもつ友人たちを学生にできるだけ多く紹介しながら、授業をしている。

第4節　ユニークなゲストスピーカーたち

1　優生保護法外にあった身体

第一期生のときから私は、私の障害をもった友人たちが若い学生たちにとって、どんなに興味深い存在であるかを理解していたので、多くのゲストスピーカーたちを招いた。

特に第一期生のときに招いた人のなかには、私自身も深い話を初めて聞くという人もいて、学生はもちろん、私にも衝撃的だった。彼女は母親が亡くなってから、月経の介助が大変だという理由で、子宮摘出の手術を受けたという。自分の身体を徹底的に否定され傷つけられながらも生き延びてきた彼女の話は、それまで優生保護法の差別性について少し話してはいたが、当事者の証言に学生たちは水を打ったようになったことを覚えている。私自身、優生保護法の撤廃のために、障害をもつ人たちや障害のない女性たちと共闘をして、長い間闘っていた。そして一九九六年には、四十年以上の長きにわたった優生保護法を撤廃させたのである。これは私たちの運動の、ひとつの大きな成果であると自負もしてきた。しかし、授業で話してくれた彼女は、優生保護法とはまったくかかわらないところで、ただ月経の介助が大変だというところで、子宮を摘出されていたのである。

重い障害をもつ人たちの身体には、優生保護法という完全に基本的人権を踏みにじった法律によって、多くの人たちに、特に女性たちに不妊手術がされてきた。つまり、不良な子孫を残してはならないという意図からである。そのことに憤りと悲しみを覚えた私は、エジプトのカイロにまで飛んで、優生保護法の差別性を訴えた。そうした経過は、この授業のなかで話してくれている彼女の人生とは、まるでかかわりがないかのようだった。しかし授業を終えたとき、私は彼女がすでに子宮を取られた被害者としてのみは生きていないことに、心から感動した。

どんなに悲惨な人生ではあっても、人は生き続けるというその意志によって、周囲の人と力と感動を分かち合っているのである。彼女は見事にそのつらい体験から回復し、さまざまな助けを得て、地域での自立生活を送っていた。彼女にとってその経験は、繰り返し話したいものではなく、彼女の関心は今現在とこれからにあることがみてとれた。だから翌年から、彼女にその体験がいかにつらかったかを語ってもらうのはやめて、優生保護法の差別性を告発しているビデオを使用することにした。

2　盲導犬と共に生きる

また、私の呼んだゲストたちのなかで、学生たちの興味を圧倒的に惹いたスピーカーは、盲導犬を使用している視覚障害の友人である。彼女と私は、ピア・カウンセリングを通して出会った。車イスを使用している私とは、また違った彼女の人生が、私自身にも常にこの社会をみるための新しい気づきを与えてくれる。だから、四、五回は授業に来てもらっている。

ピア・カウンセリングは、私たちのがんばりを百パーセントのアプリシエーション（称賛や感謝）をもって聞き合い、どんな人生を送りたいのか、創っていきたいのかを、サポートし合うものである。当事者同士で聞き合うことを通して、一対一だけではなく、ときにはグループで聞き合うことを通して、さらなる自立の道を歩んでいくのである。ピア・カウンセリングのなかの自立は、自己選択権と自己決定権がより良い相互依存の関係に支えられてできること、というふうに私は考えている。彼女の視覚障害は、ゆっくりと進行していくものだった。学校生活から就職に移るときに、進行が激しくなったことをなかなか周りに伝えられなかった様子を、ユーモアを交えて語ってくれた。彼女が若かったとき、恋愛と結婚で悩んだことは、年齢が近い学生たちの共感を集めた。

また、彼女の連れてきた盲導犬への対応は、あまりにシンプルであるが重要なことなので、幼い時から誰でもが知っておくべきことである。つまり、首輪をつけているときの盲導犬というのは、視覚障害をもった人を支えるという大事な仕事中なので、話しかけたり触ったりしてはならないのだ。ところが、あまりにも賢く可愛らしいために、学生たちを含むどの人も視覚障害をもつ当事者に対してより、盲導犬に対して話しかけようとする。しかし、それは視覚障害をもつ人を、時には危険な状況に追い込むことになるので、絶対にやめてほしいという彼女の話は、説得力をもって学生たちに響いただろう。

3　介助犬と共に生きる

もう一人、介助犬を使っている友人は、数年にわたり招こうという努力をしたにもかかわらず、彼女のさまざまな事情により、初めて二〇〇八年に実現した。学生たちとともに彼女のそのさまざまな事情を聴いているうちに、私は介助犬認定のための仕組みの差別的ありように愕然とし続けた。彼女は介助犬を日本に初めて連れてきた第一人者である。十数年前にテレビでアメリカにおける介助犬の番組を見て、それまで「自立生活をしながら自分の人生でやりたいことはなんだろう」と模索していた彼女の体に、衝撃が走ったという。「私のやりたいのはこれだ。今まで自分がこの社会で何をしていったら社会に役に立つのかと、そして自分自身も充実した生活ができるのかと思ってきたが、これをやりたかったのだ」と飛びついた。

ところが、彼女のさまざまな努力にもかかわらず、現在彼女は障害をもっているがゆえに、障害をもつ介助犬のトレーナーとしては認められていないという。介助犬協会は全国に六、七組織あるのだが、彼女がつくった組織は、医者や障害のない専門家等がつくった組織から排除されている。たとえば、彼女が訓練を施した介助犬であっても、「これはあなたが養成した介助犬ではありませんね」という詰問に、「はい。私は訓練しませんでした。」と答えない限り、自分の介助犬としても登録できなかったという。あまりの仕組みの愚かさ加減に、たくさんの学生が憤りを共にしてくれた。なかには、彼女の組織が訓練する介助犬の費用を作るための街頭カンパの応援に行く人も出てきた。

4　重い言語障害をもつ友人たち

私が、このゲストスピーカーを招く授業のなかでの一番具体的な目的は、人間と人間が生にふれあう介助の現場に、若くて柔軟な気持ちをもった人たちにたくさん赴いてほしいということである。だから、私の授業のうち、二、三回は、介助者と共に生活している重い障害をもっている仲間たちに来てもらった。なかでも言語障害をもつ友人たちの話と状況は差し迫っているものなので、毎回何人かの学生たちが、彼女たちの日常にかかわっていくようにもなった。

「学ぶ」ということのうち、机の上でする部分は非常に狭い範囲のことでしかない。前述した第一期生のM・Kさんのような人との出会いをどんどんしてほしくて、私はトーキングエイドを使用したり、重い言語障害をもつ仲間の言葉にぜひ耳を傾けてほしいと、紹介してきた。特にトーキングエイドを使っている彼女は、脳性まひという障害をもっているうえに、ホームヘルパーさんの不手際で重い脳溢血の後遺症を負った。初めて彼女のホームヘルプに入った人が、台所でうずくまっている彼女を「寝ている」と誤解して、一晩放置状態にしていたという。たとえ寝ていたにしても、台所に寝ていることの異常さに気づかないホームヘルパーの研修訓練とは、いったいどのようなものだったか、と彼女はトーキングエイドで書いた文章を私に読ませながら、自分でも大声で泣き出すこともあった。しかし、障害が重くなってもけっして諦める必要はないと、介助者と共に生きる彼女の一人暮らしの自立生活は、再び勝ち取られた。一時はまったく言葉もなく寝たきりとなった彼女は、生きる場所は病院のみと思われていたにもかかわらずである。この彼女の介助に、七期生だったC・HさんとY・Hさんがよくかかわってくれた。就職をした今でも、彼女との関係は細々ながら続いている。

また、授業には招いていないが、重い障害をもつ私の大切な友人がいる。彼女は、約三十年以上も前に大学で学び、三人の子の母にもなり、自立生活のさきがけをしてきた人だ。彼女の家には、授業のなかで介助に興味をもってくれた学生を毎年数人ずつ連れて行った。そのなかの数人が、彼女の夜の体位交換の介助を、ボランティアとして、時にはバイトとして行ってくれた。こうした介助を含む交流を通し、学生にさまざまな学びがあったことこそ、真の福祉教育といえるだろう。

5　人工呼吸器をつけた友人

また、人工呼吸器をつけた電動車イスの友人にも、何度か授業に登場してもらった。一口に「地域で生きる障害をもつ人たち」といっても、その状態の多様さは、出会ってみなければまったく想像を超えるものがある。人工呼吸器をつけて地域のなかに生きる人と出会うことによって、自分が今、何の困難もなく呼吸をし、動き回り、見たいものを見て、食べたい物を食べ、したいことをすることの自由さに感謝したくなる。しかし、私がゲストスピーカーたちに期待することは、障害のない学生たちがゲストスピーカーたちの状態と比べて、「幸せなのだから感謝しなさい」ということなのではまったくない。今、私たちの社会が実現してきたことは、障害をもつという多くのニーズをもった状態に対するものであってもそれらのニーズがしっかりと保証されれば、すべての人が同等に幸せな人生を送れるのだという、それこそを見てほしいのだ。

人工呼吸器をつけた彼の話も、学生の気持ちをさまざまに揺さぶった。人工呼吸器をつけた人が、あちこちに旅行したり、人生を楽しむということに主眼を置いて生活していることや、介助者との関係性が自分の命を左右するほどに大事なものだから、より良い関係をつくることの努力を怠らないことなどは、学生たちの関心を呼び起こしたようだった。また、人工呼吸器を使うと声が出なくなるという定説が医師たちのなかにさえあって、呼吸器を使うことを恐れる見方がまだまだあるが、彼が使っているスピーキングバルブなどにより、人工呼吸器イコール無発声の状態ではないことなどは、画期的な情報であったと思う。

また、中途障害をもった友人にも必ず授業のなかで一、二度話をしてもらうように心がけている。頸椎損傷という障害をもちながらコミュニティ福祉学部の学生でもあり、私の授業を受講していたSさんにも話してもらった。彼がもともとは歩けていたにもかかわらず、車イスとなってからの人生の話は、聴講する他の学生たちにとって我が事のようにとらえる力を与えたようだ。障害は常に誰にでも起こりうる可能性がある。そのチャンスを活かし、Sさんは卒業後、自立生活センターに就職している。障害の重い仲間たちと共に働きながら、新しい人生を豊かに歩んでいる。

第5節　障害をもたないゲストスピーカーたち

多くのゲストスピーカーは障害をもつ当事者であるが、授業中に数回は、この社会で障害と同じような見られ方をされる立場にある人たちを招くことにしている。たとえば、同性愛者である友人だったりとか、障害をもつ子の親であるとか、また私の実の妹を招いたこともあった。

まず、同性愛者の友人の話を聞いてもらおうと思ったのは、私が彼の話をずっと聞いてきたなかで、その人生にあった差別の悲しさ、つらさが私たちと共通しているものがあると感じたからだ。彼が授業中に語ってくれたなかで一番学生たちの心をとらえたのが、自分の愛する人に愛していると伝えることが、相手にとってどんなに迷惑になるかということを思わされることがつらい、という恋愛観だった。障害をもつ私たちは特に、存在そのものが迷惑と言われ思わされてきたから、恋愛をしてその関係性のなかに相手を巻き込むことを、非常におびえてきた。「それは同性愛者も同じなんだ」という彼の話に、障害者でも同性愛者でもない学生たちが、ずいぶんうなずいていた。

そして、ここ数年、毎年登場してもらっているのがY・Sさんである。重い障害をもつ二人の子の母親である。彼女は私の講演会に何度か来てくれて、自分の子育てに一番役に立ったのが、当事者たちが書いた本であると言い続けてくれた。彼女自身、障害をもつ人とのかかわりは母親になるまでまったくなかったので、もし母親になるときに出生前診断の映像が鮮明であったら、第一子を産むことはもしかしたらなかったかもしれないと、自分の加害性をきちんと言う人でもある。今から十数年前のこと、彼女が出産した病院の出生前診断（超音波診断）の映像があまりにも不鮮明だったために、その不鮮明さが幸いして彼女の娘は無事生まれることができた。そこで初めて彼女は障害をもつ人の世界に触れて、命の深さ、広さ、大切さを十分に知る。そして第二子は、出生前診断の精度の良い病院だったために、「同じ障害をもつ」と即日に言われた。半日は悩んだが、迷いがふっきれた後は、どのようなサポートができるかを考えたり行動したりして妊娠期間を過ごしたという。介助者の制度さえあれば、障害をもつ子の親は、介助者兼親になるのではなく、本当の親になれるという。親はただ子どもを愛するのが仕事で、介助の仕事を社会から強制されることによって、あってはならない子殺しが起きるのだと、彼女は毎回言っている。障害をもった当事者の大人たちが、介助者の制度を必死になってつくってきてくれたので、自分の子どもたちは生まれてすぐから、介助者を家族の大切なサポートとして入れることができ、私は親になれたと言っている。

学生たちにとっては、自分が障害をもつこと以上に、障害をもつ子の親になるという可能性のほうが身近なのか、彼女の話にはいつも、「勇気を与えてもらった」という声がいくつもいくつも上がる。勇気と同時に、さらにどのようなサポートを私たちがつくっていけるのかを考えてほしいところではある。彼女も、子殺しを容易にしたりさせられたりする社会を明快に批判し、具体的提案を含む論理が年々深まっているので、今後もぜひ話を聞いていきたいし、学生たちに聞かせたいと思っている。

障害をもつ人のきょうだいとして私の妹を招いたときには、学生たちの質問や感想に具体性を帯びたものがいくつもいくつもあった。つまり、学生たち自身の家族や親せきにも、なかなか言えないではいるけれども、多くの障害をもった人がいたのである。私と妹は障害をもった人ともたない人の姉妹関係のなかでも、類をみないほど仲良しではある。論文ふうにいえば、互いに対する理解と洞察が、立場性を超えて深化し合った関係である、というふうにいえるだろう。私の妹は世間で言われるように、私の存在を迷惑だとか負担だとか感じたりすることはまるで一度もなかったという。障害をもつ人の存在を迷惑だとか遠ざけたいと思わせるのは社会のありようであって、愛情にのみ応援されて、助け合う関係だけを志向する家族のなかにあっては、迷惑や負担という想いは言語にも存在にもない。私と妹の、妹の私に対するただただ愛情深い想いとありようを見て、学生たちの多くが安心し希望をもったことは間違いがない。人はどのような状況下でも本質的なかかわり合いを求めて、信頼と愛情にだけ裏打ちされたものをつくり出すことができるのだというモデルを見たのだから。

おわりに

これらの人以外にも、ときには留学生や、授業内に障害をもつ弟がいることをカミングアウトしてくれた学生や、パニック障害をもつという学生など、多くの人を招いてきた。一人ひとりのことを書いていったら紙幅の関係で収まらないので、これぐらいにする。

しかし最後に、私の授業のオリエンテーションとして上映しているビデオのことに少し触れておく。

私の最初の授業は、必ず女性性器切除の問題を扱った『戦士の刻印』という映画を見てもらうことから始まる。この映画は、片目を兄の空気銃の発砲によって失ったアリス・ウォーカーによって作られたドキュメンタリーだ。この女性性器切除という悪習は、特にアフリカ地域に多いが、ヨーロッパやアメリカ等でも犠牲になっている女性たちがいる。二十歳ぐらいまでの女の子だけがされている、拷問か虐待としか言いようのないこの実態は、まだまだ十分には語られていない。若い学生たちにこの映画を見せることのねらいは、福祉とか障害学というものがもっている範囲の広さ、それは世界の隅々のどの人の問題ともつながった大きな大きなものなのだという認識から入ってほしいからだ。

この映画には、人がより良く生きるための自由や生命力を奪い続ける、とんでもない差別の実態がある。福祉は、より良く生きることや、一人ひとりの生命力を徹底的に応援することであるが、応援する以前の問題が世界にある。つまりそれはさまざまな差別や抑圧だ。そうした差別や抑圧の実態を認識し、闘っている人たちにつながっていくことがまず福祉であるべきだ。その認識を、このドキュメンタリーを最初に見ることで分かち合っている。この映画のなかで語られる女性差別や若い人への差別は、障害者差別と深くつながっている。何よりこの残酷な切除をされることで、多くの女性が障害者ともなっている。そこから世界を見ることは、第二回目以降のゲストスピーカーたちの話を聞く学生の主体性を、さらに引き出すに違いないと確信している。

【引用・参考文献】

安積純子・立岩真ほか（一九九五）『生の技法』藤原書店
安積遊歩（一九九三）『癒しのセクシートリップ――わたしは車イスの私が好き！』太郎次郎社
安積遊歩（一九九九）『車イスからの宣戦布告――私がしあわせであるために私は政治的になる』太郎次郎社
境屋純子（一九九二）『空とぶトラブルメーカー』教育史料出版会
ワイヤー、R・F著／高木俊一郎・高木俊治監訳（一九九一）『障害新生児の生命倫理――選択的治療停止をめぐって』学苑社

第4章 教える側が学びながら——怒りと勇気と優しさと

浅井春夫

はじめに——回転ずしと海釣り

社会福祉士・精神保健福祉士の教育カリキュラムは、講義科目、演習科目、実習科目によって構成されているが、それぞれの特徴について私は、学生へのオリエンテーションなどで次のような説明をしてきた。

大学内での講義は、学生の皆さんが学びやすいように、私の現場経験を踏まえた理論化と言語化をし、蓄積した研究内容をアレンジして語っている。いわば、皆さんの目の前を回っている回転ずしの寿司のようなものである。したがって、皆さんが口に入れやすいように、また手にしてくれるように握って出している。〝研究と実践体験の加工品〟が皆さんの目の前を通過しているのである。だから、つまんでもらえるように工夫をして出すことが、教員には求められる。一生懸命に握っても食べてもらえるかどうかは、最終的には皆さんにゆだねられることになる。

反対に実習は、まさに海釣りのようなもので、そこで何を釣りたいのかをはっきりとした目的をもって釣り場に行き、うまく釣るためにはどういう仕掛けが必要かを考え準備して、釣れたらどのように料理して食べるのかを事前に考えていくことが求められる。魚のさばき方とレシピを持っていかなければ、釣れても食べることもできないことになる。実習とは、まさに生の魚をどう釣って、どのようにさばいて食べるのかという真剣勝負でもある。実習は、日常とはまるで違う環境のなかで、めまぐるしく訪れる局面に対して、自らの主体的な判断に基づいて具体的な対応をすることが求められる、学習実践である。

その点で演習は、学生と教員がどのような学ぶ目的をもって、何に向かって、いかなる研究をしていくのかを、共に取り組む学びの作業であるといえよう。専門演習（三年ゼミナール）や福祉ワークショップ（二年次半期）などの演習の授業は、私なりのメッセージを込めた学生との共同学習の授業である。

以下では最近の演習での取り組みを紹介しながら、私なりのこれからの教育実践を考えてみたいと思っている。

そうした想いを抱くうえで、私自身があらためて自らの不明を実感した出来事がある。それは学部開設（一九九八年度）の年、一年生の基礎演習の合同授業で、元ハンセン病患者、多磨全生園の森本美代治さんの講義を聴く機会を得たときのことである。ここから私の福祉教育は始まったといってよい。福祉教育というよりは、〝落ちこぼしてきた学習課題〟への取り組みであった。それまでは、私なりに人権を語り、マイノリティ問題を研究の対象とし、さまざまな人間を大切にする運動にもかかわってきたつもりであったが、ハンセン病問題を正面から考えてはこなかった。それは、直接的に取り組んでこなかったということではなく、これほどこの国のなかで、人間がないがしろにされてきた問題を真剣に考えてこなかったという自らの反省である。あらためてハンセン病問題を学ぶなかで、自らの不明を恥じるものであった。この人間としての怒りを共有する努力と、この現実を変える勇気を持ち合わせていなかったことを、恥じるものであった。同時に、学生とともに学ぶことで、福祉教育をすすめていけばいいのではないかと思うようになってきた。

さらに私事にわたって恐縮だが、二年前、肺気腫で父を亡くした際に、私に託された小さなバックのなかに三つの手帳があり、その一つが「ガス障害医療券」と書かれたものであった。その手帳は、戦争中、毒ガス製造に従事させられたことで、その後肺がんや肺気腫で苦しんでいる人に対する医療的ケアを保障するために配布されている障害者手帳である。戦時体制下で、広島の大久野島で毒ガス兵器が製造されていた歴史的事実があるが、父はその犠牲者でもあった。「あなたは福祉の専門家だけど、戦後六十年、今になってもこんなことで苦しんでいる障害者がいることを知っているのか」と言われているようであった。戦争という最も非福祉的行為に、社会福祉の研究者は寡黙であってはならないと胸に刻んでいる。

私たちは、まだまだ見落としてはならない問題、知らなくてはならない問題を学びきれていないことが多いと思う。そういう想いをあらためて実感している。そうであれば、学生とともに時代と歴史に正面からぶつかって学んでみることで、福祉教育を実践していけばいいのではないかと考えている。

第1節　我流福祉教育のあれこれ

私の福祉教育は、よく言えば、その時々のトピックに学生とともに取り組みながら、時代と人間を考えてみる実践ということもできる。別の言い方をすれば、我流でテーマ間を飛び回る学びにすぎなかったともいえる。

それというのも私自身、児童養護施設の現場で十二年間、仕事を通して実感してきたことは、今そこにある課題に〝本気〟で取り組むかどうかが問われているということであった。子どもの問題行動への対応に関しても、結局は最後の最後で伝えたいことを諦めずに言い抜くかどうかが、子どもに伝わる分岐点であったことを実感することが多かった。それは、ときには職員の横暴さともなることがあるが、それでも本気度が実践には問われていると思ってきた。

最近、そうした思いを文章化しているエッセイ集に出会えたので、紹介をしておきたい。若くして急逝した池田晶子のエッセイ集『人間自身——考えることに終わりなく』（二〇〇七、七七-七八頁）の「『プロ』といえる人」のなかの一節である。

「自分はどうしてもこれがしたい、これしかできない、だからこれをするのだ。このような構えをこそ正当に『覚悟』と、私は呼んでいる。……自分の仕事と心中する覚悟のない者に、どうして本物の仕事が可能だろう。……別の言い方をすれば、それは自分の仕事に対する尊敬である。仕事は手段ではない、目的だ」

ここでいう覚悟というものが現場実践には必要なのではないかと、最近の実践現場にかかわりつつそう思っている。本気で立ち向かうことなく、覚悟などはできるはずがない。その本気と覚悟の中身を考え続けてきたのかもしれない。それは自分に課したプレッシャーでもあったように思う。

社会福祉の実践は、目の前に提起される問題に一生懸命取り組むことで満足をしていればいいのではなく、その問題の背景や本質をつかんだうえで、どのような実践と研究と運動を創っていくのかという、三位一体の取り組みが求められていると実感している。

私としては、自らが培った問題関心・課題に本気で取り組む学生を育ててみたいと思っている。そのためには、自分だけでなく仲間関係を創ることのできる人間のちからが必要なのではないかと思う。福祉教育がそうした中身を創ることができるのではないかということも、私の教育実践への願いでもあった。

学部開設以来の福祉教育のあれこれについて、思い出せる最近の取り組みからいくつかを紹介しながら、私なりの福祉教育の小括、というより思いつくままに感想めいたものを述べてみたい。

１　次世代育成支援地域行動計画の分析の取り組み（二〇〇五年度）

二〇〇五年度は、前年度に全国の自治体に次世代育成支援地域行動計画（以下、「行動計画」）の策定が義務づけられ、その五年計画の実施一年目の年度であった。埼玉県においても、九十あまり（当時）の自治体が「行動計画」を策定している。

二〇〇五年度の専門演習は、埼玉県における各自治体の「行動計画」を収集し、比較検討をする取り組みを行った。このテーマは、子どもの福祉にかかわる政策が自治体でどのように作成され、その内容が具体的に生かされているかどうかを検証する研究テーマであった。学生にとっては、国の政策と現場の運営と実践の中間に位置する自治体政策が、どのように機能しているのかを考える取り組みでもあった。福祉実習などで実体験をしている現場状況が、何によって形づくられているのかを政策レベルから検証をしてみる作業であった。

まず、各自治体から「行動計画」を集める作業から始めた。電話とファックスで送付をお願いする取り組みも、学生にとっては、依頼文の作成と電話によるお願いは、何を研究しているのかを説明し、行政がどのような「行動計画」を作成してきたのかを聴き取る作業でもあった。説明がうまくできず、再度電話依頼のチャレンジをすることもたびたびであった。

おおよその自治体から「行動計画」が送付されてきた。それらを対象に基準を作成して評価し、点数化することを試みた。各自治体間のレベルに差があることは明らかであった。私たちは政策策定に際して何を大事な柱とするのかを検討し、評価基準を確認したうえで、各自治体の採点を行った。

学生たちは、ゼミの時間以外で、何を評価の柱にするのかを議論していたが、先行研究があまりないなかで、自分たちの基準づくりに相当な時間を費やしたようである。政策で何を大事にしていくべきか、何を優先的な施策にしているのか、市民参加だけでなくどこまで子ども参加を具体化しているのか、さらに財政的な手当てをどこまでしているかなどの論点について、ずいぶんと時間を使っていた。そうしたやり取りのなかで、この年度の研究の意義を共有していったといえよう。

ゼミ長が社会人入試の学生で、進路や恋愛の悩み相談にもよく乗ってくれていた。ゼミ長が私に進行状況を報告してくれ、何にいま取り組んでいるのかの報告を必要に応じてしてくれていた。教員を支えてくれるゼミ長であった。またパソコンが得意な学生、絵がうまい学生など、それぞれが分担した役割を担っていた。グループ別の取り組みでは、寝坊をよくする学生に事前に連絡を入れる役などもあった。ほかのゼミもそうなのだが、わがゼミもお菓子を食べながらよく論議をするゼミであった。研究室にはゼミ用のお菓子箱があり、それを補給するのは私の役割でもあった（まあ、教員がお菓子好きだからしょうがないか!?）。

そうした取り組みの結果は、学園祭でのゼミ発表で、評価点を明確にして総合一位から三位、さらにビジュアル賞や住民参加賞、表紙賞、アイデア賞などの発表と講評を行った。自治体の政策がどのようにつくられ、その実行状況と限界について考える具体的な政策研究であった。こうした研究をとおして、国の政策と住民要求の結節点としての行政現場の困難を、垣間見ることができたのではないだろうか。このゼミから行政職に就いた学生が多くいたのも偶然ではなかろう。

このゼミは、実に仲のいい集団であった。ゼミの授業時間以外によく集まり、独自に学習を進めたグループであった。教員はその進行状況を見守り、必要に応じて課題を提示するのが役割であった。この年度で私が学生から学んだことは、自らが課題を発見することで、人間は次々と新たな課題を発見し、次にまた進んでいくという、青年期の学びの好循環があることである。学生相互の学びのサイクルをどう育めるのかが、あえていえば教員の力量であるといえよう。私などは学生に励まされ癒されることのほうが多かった。

2 「子どもの危機対応マニュアル」作成の取り組み（二〇〇六年度）

二〇〇六年度は、近年、埼玉県において、児童福祉施設や保育所内での子どもの事件・事故が多発してきた事態を踏まえて、「子どもの危機対応マニュアル」作成に向けて取り組んだ。

まず、子どもの危機とは何かについて集中的に論議をした。そして、現場では本当に何が起こっているのかをそれぞれが調べてくるなかで、違和感のある用語である「マニュアル」を、実践の最低基準ととらえなおし、誰でもが子どもの危機に対応できる共通項が必要であることを確認することができた。そこからは、それぞれが担当する課題に向けて本を読み、現場での聞き取りを行い、具体的な対応方法をゼミに提起し、論議を重ねてきた。

危機とは、「大変なことになるかも知れないあやうい時や場合。危険な状態」（『広辞苑』第五版）ということである。これを児童福祉分野でいえば、以下のような状態といえよう。

（1）子どものいのちやからだの安全が脅かされることである。これがまず最大の危機である。子ども間の暴力が横行している状況などがある。

（2）子どもの安心感が脅かされ、不安のなかで恐怖心を抱えて生きている状況である。深刻ないじめが、一部の子どもを標的にして繰り返し行われている状況などである。

（3）子ども自身の自暴自棄的な行動も大きな危機である。無断外出・無断外泊、自殺企図、ドラッグの使用など、子どもの自己肯定感（観）の低下と、施設管理への反発としての意味をもった行動でもある。

（4）子どもが反社会的な行動を行うことも深刻な危機である。暴走行為や万引きなどの犯罪行為などである。この危機は、子どもが自らの行為の問題をとらえることができないという危機である。それは、繰り返される可能性が高いという意味でも深刻な危機といえよう。

（5）職員の側からの人権侵害や、安全管理も含めて管理責任が放棄されている状況も、きわめて深刻な危機である。

厚生労働省から幾度となく、施設運営や職員による人権侵害についての通知などが出されてきたが、改善が進んでいるとはいえない実態がある。保育所において、二〇〇〇〜〇五年度までの六年間で、六十一件の子どもの死亡事故が発生しており、認可保育所（二〇〇六年三月現在、二万二千六百三十五カ所、入所児童数約二百十五万人）で十八件、認可外保育施設（二〇〇五年三月現在、一万一千五百四十七カ所、入所児童約二十三万人）においては四十三件となっている。このなかには、ＳＩＤＳ（乳幼児突然死症候群）がほとんど含まれておらず、保育者の虐待行為やネグレクトによる死亡事故が見落とされていることも、事実である。

学生たちはゼミの時間に、分担した自らの課題に関するレポートと、ビジュアル化したフローチャートを作成して問題提起する作業を、誰一人さぼることなく毎回行った。しかしある学生が、「私の担当している『ネットワーク』の章は、それぞれの分野の状況がわからないのに書けないよ」という〝泣きごと〟を言いだした。分担したからといってその人任せにせず、「だったら、それぞれの分野の課題について皆で出し合って、それをまとめることにしよう」という提案があり、話し合いがもたれた。それでも、「この章はなくてもいいのではないか」という意見が、その学生から出された。しかし、「最後はネットワークでまとめることが必要なんじゃないの！」「危機対応は個別領域だけでは解決できないことがあるのだから、ネットワークの章は絶対必要よ」「ネットワークでの対応という視点が私たちの主張でもあるんだから」などの意見が出され、その学生も自らの担当する章の意味をつかみ、やる気を回復した。最終的なまとめもりっぱに完成させることができている。

報告書の学生のまとめには、「この課題は、最初、私たちには難しいのではないかと不安でした」と率直に述べている。だが、何度も繰り返し話し合いをするなかで、「社会の見落とされがちな部分を深く考え、それ以上に多くを学べたゼミでした」と語っており、「一年間の浅井ゼミで培ったものを一生大切にしていきたいです」と決意を書いている。

学びにおいて大事なことは、現場で起こっている問題状況をリアルタイムでどう研究課題にしていくか、という取り組みであった。現場の専門職であっても、現場状況に飲み込まれていることも少なくない。現場の実際を見聞きすることに対して視点を明確にして議論すれば、学生の立場であっても、具体策を提示することは不可能ではないことを、このゼミでの取り組みは教えてくれている。必死さこそ研究には必要な姿勢なのである。

この年度の取り組みの成果は、私と九名のゼミ生で執筆した報告書をよりビジュアル化して、二〇〇七年五月に『児童福祉施設・保育所　子どもの危機対応ハンドブック』（建帛社）として出版した。市販ルートに乗せて販売をする価値のある本になったと思っている。

3　「子ども・青年の貧困」実態の聞き取り調査の取り組み（二〇〇七年度）

人生をスタートした時点ですでに、競争のスタートラインにも立てない子どもたちがいる。機会の平等さえも保障されない現実が、現代社会であらわになっている。貧困や社会的排除の状態に置かれている子どもたちに、「人生はじめのしあわせ平等」が保障されるためには、その地域社会において普通だと考えられている標準的な生活水準や福祉、教育を受けるために必要な機会や資源を得ていること、子どもの生活に影響を与える意思決定に参加をできることなど、子どもの権利が十全に保障されていることが必要である。

深刻な子どもの貧困が、今後の人生にとって、就職や人間関係の形成にとって、何よりも希望のはく奪という現実に対して、どのような影響を与えていくのか、総合的な研究が急がれる。いま子どもの貧困を考えたときに深刻なことは、希望そのものが子どものなかに描くことができない現実である。

人間は、希望があるから踏んばれるという意思ある存在である。子どもが希望を失いつつあるなかで、子どものなかに希望をどう育むのかが実践的な課題となっている。希望と失望の狭間のなかで、「子ども・青年の貧困」研究にとりあえずの一歩を踏み出したのが、二〇〇七年度の取り組みであった。

現場の先生方やスタッフの方々に、私から事前に連絡はせず、「自らの力でお願いをしてみなさい」という無責任な〝指導〟にも、学生たちはよくがんばってチャレンジしていた。現場の先生方には失礼をすることになったが、現場で指導をいただき、学生たちにとっても〝本物〟の勉強をさせてもらったと思う。何人かの学生がこの分野について、卒業研究でも継続したいという申し出があったことは、私としては〝うれしい誤算〟であった。

学生たちがインタビューをお願いした相手は、自立援助ホーム（主には児童福祉施設の卒園生が通勤寮的に利用する施設）を利用している方々であり、学生たちとほぼ同年代の青年たちであった。当初、学生たちはこのテーマで取り組むことに、ゆらぎや悩み、逡巡する状況があった。「私たちのように親に大学に行かせてもらっている人間がインタビューをするといっても、受けてくれるのだろうか」「私たちと境遇があまりにも違っていて、生活の場に足を踏み込んでいいのでしょうか」「私たちが貧困問題を研究するといっても、立場的にできるのでしょうか」などの声が出た。それは学生の誠実さでもあろう。

しかし、研究は事実・現実・真実を追究することから出発しなければできない作業であるとともに、どのような準備をしていくのかによって、受ける側の姿勢も変わってくるのではないかという話をした。かなり強引でもあったが、そういう後押しを私としてはしただけであった。

三グループに分かれてインタビューを行ってきたのだが、あるグループのまとめでは、「中卒で周囲からの支えもほとんどないなかでは、教育や就職などの機会や人生の選択肢が少なく、希望や夢をもてないという状態となり、経済的のみならず精神的にも社会的格差が生み出されてしまう。現在、ネットカフェ難民やワーキングプアなど、若者の間でも隠れた貧困が広がりつつあり、彼らを支える継続的な支援が必要となっている。経済的支援も重要だが、彼らを直接的・間接的に支援する体制を整えること、それに関連して、福祉に携わる人びとの勤務条件や福利厚生を改善していくことも求められているのではないか」と述べている。また他のグループでは、「希望を持つ大切さ」を学び、報告している。

この聞き取り調査がそれぞれにとってどんな意味をもつのか、私としてはひそかに期待をしていた。同世代が貧困問題を背負っている一方で、自らは希望をもって生きているという現実の格差に、どのように向かい合うかを生の声から学びとってほしいと思っていた。「あまりにも不平等な現実」があることに愕然としたグループもある。それと同時に、この現実のなかで、誰もがかすかであっても希望をもって生きている姿に接することができたことも報告している。福祉実践は、このかすかな希望に依拠して、未来に進もうとするエンパワーメントの実践という側面をはらんでいることを、学びとったのではないだろうか。

私自身も、「子どもの貧困」研究を発展させていく課題にチャレンジすることで、大人の「最善の努力」という使命を果たしていきたいと決意をした、専門演習での学びであった。

第2節　沖縄でのゼミ合宿で感じたこと、学んだこと

毎年夏休み、専門演習では、沖縄への三泊四日の研修旅行が恒例になってきた。沖縄の歴史と現実から日

本の置かれている現状を考えてみたいと思い続けてきた。唯一、地上戦が行われた地であり、現在も戦争状態に近い現実がある。ハンセン病問題もこの入学年度の学生にとっては初めて学ぶテーマである。

研修旅行のテーマは、「沖縄の歴史と現実を肌と頭で学びとろう!」である。

まず、国立療養所沖縄愛楽園の訪問で、立教大学とも縁の深い松岡和夫牧師に「これまでの私の歴史」を、仰里竹志自治会長（故人）には「自治会の歩みとこれからの課題」を話していただく。そのあと、松岡牧師の案内で、愛楽園のある島を案内していただき、石碑や防空壕、死者を埋めた海岸などを回るのだが、学生たちはきれいな景色を携帯電話のカメラでしきりに写している。「こんなきれいな海は見たことがありません」「泳げたらいいのになあ」などの声が聞こえる。

帰りのバスのなかで、「この美しい海、ちょっと泳げばすぐ向こう岸に行けるこの海が、ここで暮らす人たちにとっては、越えられない高い壁としてあったことを知ってほしいと思う」と伝える。また、「島唄」も、実は戦争で引き裂かれた恋人の話であることを話す。学生たちは、癒してくれる沖縄から、苦しみを抱え続けた沖縄に視線を移していくことになる。沖縄の歴史と現実から学ぶ責任が、本土の人間にはあるのではないだろうか。

「島唄」を紹介しておこう。

「島唄」　歌／THE BOOM　作詞／宮沢和史（（　）内の歌詞の意味は「えのしまイルカWeb」http://www.enoshimairuka.com/shimauta.htm より転載）

でいごの花が咲き　（一九四五年四月一日　春が訪れ）
風を呼び　嵐が来た　（沖縄本島に米軍が上陸した）
でいごが咲き乱れ　（四月から六月）

風を呼び　嵐が来た　（米軍の侵攻が続いた）
繰り返す　哀しみは　（米軍の残酷な殺戮は）
島わたる　波のよう　（寄せては引く波の様に繰り返された）

ウージの森で　（サトウキビ畑で）
あなたと出会い　（出会った、あなた）
ウージの下で　（ガマ＝鍾乳穴＝防空壕の中で）
千代にさよなら　（永遠のお別れをした）

島唄よ　風にのり　（島唄よ　海の向こうの本土まで届けておくれ）
鳥と共に　海を渡れ　（亡くなった人びとの魂を、沖縄の悲しみを）
島唄よ　風にのり届けておくれ　（島唄よ　海の向こうのニライカナイまで届けておくれ）
わたしぬ涙　（亡くなった人びとの魂を、私の思いを）

でいごの花も散り　（一九四五年夏　たくさんの尊い命が散った）
さざ波がゆれるだけ　（今はあの悪夢が嘘のように静かだ）
ささやかな幸せは　（幸せな日々の生活は）
うたかたぬ波の花　（はかなく消え去った）
ウージの森で　（サトウキビ畑で）

歌った友よ　　　　（一緒に歌い遊んだ、あなた）
ウージの下で　　　（防空壕で自決する前に）
八千代に別れ　　　（泣きながら故郷を歌った）

島唄よ　風に乗り　（島唄よ　風に乗って）
鳥とともに　海を渡れ　（魂と共に　海を越えて）
島唄よ　風に乗り　（あの人の居るニライカナイへ）
届けておくれ　　　（私の愛を届けておくれ）
私の愛を

海よ　宇宙よ　神よ　命よ　このまま永遠に夕凪を　（今、あなたを思い、永遠の平和を祈る）

※日本音楽著作権協会（出）許諾第 0900022-901 号

戦跡めぐりは、地元の平和ネットワークの方に丸一日、説明をお願いしている。南風原陸軍病院跡→ひめゆりの塔（資料館見学）→普天間基地→安保の見える丘→摩文仁の丘・平和祈念公園・県立資料館などを回ることにしている。特にチビチリガマ（防空壕・野戦病院跡）では、懐中電灯を持って壕のなかに入って説明を聴く。そして一斉に懐中電灯を消して、暗闇の深さを実体験するのである。この壕の中で何があったのか、それは沖縄戦の象徴的な出来事でもある。

ある学生が、「沖縄は私にとってはあまりにも重たい課題である」と、まとめの話し合いで語っていた。戦争の傷跡を知らない学生たちは、初めて戦争の歴史と現実を学ぶことで、「憲法の問題がなぜ大切なのかがわかったような気がする」と語っている。ひめゆり資料館では、一人ひとりのひめゆり部隊員の写真を見ながらみんな泣いていた。十五歳から十九歳の少女たちが、ガマなどの野戦病院で看護に従事し、自決していくという事実に、この怒りをどのようにもち続ければいいのか、なぜこんな戦争を人間はするのだろうか、そんな想いを学生は抱きながら帰ってくることになる。その夜は、いつもは明るい学生たちが沈んでいたことが印象的であった。

戦争を過去の問題ではなく、現在の私たちの問題として学び続けてほしいと思う。またハンセン病問題についても、国の隔離政策の非人間性とともに、差別と偏見が生み出される私たちの問題として考え続けてもらいたいと願っている。

福祉を学び、専門とする人間は、戦争と人権問題を避けて通ってはならないし、問い続けることが、歴史のなかの私たちの役割ではないかと思っている。

第3節　福祉ワークショップで取り組んでみたこと

福祉ワークショップは、二年前期に位置づけている演習科目である。教員がそれぞれのプログラムを組んで、学生とともに現場での学びを体験しようとする企画を組んでいる。

1　児童福祉施設の子ども生活体験プログラム（二〇〇七年度）

この企画は、施設は何のためにあり、何をすることが求められているのかを、子ども・利用者の立場で体験し、考えてみることを意図したものであった。三年生になれば、実習生の立場で施設に足を踏み入れることになるのだが、その前に、別の視点に立つ努力をして、施設生活を考えてみたいと企画したものである。

午後一時から就寝までの時間を、子どもと同じ動きをする体験学習である。職員の方々にも、学生をできるだけ子どもとして扱ってもらうよう、お願いをしている。事前学習で読んだ本（『子どもが語る施設の暮らし2』明石書店）で書かれている現実よりも、施設の生活が自由であったことも驚いたようである。子どもとの実際のかかわりのなかで、「子どもの現実を知ることの怖さに負けて、聞くことができなかった」という学生、「また来てね」「今度いつ来るの」の言葉に何も言えなかった学生、子どもになった〝つもり〟の中途半端さに迷った学生など、さまざまな反応があった。

ある学生は、報告書に「『今度いつ来るの』と小さな子どもに何度も聞かれた。この日だけの関係。私は子どもたちから多くのことから教えてもらったが、子どもたちにとっては複雑なのだろうと思った」と同時に、「家族からの愛に恵まれていなくても、周りの人の優しさに触れ、本当の意味で人の温かさを知っているのかもしれない」と記している。また一人の子どもの矢継ぎ早の要求やお願いに、どうかかわればいいのかをその時は立ち往生した学生が、まとめでは、人間の温かさ・優しさを求める姿に、子どもの抱える切なさを感じている。児童福祉施設という人間と制度の構成体がはらむ矛盾を、一日の体験（事前学習と学び合いを含めて）だけではわからないことが多いが、わかることも少なくないと思えるワークショップであった。

子どもの立場に立つ努力をして生活をしてみて、職員の数の少なさを実感した学生が多かった。それは、子どもが話したくても、やってもらいたくても、職員とかかわりがもてない実態があることを、肌で学んだようである。

その点で補足すれば、わが国における児童福祉施設最低基準は、児童養護施設の場合、学童六人に対して一人の職員という配置が、一九七六年から改善されていない。三十年間も改善がされていない国の現実を、学生たちは子どもの立場から実感したようである。

「子どもの目線で」「子どもの立場に立って」などの言葉がよく聞かれるが、そのためには、子どもと同じ生活を体験してみることでわかることもある。それは努力の視点による、施設の現実を複眼的に感じとってみるチャレンジでもあったといえよう。

2　ハンセン病問題の現実と課題（二〇〇八年度）

私にとっては、一九九八年の学部開設の年にハンセン病問題を学んだことが、その後の教育実践に大きな意味をもってきた。二〇〇八年度は、あらためて学生と学んでみようと考えた。そして、このテーマで企画すれば応募者は少ないであろうことが一つ、もう一つは、このテーマに対し、学生がどのような問題意識をもってくるのかを知りたいと思ったのである。

予想どおり学生の雰囲気は当初、しらーとした状況であった。学生に問題意識について尋ねても、「ハンセン病は怖いといわれているので、知ってみようと思って……」「今まで何も知らなかったので勉強してみようと思って……」などといった反応であった。

たしかに、ハンセン病はマスコミでも取り上げられなくなり、学生にとっては知らない世界の話になっているのかなあと、つくづくと思った。薬害エイズの川田龍平さん（現在は衆議院議員）の闘いも、ほとんどの学生は知らなくなっている現実も肌で感じているなかで、ハンセン病問題も忘れられる社会問題になりかけているなと思った。

「よし、応募してきたこの十二人のうち、何人かでもその気になるようにチャレンジしてみよう」というのが、第一回目の「福祉ワークショップ」の授業が終わった後の私の決意であった。

しかし、自らがそれぞれのテーマで調べて報告をするなかで、こんな悲惨なことが行われていたというレポートばかりで、正直、暗い感じの授業時間であった。それでも、私も知らない事件や出来事について相次いで報告された。

東村山にある多磨全生園、そして群馬県草津にある栗生楽泉園での見学と講演、特に栗生楽泉園の在園者で、国家賠償訴訟の闘いの先頭に立ってこられた谺《こだま》雄二さんの案内で受けた重監房跡の説明は、どのような苦しみを在園者の方々が味わったのかを想像させるものであった。そうした生の声を聴くなかで、学生たちはだんだんと変わってきたように思う。谺さんのお話に、ほとんどの学生が質問をし、予定の時間よりも長く栗生楽泉園に滞在することになった。学生の人間としての感覚は、信じるに値する鋭さとみずみずしさがあることを学んだ取り組みであった。

九十年間の隔離政策から法律的に〝解放〟されたとしても、社会のなかの〝隔離〟の視線はそうたやすく変わっていくものではない。だから、〝故郷を捨てた〟（故郷を追われた）まま療養所で暮らしている人たちがいるのである。多磨全生園の「望郷の丘」（今は松が茂ってすべての方角が見えるわけではない）から、ふるさとに向かって叫ぶ元患者の無念を少しでも学ぶ努力が、私たちに問われている。その同じ場所に立ってみることで、学生たちは何を感じたのだろうか。あの広大な土地のなかで、隔離の環境のもとで、子ども期から青春時代を過ごし、結婚生活を送り、しかし子どもを持つことは許されず、そして高齢期を迎えてこの時代を生きている、この人たちの無念を少しでも感じとりたいと思う。

同時に、何人もの学生が報告書に書いていたが、それでも生活のなかに希望を見出す凄まじい生きざまに、心からの敬意を表したいと思うのである。この生きざまから私たちは何を学べばいいのだろうか。

私の決意は、この問題も含めて、人間の過ちは私たち人間が改めることができるという信念を、貫くことであると思っている。「人間にかかわることは、すべて自分にかかわることなんだ」ということを真摯に問うところに、人間の人間らしさがあるのではなかろうか。そんな想いを大切に、研究と教育実践と運動にかかわっていきたいと思っている。

まとめにかえて――五つのYと希望について

いま私たちに問われる力について〝五つのY〟としてまとめておこう。五つのYとは、①ゆらぐことのできる力、②ゆずらない力をもつこと、③やる気をもち続ける力、④勇気をもってチャレンジする力、⑤よく学ぶ力、の頭文字をとったものである。

◆ゆらぐことのできる力

これは、福祉実践におけるジグザクや試行錯誤、〝失敗〟を大切にした実践の振幅性のことをいう。これは編者の尾崎新先生の『「ゆらぐ」ことのできる力』（一九九九）から、多くのことを学ばせていただいた中身である。〝確固とした信念〟で援助やかかわり方、対応方法がまったく変わらない実践は、子ども・利用者の変化に対応できない実践となっていることも少なくない。たとえば、どうも今日のAちゃんへのかかわりはうまくいかなかったので、明日はこうやってみようというように、ゆらぐことのできる力は実践の柔軟性の土台である。

◆ゆずらない力

これは、前項と反対のことを言っているようだが、たとえ子どもであっても、許してはいけないことをもつことである。人権を侵す行為に対しては、明確な態度を示すことが必要である。特に「暴力の文化」が蔓延しつつある現在、「平和の文化」という価値を伝えていくうえでも、この点は大切である。

◆やる気をもち続ける力

これも実際には大変な課題である。子ども・利用者の成長と家族の現実から、何が実践に求められているのかを問い直すことである。課題を発見し続ける力でもある。

◆勇気をもってチャレンジする力

ヨカッタ探しの視点で、子ども、仲間、社会、歴史を見つめることができる力が求められている。

◆よく学ぶ力

これは、上記四項の力を育むためにも必要なことである。独習としての読書を続け、集団学習としての研修などに参加し続け、いま自己変革をし続けることこそ、私たちに求められている専門職の基本姿勢なのではなかろうか。

あらためて希望について語りたいと思う。

初代の学部長である、関正勝先生から教えてもらったことであるが、アウレリウス・アウグスティヌス（三五四―四三〇年。古代キリスト教の神学者、哲学者）の言葉を紹介したい。

希望にはふたりの娘がいる。
ひとりの娘は怒りであり、もうひとりの娘は勇気である。

この言葉に私はもうひとりの〝娘〟を加えたい。それは、

さらにもうひとりの娘がいる。その娘は優しさである。

福祉教育と現場実践に必要なことを感性的に表現すれば、人間としての怒りをもてることであり、その現実を変える勇気を蓄えていることである。さらに、人間に対する優しさを具現化する力が問われているように思うのである。それがこの十年間、福祉教育らしきものにかかわってきたささいな私の感想である。

【引用・参考文献】

浅井春夫（二〇〇四）『「次世代育成支援」で変わる、変える子どもの未来』山吹書店
浅井春夫（二〇〇七）『ヨカッタさがしの子育て論――「子どものしあわせ」格差か平等か』草土文化
浅井春夫（二〇〇八）「現場における研究をすすめるために」『まなびあい』創刊号、立教大学コミュニティ福祉学会、二七－四二頁
浅井春夫・松本伊知朗・湯澤直美編（二〇〇八）『子どもの貧困――子ども時代のしあわせ平等のために』明石書店
池田晶子（二〇〇七）『人間自身――考えることに終わりなく』新潮社
伊波敏男（二〇〇七）『ハンセン病を生きて――きみたちに伝えたいこと』岩波書店
岩川直樹・伊田広行編著（二〇〇七）『貧困と学力』明石書店
ヴァイツゼッカー、Ｋ・フォン著／小杉尅次・新垣誠正共訳（二〇〇七）『人間とは何か』ミネルヴァ書房
尾崎新編（一九九九）『「ゆらぐ」ことのできる力――ゆらぎと社会福祉実践』誠信書房
宮坂道夫（二〇〇六）『ハンセン病――重監房の記録』集英社
宮下忠子（一九九八）『隔離の里――ハンセン病回復者の軌跡』大月書店
宮下忠子（二〇〇八）『赤いコートの女――東京女性ホームレス物語』明石書店

第5章
病院実習の位置づけと「学び」

松山　真

はじめに

病院という医療機関が社会福祉士実習指定施設に含まれてから、三年目を迎えている。社会福祉士成立から二十年の間、医療機関は社会福祉の機関ではないという理由から、指定施設に含まれていなかった。しかし、病院ソーシャルワーカーの大半が社会福祉士資格を取得し、資格保有を新規採用条件にするなど、現任者の自主規制・自己努力が進んだこと、その業務内容が医療ソーシャルワーカー業務指針において、「社会福祉の専門的知識と技術に基づき」行われるものとされた（厚生労働省　二〇〇二）ことなどから、実習指定施設に追加されたものである。

社会福祉士実習指定施設になったものの、病院におけるソーシャルワーク実習は長い間、受け入れ側のソーシャルワーカーと実習を希望する学生が話し合って、任意に行われてきたという経緯から、将来医療ソーシャルワーカーを目指す学生の実習を受け入れる〝自家養成〟の意識が強いという性格をもっている。社会福祉士指定施設ではないことが自由さをもたらし、その自由のなかで、目的意識の明確な任意実習が行われてきた。

筆者は十八年間、病院にてソーシャルワーカーとして実践してきた。そのなかで多くの実習生を受け入れ、また新人を迎え育ててきた。そこで実感してきたことは、大学で社会福祉を学んできたはずの新人が、ソーシャルワーク業務ができないばかりか、一度も面接場面を見たことがない者があまりに多いという実情であった。病院に勤務する他の専門職に比較し、実践的知識や技術の不足が顕著であった。そしてソーシャルワーカー養成は現任教育に依存していた。ＯＪＴ（on the job training）としてトレーニングするものの、専門職であるならば「見よう見真似」で覚えるのではなく、知識と技術は伝達され成熟していくはずである。ソーシャルワーカー自身が行っている実践を見せ、専門用語で解説する、そのようにして伝達されていくものと考えており、実習教育の意味もそこにあると考える。

そこで、自分が実習を受け入れた際には、先述したように〝自家養成〟を意識した実習教育を行ってきた。立教大学から予定外に引き受けた実習も同じように行ったが、そのことが契機となり、今度は大学で実習教育を中心とした教育に携わることになった。その際、「ソーシャルワーカーの養成を一緒にやりませんか」と誘っていただいた。前述の問題意識をもっていた者としては望外の喜びであり、やりがいを感じる誘いだった。学生を育て実習生として送り出す側となり、大学教育のなかでソーシャルワーカー養成を意識した。そこで実習を依頼する際、私の考えるソーシャルワーカー養成教育と、実習において学生に何を学ぶことを求めているのかを明らかにし、実習受け入れソーシャルワーカーに説明したうえで、実習をお願いしたいと考えてきた。

第１節　実習教育の位置づけ

病院実習教育を、単に社会福祉士資格取得のために義務づけられている現場体験学習とは考えていない。

先述のように医療ソーシャルワーカーは〝自家養成〟を意識し、将来医療ソーシャルワーカーになりたいという学生を選んで実習を受け入れている。筆者自身も十八年間、医療ソーシャルワーカーとして多くの実習生を受け入れてきたが、見学・体験学習的なものはお断りしてきた。実習教育は、まさに「教育」であって「学習」ではない。「教育」は「他人に対して、意図的な働きかけを行うことによって、その人間を望ましい方向へ変化させること。広義には、人間形成に作用するすべての精神的影響をいう」（『大辞林』第三版）のであって、実習教育では、実践の場において意図的な働きかけが行われることを期待している。実習教育を依頼する大学は、教育内容全体と、実習中どのような意図的教育を期待しているのか教育内容を示し、その教育の一部を委任するという意識が必要であると考えている。

実習教育はまた、体験学習とも異なるものである。「体験」は「個々人のうちで直接に感得される経験。知性的な一般化を経ていない点で経験よりも人格的・個性的な意味をもつ」（『大辞林』第三版）ものであり、「経験」は「直接触れたり、見たり、実際にやってみたりすること。また、そのようにして得た知識や技術」（『大辞林』第三版）のことであり、体験とは区別される。実習とは、専門家養成教育のひとつとして、実践の場で直接見て、その場で説明を受け、できれば実際にやってみることを通して、大学において学んだ知識と技術を学び取り、確認する教育であるといえる。また、ソーシャルワーク援助の多くは、対人援助サービスとして提供されており、不可視的サービスであるため、文章を読み、解説されても、その実際をつかみ取ることは困難である。実践の場において「実際に見る」とは、この不可視的サービスを直接見ることにほかならない。

担当教員は、学生が〝見た〟実習体験に対して、知性的な一般化というプロセスを経させ、社会科学としてのソーシャルワークを学ばせることを意識しなくてはならないと自覚している。

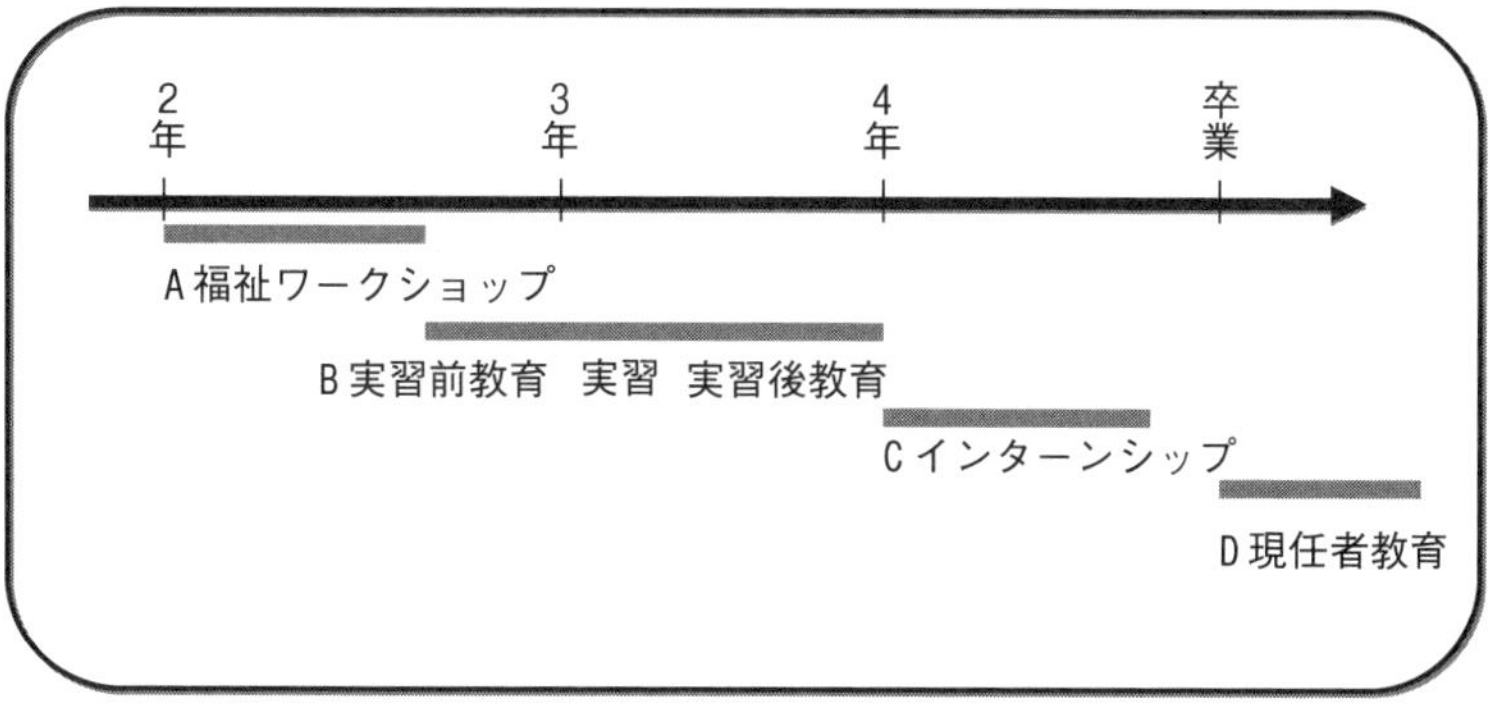

図 5-1 ソーシャルワーカー養成教育の流れ

第2節　コミュニティ福祉学部（コミ福）の特徴と病院実習

コミ福の教育体制は、他大学に比較して実にユニークで実践的である。その一つは、二年次に実習領域を選択し、領域ごとに実習準備教育が行われ、領域ごとに実習が実施され、実習後教育も領域ごとに行われるという体制である。他大学では、教員の専門領域とは無関係に実習先を担当し、学生を指導している。コミ福のこの体制のなかで、教員は自分の専門領域について、実習を含めて二年ないし三年かけて学生を教育することができる。講義のみの担当でないことも実践的な学びを保証する体制となっている。

二つめの特徴は、実習が三年次に行われることである。準備期間が短く、専門領域を選択するのが困難というデメリットはあるものの、四年次の時間を有効活用できるというメリットがある。学生は三年次までに卒業単位を取り終えている者が多く、自由な時間が多い。

この二つの体制的特徴を生かして、ソーシャルワーカー養成教育と病院実習の位置づけを考えた（図５−１）。

（1）「A福祉ワークショップ」は、二年次にソーシャルワークの一つの領域として理解するために、病院見学とその病院のソーシャルワーカーから業務の説明を受ける。ただし、必ずしも実習と連動しないので、教養的要素が強い。

（2）「B実習教育」は、専門領域を担当する教員が、二年次後半より三年次まで、前後の教育も含めソーシャルワーカー養成教育として行う。専門領域を担当する教員が、一貫して同じ学生を教育することができる体制をとっている。実習後教育は、学生が書いた実習ノートをもとに、経験を専門用語で理解しなおすという振り返りが中心である。

（3）「Cインターンシップ」は、三～六カ月程度の間、実際に業務の補助をしながら、業務の理解と実際ケースの担当までを行う。制度化されてはいないが、理解のあるソーシャルワーカーに受け入れていただく。

（4）「D現任者教育」は、on the job training あるいは教育的スーパービジョンとして、現任者を訓練する。

三年次に実習を行っているメリットを生かし、四年次にインターンシップを行うことを意図し、実習と同時にインターンシップの受け入れについて依頼をしていった。幸い理解してくださるソーシャルワーカーがおられ、二年めより実施している。ほかにも、ソーシャルワーク部門で業務補助としてのアルバイトに学部学生を受け入れてくださる病院もあり、責任をもたされてのトレーニングの場として、数人をお願いしている。ここには長年コミ福の学生が継続して行い、信頼を得ていることが大きかった。こうして、二年次から卒業まで、そして現在卒業生に対して教育的スーパービジョンを始めたことから、現任者教育までである程度の流れのなかでソーシャルワーカー養成を行う体制を整えている。

コミ福が十年かけて創り上げた教育体制という幹に、新しい枝を張り出させていただいたという印象がある。

第３節　実習の目的の明確化

福山（二〇〇二）は、実習教育の評価について、「専門家指導マニュアルの諸項目」を提示している。そのなかで、能力評価として「観察」「理解」「分析・評価」「応用（企画・計画）」「理論化（開発）」の五つの能力を挙げている。そして実習における評価は、前半の三つ「観察」「理解」「分析・評価」までとすることを提案している。本学では三年次に実習を行っていることから、「分析」「応用」「理論化」まで深めることは困難であると判断、また四年次のインターンにて深めていけるため、三年次の実習目的を「観察」「理解」に焦点化した。

また、「観察」対象を明確化しておくことを試みた。ここでは福山の先ほどの表の評価すべきシステムとして列挙された十のシステムと、筆者が病院ソーシャルワーカーであった際に作成した職能等級表を参考にした。

職能等級表は、経験年数あるいは職位（主任、係長、科長、課長、部長）に対して期待される職務と能力を表にしたものである。この職能等級表は、横軸は、経験年数あるいは職位であり、縦軸に職務を列挙し、職位ごとに期待される業務や能力をレベル分けして書き表した。そのなかの、「一年め」に期待される能力を参考にした。

「一年め」のソーシャルワーカーは、定型化された業務を学び実践することに専念し、判断は任されていない。「介護保険申請の説明」「高額療養費の説明」など、多くの定型化された業務のなかから順に実践できる数を増やすことが求められる。「家族関係の調整」「他部門との交渉」など、力動的な能力や部門を代表することは業務として責任を持たされず、上司に担当を交代することになる。実習教育をソーシャルワーク養成教育の一貫であると位置づけるならば、このような職能等級表一年目の業務を行うための基礎的知識と技術を学んでおくことが、求められることになる。

福山は縦軸を専門家指導のための評価システムとしているが、実習教育のみに用いるため、実習における観察対象とした（表5-1）。実習における「観察」と「理解」の対象は、①クライエント、②ソーシャルワーカー、③職員間、④組織・機関、⑤専門性の五つとした。⑥社会資源および制度、⑦地域社会については、実習前に学んでおくこととした。また④組織・機関、⑤専門性についても、理念や特徴、業務統計などはできるだけ事前に学び、実習中は理解に進んでいけるほうがよい。「理解」するためにはその意味や意図を考える基準が必要となるため、倫理綱領や業務指針を事前に学ぶこととした。

「観察」すべきことは、いずれも表面的な事柄である。クライエントの観察では、「表出されたもの」を把握できればよいとし、複雑な心理状態や、短期間では把握しがたい家族との人間関係や、問題の背景全体は対象にしなかった。

「理解」するためには、知識が必要である。観察した事実をどのように「理解」するかは、知識のレベルや種類に関係している。したがって実習前教育では、「理解」に必要な知識を中心に学ぶことになる。実習中にすべて理解できる必要はなく、実習後教育により補うことができる。ただし、実習後教育において丁寧に振り返りをするためには、何を「観察」したのかについての記録が必須となる。「観察」内容を丁寧に書いておくことにより、事後にスーパービジョンのようにその内容を吟味することが可能となる。したがって、病院実習では、この点に重点を置き、大学所定の実習ノートは使用せず、自由な書式でできるだけ多く記録しておくことを求めている。これまでの実習では学生はワープロを使用し、一日分の記録として、Ａ４判の

表 5-1 実習でお願いしたい内容

実習でお願いしたい内容

対象	観察	理解	分析と評価	応用（企画・計画）	理論化（開発）
1 クライエント	・言語・非言語により表出されたもの ・感情や情緒の動き ・診断名や発症年月日など疾病に関する情報	・問題の状況（表出された問題と表出されない問題） ・疾病の状況 ・問題と疾病の状況に対する認識や感情 ・家庭環境や経済状況　社会的役割	（できる範囲で）		
2 ソーシャルワーカー	・態度（対応の仕方） ・行動（面接，電話，記録など）	・援助や行動の目的・状況に対する仮説 ・留意している点	（できる範囲で）		
3 職員間	・他専門職の業務 ・他専門職との分担，協力体制	・他専門職の機能 ・他専門職との役割分担や連携の実際 ・関係を形成・維持する技術			
4 組織・機関	・病院の理念と組織 ・病院の機能・病院の特徴（外来数，入院数，地域での役割など） ・SW 部門の位置づけと業務分担（業務統計など）	・社会あるいは地域に果たしている機能と位置づけ			
5 専門性	・SW の業務 ・SW の行動	・実践に価値や理念がどのように反映されているか ・どのような価値や理念がかかわっているか			
6 社会資源および制度	・患者説明用パンフレットなど ・制度要覧など出版されたもの	・有効性と限界			
7 地域社会	・地域の特性（人口や産業など） ・他医療機関，関連機関	・地域の特性（高齢化率など統計的把握） ・地域の文化など ・他機関との連携の様子			

☆これらをより理解しやすくするために，次のことは（一応）学んでから実習に行く。「少子高齢化の影響」「医療制度改革の内容」「病院の分化とその影響」「主な疾患名とその障害」「他専門職の名前と業務」「診療報酬点数制度とその問題点」「医療ソーシャルワーカー倫理綱領」「医療ソーシャルワーカー業務指針」

紙に平均五枚程度書いている。実習において何をどのように「観察」「理解」したのか詳細に書かれている。「理解」に不明な点や誤りがあると、医療ソーシャルワーカーが丁寧に直してくださるため、学習効果は大きい。

全体的に実習の前半は「観察」に重点を置き、何を「観察」したのかという事実の記載を中心に行う。そのため、実習前教育においては、事実と感想・判断の区別と、それを書き分けるという記録のトレーニングを行っている。そして「観察」とその記録ができるようになってから「理解」に展開することにしている。学生の能力や医療ソーシャルワーカーの指導方法によっては、早い段階で「理解」に進む場合もあった。

この表をもとに、実習において学ぶ内容と方法、到達目標を明確にすることで、学生と医療ソーシャルワーカーの目的意識が近づき、実習が始まってみないとどのような実習になるのかわからない、というようなことが避けられる。

第4節　人–環境、交互作用として理解する

1　情報収集

ソーシャルワーク実習においては「人–環境その交互作用」に焦点が当てられている実践を観察し、ソーシャルワーク理論に基づき理解することが基本になる。理解する対象として「クライエント」「ソーシャルワーカー」「職員間」「組織・機関」「専門性」の五つを挙げているが、実践的には「クライエント」理解を中心として「専門性」を理解することが、「理解」の目的となる。

ジャーメイン（Germain, 1984）は、保健医療ソーシャルワークにおけるアセスメントのために必要な情報を次の六つに分類している。

（１）疾病の要因――心身機能の経過、予後に関する専門的医療、看護、介護情報など
（２）人間の要因――情緒、認知能力、人格、対処能力、価値観など
（３）人間関係の要因――関係をもつ人びととの関係のあり方
（４）環境の要因――社会生活上のハード、ソフト両方の環境的要因
（５）文化的要因――個人の文化的背景、所属する集団・地域の価値観や伝統、習慣、スティグマ
（６）全体のかかわり合い――どのようなプロセスを経て、どのような状態で影響しているか

ソーシャルワーク・アセスメントを行うためには多くの情報が収集されるが、保健医療の分野に限ってその特徴を述べ、分類したものである。そのため、「疾病の要因」を独立させて重要視している。

実習の場である病院は、当然ながら「疾病の要因」についての情報が圧倒的に多い。高度に専門教育を受けた他の専門職は、医学知識をもち、治療という共通目標に向かってチームを形成している。ソーシャルワーカーは、社会科学という異なる学問背景をもち、治療ではなく、患者の社会生活上の困難への対処を専門的に受け持ち、また人権あるいは人間の尊厳という視点から医療や疾患をみている。しかし、立場は異なるものの、医学チームに参加するので、チーム内で最も共通認識が図られなければならない病状や予後を理解することが求められる。それには、医療用語についてある程度理解できることが必要である。さらに、治療方針に沿ったソーシャルワーク援助計画を立案しなければならないため、治療方針を理解することは最低限必要なことである。しかも、病状や予後、治療方針を医学的に理解するのではなく、生活機能に結びつけて理解しなければ、ソーシャルワーク援助の計画を立てることは難しい。

こうした特殊性により、病院実習では「疾病の要因」についての用語、いわゆる医療用語を知っておくことが必要になる。これらは実習前教育にて代表的な疾患や手技について、学生自身が調べ実習中に見ること

ができるよう、見やすくまとめる方法にて学んでいる。これらを学ぶ理由は、実習開始直後から観察する、ソーシャルワーカーと他職種の会話をある程度理解できることで、学生が落ち着いて実習に入るためである。会話の内容が理解できないことで動揺し、観察に集中することができなくなることをできるだけ回避したいと考えている。医療用語をたくさん知ることが実習の目的ではない。本来的にはソーシャルワークを学ぶために実習に行くのであって、「疾病の要因」の理解は人理解の手段であり、目的ではないことを強調しておきたい。

ソーシャルワークとしては特に、先に挙げたジャーメインの分類、「(6) 全体のかかわり合い」が重要であり、「人–環境の交互作用」というソーシャルワーク固有の視点は、この情報に集約されて把握されるのであろう。

表5–2　ジャーメインによる必要な情報の分類

人の特性	「疾病の要因」 「人間の要因」 「人間関係の要因」
環境の特性	「環境の要因」 「文化的要因」
交互作用	「全体のかかわり合い」

2　病院実習における観察対象の情報整理

ジャーメインの六つの要因への分類は、アセスメントのための情報収集に偏りがないかどうか点検するために有効である。事例を提示し、必要と思われる情報を書き出し、その情報をこの六つに分類し、関心に偏りがないか、さまざまな状況に関心をもつためのトレーニングとして使用している。

しかし、「人–環境の交互作用」というソーシャルワーク援助そのものを観察し理解しようとした場合、情報を収集するだけではその交互作用を理解することが難しい。「人–環境の交互作用」は抽象的概念であり、学部三年生には理解しがたいものとなる。ジャーメインの六つの要因を「人–環境、交互作用」として整理すると、表5–2のようになる。「人の特性」は三つに分類され、「疾病」「人間」「人間関係」となり、これらの情報を得るために面接やカルテ、カンファレンスなどを観察することになる。「環境の特性」は、「環境の要因」「文化的要因」となる。そして「交互作用」は、これら「全体のかかわり合い」となる。

さらにこれをＩＣＦ（国際生活機能分類）（世界保健機関　二〇〇二）の枠組みで整理したのが表5-3である。

表5-3　ICFを取り入れた情報整理

人	Bio（生物） Psycho（心理） Social（社会）
環　境	クライエント自身の環境 社会環境 ソーシャルワーカーのもつ環境

ＩＣＦでは「障害」ではなく、「人の生活機能」を三つの側面から把握しようとしている。そしてその三つの側面が「Bio（生物）」「Psycho（心理）」「Social（社会）」であるという考え方である（世界保健機関　二〇〇二、一八頁）。さらに、三つの側面を示しただけでなく、「ある特定の領域における個人の生活機能は健康状態と背景因子（すなわち、環境因子と個人因子）との間の、相互作用あるいは複合的な関係とみなす」視点が、ソーシャルワークと共通している（世界保健機関　二〇〇二、一七頁）。病院においてクライエントとなる人は、疾患をもち、生活機能に障害をもった人である。疾患の医学的理解ではなく、生活上の問題を扱う医療ソーシャルワーカーには、ＩＣＦの考え方は基本的なものとなる。ＩＣＦが医療ソーシャルワーカーに有効であると考えられるのは、疾病や障害の状態を表す統一的な指標となったことであり、共通言語で表すことができるようになったことである。他職種などと疾病や障害についての認識を共有するには、有効なものである。

しかし一方、重要な影響ととらえた個人因子を、「性別、人種、年齢、体力、ライフスタイル、習慣、困難への対処方法など」であると特定しているものの、その評価は個々に任されており、指標がない。ソーシャルワークにおいては、個人因子と環境因子との交互作用そのものに対して評価しなければならないため、ＩＣＦをそのまま評価基準として用いることは困難である。さらに、病院においては、患者は疾患名によって把握され、国際疾患分類（ＩＣＤ）によって分類されている。ＩＣＦの分類にて把握しようとすると、一つの疾患において複数の障害が発生するため、まずＩＣＦとＩＣＤ双方について詳細に把握したうえで、ＩＣＦの複数の項目に対照させる能力が必要となり、学部生にはとてもできない。

したがって、ＩＣＦの基本的考え方のみを採り入れることとした。

3 「人-環境、交互作用」の把握

人を「理解」するために、人をＩＣＦの分け方である「Bio」「Psycho」「Social」という三つの側面に分けた。環境についても、「クライエント自身の環境」「社会環境」「ソーシャルワーカーのもつ環境」の三つに分け、どのような情報が該当するか書き込んでみた（表5-4、一一三頁参照）。

◆Bio（疾病の要因）

病院実習の場合、クライエントとなる人は、身体的あるいは精神的に疾病をもっている人であり、その疾病により生活上の障害を抱えることになった人である。したがって、疾病そのものの理解は十分条件として求められるが、疾病がもたらす生活機能障害についての理解は必要条件として不可欠なものとなる。病院実習がほかの実習機関と大きく異なるのは、この「Bio」を専門とする機関で実習を行うということである。医師・看護師はもちろんのこと、薬剤師、理学療法士、作業療法士、臨床工学技士など、いわゆる「Bio」の専門家が、人の「Bio」治療を目的にして専門チームを形成している場である。そこでは「Bio」の情報が徹底的に収集され、その情報に基づき治療方針が決定される。病院はソーシャルワーク援助のための機関ではないので、ソーシャルワーク援助方針は、治療方針をもとに立案することが求められる。したがって、

治療方針の理解が不可欠となり、治療チームとの情報交換も不可欠となる。その意味で、医学用語にある程度慣れておくことも必要となる。しかし、ソーシャルワーカーが治療にかかわることは、法律的にも現実的にもない。医行為は医師にのみ許された業務独占行為であり、保助看法解除が根拠法に規定された職種でなければ、診療の保助業務も行うことはできない。

ソーシャルワーカーは、疾病や治療そのものにではなく、疾病がもたらす精神的影響（Psycho）あるいは社会生活上（Social）への影響を専門的に扱っている。「Bio」の情報を、「Psycho」「Social」への影響という側面から理解しなければならない。たとえば、以下のようなケースである。

- 大脳右半球において脳梗塞が発症した場合、どのような後遺症が残り、生活にどのように影響するのか。
- 腎臓機能の低下により人工透析が必要となる場合、週に何時間くらいが透析に費やされていくのか、その費用負担はどの程度か。
- 膵臓癌が発見されたということは、残された時間はどのくらいあるか。
- ＡＬＳと診断された場合の予後や生活上必要な援助は何か。

以上のような、疾病がもたらす身体的・精神的変化であり、社会的変化への予測が必要となる。治療チームによる治療方針が決定されれば、その治療方針を理解したうえで、その方針が実行された場合の「Psycho」「Social」な影響を予測しなければならない。たとえば、以下のようなケースである。

- 肺がんの末期の状態で、手術適応はなく、化学療法も体力的に困難。在宅で療養しながら外来で対症療法的なことしかできない。

●二週間程度でリハビリ病院に転院できるようになる。歩行訓練、言語療法、糖尿病と血圧のコントロールが必要。

以上のような方針の場合、詳細なＡＤＬ情報や家族関係、家屋状況などをもとに具体的な方針を立てていくことになる。

ソーシャルワーカーにとって必要な「Bio」の情報は、治療チームが必要とするBio情報とは異なり、「Bio」がもたらす「Psycho」「Social」への影響とその対応方法を予測する、という意味合いが強い。しかし、この分野の知識はきわめて個別的であることと、体系立てられていないために、医学教育においても福祉教育においてもなされていないのが現状である。ソーシャルワーカーは実践現場でこれらの知識を習得しているが、学生はまったく学んでいないため、この理解はかなり困難なものとなる。

◆Psycho――人間の要因

「Psycho」の側面も、疾病に伴うPsychoが中心となる。

●ある病気を発症したことそのものをどのようにとらえているか、考えているか。
●特に、がん、エイズ、神経難病など、治癒が困難で予後の悪い疾患の場合。
●病名や予後の告知を受けたことによる精神的なストレス。
●疾病による自己イメージの変化に対するストレス。
●身体機能を失うという喪失のストレス。
●後遺症や障害をもって生活をするという、生活スタイルの大きな変化のストレス。

●社会的役割を喪失した場合のストレス。
●具体的な将来の生活設計を立てる力。
●クライエントが大切にしている価値観、性格など。

疾病の種類にもよるが、発症から治療まで、あるいは診断されてからの受容のプロセスをどのように経ているのかなど、その人の「Psycho」に焦点を当てた理解が必要になる。

◆Social

疾病は貧困をもたらす最大の原因であったし、今もなお、生活スタイルを大きく変化させる要因の一つである。疾病をもつことで治療費、入院費、生活費など経済的負担が増える。

●疾病を契機として起きる役割免除、役割変化、役割交代など。
●療養先を選択する、在宅療養を話し合うなどの場合でも、誰がそれを決定するか、家族内で意見の一致がみられない・対立するなどの場合、家族の関係の問題として対応することになる。
●また疾病を契機として、それまでの家族関係が先鋭化する場合が多い。離婚などの問題も起きる。

◆環　境

「環境」は、さらに次の三つに分けることで、観察対象が明確になる。

①クライエントを中心とする環境

クライエント固有の環境であり、地域環境、家屋状況、経済的状況などがある。

②社会環境

介護保険制度、障害者自立支援法、虐待防止法、生活保護法などの、社会保障制度を中心とした法律などに規定された機関や施設、サービスなど。また、クライエントが必然的に影響を受けることになる医療制度、健康保険制度、病院の環境など。

③ソーシャルワーカーのもつ環境

環境という概念にこれまであまり意識されてこなかったが、病院の機能によってソーシャルワーカーの援助内容もある程度限定されてくる。また、どのような治療ができるか、入院設備、リハビリテーションなどの機能、専門スタッフの種類や人数など所属機関の機能などは、クライエント（患者）のために最も活用する資源である。その資源についての情報は、最も把握されていなければならない。そして、クライエントにとっては、ソーシャルワーカー自身が最も活用すべき資源となる。ソーシャルワーカーに与えられている権限や責任に、援助は大きく左右される。また、ソーシャルワーカー自身の経験年数や個人的資質、病院内での人間関係など、ソーシャルワーカー自身の能力もアセスメントに含まれる大きな情報である。これらの情報は援助に大きな影響を与える。そこで環境のなかでも、援助に大きな影響を与える、ソーシャルワーカーの所属機関とソーシャルワーカー自身の能力や権限を、独立した項目とした。

第5節　人-環境の相互作用

従来、アセスメントに必要な情報については、細かく分類されていても、必要と思われる情報すべてが列挙されている。ＰＩＥシステムでは百項目以上にもなり、情報の種類を覚えることも困難であった。実際の面接や援助場面では、問題の種類やケースの状況によって情報の種類はある程度限定されていき、「援助に必要な情報」が収集されるのであって、列挙された情報すべてを聞き出すことはない。この点が学生にとっては最も理解しがたいことであった。

表5-4　人-環境に関する情報

情報種類 / 援助内容	人			環　境		
	Bio	Psycho	Social	Ct. 環境	社会環境	SW 環境
標準的	身体的状況 介護状況 精神的状況 医学管理状況	情緒的反応 知的能力 情緒的能力 価値観	役割 家族関係 人間関係	地域の環境 家屋の状況 経済的状況 地理的条件	法律 制度 社会サービス 交通システム	機能, 権限, 責任, 能力

＊ソーシャルワークは,「人-環境」の相互作用を対象にアセスメントを行い, 援助する。
＊情報収集と感情のサポートは, ラポール（専門的信頼関係）をもとに行われる。

病院で行われる相談援助の典型例を、必要と思われる情報を書き込んでみた。それが、表5-4である。

それでもなお、「人-環境、交互作用」の概念は学生にとって理解しにくいだけでなく、実習中に観察したことをそのように実感することも難しい。

そこで、次頁の表5-5のように、援助内容によって、必要とされる情報と必要とされない情報があることが理解できるよう、三つの典型的援助例に沿ってさらに整理してみた。ここでは、介護保険、障害者自立支援法、健康保険制度など、社会保障制度やサービスの利用援助と、制度を利用しない人間関係調整、最近業務量の多い退院在宅援助の三つについて例示し、整理した。

障害者自立支援法や労災、生活保護など、社会保障制度利用についての援助では、利用しようとする制度の受給要件に該当するかどうかを確認するために情報収集が行われる。したがって表5-5の「人」列のBioとSocial、「環境」列のクライエント環境が中心となる。そして、クライエントの自己決定のプロセスを援助することが中心として援助が進むため、Psychoの情報は必須となる。しかし、受給要件とのマッチングが援助目的ではなく、全体の調整を図ることであることに留意が必要である。

人間関係調整のための援助では、Bioや環境の情報はあまり必要な

表 5-5 人-環境問題により異なる情報例

情報種類／援助内容	人			環境		
	Bio	Psycho	Social	Ct. 環境	社会環境	SW 環境
一般的	身体的状況 介護状況 精神的状況 医学管理状況	情緒的反応 知的能力 情緒的能力 価値観	社会的役割 家族関係 人間関係	地域の環境 家屋状況 経済的状況	法律 制度 社会サービス 交通システム	機能 権限 責任 能力
制度サービス利用援助	受給要件に関係する身体状況・医学管理状況	Ct. の希望や気持ち 家族の希望や気持ち	受給要件に関係する状況	受給要件に関係する状況	（法律や規則に定められた）サービス受給要件	権限や責任
人間関係調整		Ct. の気持ち 対処パターン 自我機能 性格	役割 家族関係 人間関係			SW の能力，知識
退院在宅援助	身体・介護状況 医学管理状況 予後	Ct. の希望や気持ち 家族の希望や気持ち	経済的状況 家族関係 近隣関係	家屋状況 地理的条件	地域の介護サービス 地域の医療サービス	機関の機能 機関の規則

＊ソーシャルワークは，「人-環境」の相互作用を対象にアセスメントを行い，援助する。

＊情報収集と感情のサポートは，ラポール（専門的信頼関係）をもとに行われる。

く、PsychoとSocialについての情報が重要となる。さらに、新人ソーシャルワーカーには対応が難しいことが多く、ソーシャルワーカーの能力も吟味されなければならない。

現在、医療ソーシャルワーカーの業務のなかで最も大きな負担となり量も多いのは、退院在宅援助である。この場合は、Bio、Psycho、Social、環境についてもさまざまな情報が収集される。転院であれば、社会保障制度利用援助と同様に、受け入れ先の要件に沿って情報が収集整理される。在宅の場合には、家族のPsychoが重要となり、Bioや家族関係、家屋状況などの情報を総合的に判断することになる。この場合も、クライエントと家族のPsychoの情報が重要となる。

このように、「人-環境、相互作用」の内容を説明することで、学生は必要な情報をある程度想定することができるようになり、面接同席した場合にも、目の前で行われていることがソーシャルワーク援助であると認識することができるようになる。

まとめ

病院における実習を、ソーシャルワーク専門職養成教育の一部として認識し、実習前・実習後教育も含めて、その教育の内容を明確にする試みを行った。実習中にソーシャルワーク援助を「観察」し、ソーシャルワークの専門用語によって「理解」することを到達目標にしている。もちろん、学生としての素朴な疑問なども重要だが、感性を養う教育には時間もかかることから、短期間で行われる実習では、明確な到達目標を置き、学生も医療ソーシャルワーカーも担当教員も共通認識に立ったうえで、協働してソーシャルワーカー養成を行っていきたいと考えている。

【引用・参考文献】

北里大学病院・北里大学東病院「ソーシャルワーカー職能等級表」
厚生労働省健康局長（二〇〇二）『医療ソーシャルワーカー業務指針』健発第1129001号、平成十四年十一月二十九日
Germain, C. B. (1984) *Social Work Practice in Health Care : An Ecological Perspective*. Free Press.
世界保健機関（二〇〇二）『国際生活機能分類――国際障害分類改定版』中央法規
福山和女（二〇〇二）『保健医療ソーシャルワーク実習』川島書店

第6章 みようとしなければみえないものをみる力

湯澤直美

第1節　人間の総合学としての社会福祉

1　時代の証言としての言葉

◆「保母のくせに子どもを殴れないのか」(*1)

児童養護施設に勤めて間もないころ、高校生の男子にそう言われた。広い食堂にたった二人。返す言葉を見つけるのにどのくらいの時間が流れたのだろう。白熱色の電灯と深い少年のまなざしだけが、今も記憶に刻まれている。幼いころから施設で育った少年が、その思いを表現した言葉が、この一言だった。今でこそ職員による施設内虐待は社会問題として扱われているが、苦情処理委員会などという存在すらなかった時代である。一九八〇年代半ばに大学を卒業して初めての就職。たった半年もたたない時期に、この言葉によって少年が生き延びてきた歴史を投げつけられたような感覚に襲われた。

*1　現在は、「保母」は「保育士」に改称されているが、ここでは当時の用法のまま記述している。

◆「これ以上落ちることはない、そう思って暮らしているほうが安心だから」

母子生活支援施設からの退所先を決めるために公営住宅を選択する折、ある母子家庭の母親がこう言葉にした。新築住宅の募集が相当数あるなか、その女性はあえて築年数のたった旧式の住宅を選択した。「新しい住宅のほうがいいのでは」と問うた私の一言に、この言葉が返ってきた。「何年も共に時を過ごしながら、いったいあなたはどこまで私の心をわかっているのか」と、この言葉によってふいを突かれたような気がした。

母子家庭で育ったその女性は、弟妹を高校に進学させるため、自身は進学を断念。低収入の母親を支えるため中卒で働き、仕送りも続けていた。解雇・失業を繰り返す日々、「まるで部品のように扱われる」そう肌身に感じていたという。結婚し落ち着いた暮らしも束の間、リストラで失職した夫は暴力を振るうようになる。「まるでモノのように扱われる」、家族のなかでもそう肌身に感じたという。このままでは命が危ない、そう思い至った夜、子どもとともに家を出た。心身の傷が癒える間もなく働き続け、体調を崩し施設に入所となった。「いくら努力したって報われない。それが私の運命」そう語っていた。(＊2)

◆現実と社会の狭間

子どもの貧困・女性の貧困、家族という日常に蔓延する暴力……。その後も、さまざまな現実を施設という場で目の当たりにしながら、あっという間に十年の歳月が流れていた。施設という日常空間で交わす言葉や交える感情は、私自身の大きな支えでもあった。子どもたちや女性たちの生きる姿に、言葉にはならないちからを与えられる日々。しかし、思い悩んだ末、教育と研究ができる場への転職を決めた。暴力ゆえに侵食される人としての尊厳、貧困ゆえに奪われる自分を生きる自由。ひとが人間として生きることすら脅かさ

＊2　個人が特定されないよう、事例は主旨をそこねない範囲で加工している。

れる社会。知ってしまった現実の前であがいていた。何よりも、その現実が社会の現実とはなっていないという事実。その事実は、自分自身の痛みとも重なっていた。まだ、ドメスティック・バイオレンスという言葉すらなかった時代。一億総中流といわれるなかで、貧困は一部の人の問題とされていた時代。施設という場で出逢った利用者の言葉は、時代の証言であると感じてきた。その証言を伝え、その証言から時代を創る、そのことが知った者の責任であると考えての選択であった。

2　人間の総合学

この十年間、筆者がコミュニティ福祉学部で担当してきた講義科目は、家族福祉論・女性福祉論・ジェンダー論である。ジェンダー論は、カリキュラム改革の際、新規開講を要望し設置された科目である。いずれも社会福祉士・精神保健福祉士の指定科目ではない。資格としての社会福祉という観点からみれば、周辺領域となる。しかしながら、私自身はこの科目群にこだわりをもっている。三科目の講義において共通して重視してきたことは、「みようとしなければみえないものをみる力」(＊3)を醸成すること、である。社会福祉が「社会」「福祉」である所以は、人間が社会的存在であることにほかならない。人間存在への理解を深めるには、人間の総合学として社会福祉を位置づけ、人間を取り巻く社会で生起する諸問題への構造的理解が必須となる。しかし、その仕組みは、そう簡単にはみえないものである。

＊3　「みようとしなければみえないものをみる力」のうち、「みえないものをみる力」については、研究方法論として指摘されてきたものである。たとえば、石川淳志・佐藤健二・山田一成編（一九九八）『見えないものを見る力——社会調査という認識』八千代出版がある。また、社会学においては、社会学的創造力の重要性がかねてより指摘されている。これについては、Mills, C. W. 著／鈴木広訳（一九九五）『社会学的想像力』紀伊國屋書店などがある。筆者は、「みようとしなければ」という前提をあえてつけている。「意志を発動する」ことの重要性、「意志を持ち続けることの重要性」を強調したいために、このように表現している。

たとえば、「なぜ、親密な関係である男女や家族のなかで、親密性とは相容れない暴力が蔓延しているのか」という問いを解くには、日常のなかで誰もが共有している「家族」「女性・男性」「愛情」といった言葉を自明のものとせず、解体しつつ相対化する作業が必要となる。このことを社会福祉にひきつけて考えてみると、社会福祉と家族は切っても切れない関係にあるといえるだろう。社会福祉は生活問題に直面する家族を支えるばかりでなく、家族による扶養やケアを媒介して機能してきた。しかしながら、家族そのものに内在する暴力が社会問題化されるには、二十一世紀を待たなければならなかったという事実がある。「家族」「女性・男性」「愛情」といったイシューは、あまりにも日常性を帯びているがゆえに、当たり前のものとされてきた側面が強い。日常性を帯びているほどに、人びとの心性をとらえる威力をもっているのである。だからこそ、そこにたとえ命を奪うほどの暴力が存在していても、社会にみえるものとしては登場してこなかった。

平和なくして福祉はない。暴力のあるところに平和はない。差別のあるところに平和はない。だからこそ、社会福祉を学ぶためには、「平和とは何か」を日常レベルから問い、平和を侵食する日常レベルからの仕組みを読み解き、平和を構築する仕組みを創造する力が必要とされる。筆者は、この点について、家族とは何か、ジェンダーとは何か、にこだわりながら考えていきたいと思っている。そのために、講義で繰り返し伝えてきた言葉が「みようとしなければみえないものをみる力」である。「みる力」とはいかなるものか。みようとする意志、意志を活かすための学問的方法、学問的知見を社会に活かすための創る力とつながる力。それは、社会福祉の学びに必要な基礎力である。

第2節　学びの空間（1）――こだわる力

1　「小さなことにこだわり過ぎ」

男の子のランドセルは黒、女の子は赤。男子の制服はズボンで女子はスカート。寒い冬でも女子にはズボンの制服はない。名簿は男子が先で女子があと。このような男女を二元化する仕組みが学校教育のなかにも存在していることを指して、「隠れたカリキュラム」という。男性用のトイレ標識は青、女性用はピンク、男性はたくましく女性は優しく、男性は外で働き女性は家事・育児、男性は力仕事で女性は料理。社会のなかで好ましいとされる振る舞いや適性と見なされる領域も、性別で二元化されている。社会福祉の学部には女性が多いのも、「ケアの仕事は女性の仕事」とされてきたことと無縁ではない。このような社会的・文化的に望ましいとされ、構築される男女の有り様を、生物学的な「男」「女」と区別してジェンダーという。

日本はどちらかといえば、ジェンダーに鈍感な国であるといえるだろう。それゆえ、身の周りにあふれているジェンダー・バイアスに慣れてしまっているともいえる。結婚したら夫の姓になるのは「当たり前」。戸籍の父母欄は、父が先で母があとに書かれることも「当たり前」。年賀状の差出人や結婚式の案内状も、夫が先で妻があとなのは「当たり前」。男性の賃金のほうが女性の賃金より高いのは「当たり前」。国会議員や医師には男性が多いのも、保育士や幼稚園教諭は女性が大半で、大学教員は男性が大半なのも「当たり前」……。挙げればきりがないが、結婚制度や家族生活をはじめ、労働、政治、社会のあらゆる領域で性別により差異化された日常が見受けられる。

そのような「当たり前」とされている現実に向き合うために、ジェンダー論や家族福祉論の授業では、「気づき」が重要な学びの方法となる。何かおかしいかもしれない……そう自分で気づかない限り、真の学びとはなっていかない。そこで、授業では上記のような「当たり前」になっている現実を提示していく。そこでたいてい出てくる反応は、「小さなことにこだわり過ぎ」というものだ。「そうはいっても女も今は強くなっている」「女で生きてきて困ったことはない」「その人がいいならそれでいいじゃないか」など。まだ新米教員だったころ、この「小さなことにこだわり過ぎ」というメッセージにどう応答していいのか、とまどったことを覚えている。

次の段階では、日本と世界の違いを知ることに移る。たとえば、世界各地のトイレの表識を次々とスライドに映していく。「何を撮っているのだろう」と不思議がられながらも、海外に行くたびにトイレの前に立って写真を撮ることは、私の習慣になっている。青やピンクで区別される表示が他の国でもないわけではない。しかし、男女同色で表示している国がたくさんあることも事実だ。ベビーベッドの表示を男女双方につけているかどうかも国によって違う。また、夫婦の姓の在り方をみると、日本は選択肢がない国であることが一目瞭然である、夫婦別姓・夫婦の結合性など、多様な姓の選択肢がある国がたくさんある。この段階の学生の反応では、「日本にいると当たり前になってしまっていることも、当たり前ではないことがわかった」といったものが出てくる。なかには、トイレの標識を写真にとって、「こんなのもありましたよ!」と持ってきてくれる学生もいる。一方、「トイレの標識の色は同じだったら間違いやすくなるから今のままでいい」「わざわざ結婚するのに、どうしていちいち別の名前を名乗るのかわからない」「結婚するのだから彼の名前になりたい」など、素朴な感覚を表出する学生も多くいる。ジェンダー・バイアスはみえにくいばかりでなく、自分の生活世界には関係ないこと、理解不能なことでもある。

2 「小さなこと」は「大きなこと」

幾人かの学生が、自分の痛みをリアクションペーパーに表出してくるのもこの段階である。「私は夕食時になると、テレビを見ていることがよくあります。そんなとき、決まって母親に言われるのが『女なんだから料理くらいできなくてどうするの』という言葉です。私には男兄弟がいるので、『うちには男が三人いる』とまで言われたこともありました」。このような身近な家族のなかでの経験は、鮮明に記憶に残されている。また、女性という性であるがゆえに行動が制約されるうえ、性被害に遭う危険性が高い、というジェンダー化された身体の在り様については、さまざまな声が出される。「男兄弟はいくら遅く帰ってきても怒られないのに、なぜ自分（女性）だけは夜遅くなると怒られなければならないのか」「一人旅を自由にしたいのにできない」「どうして女性は痴漢に遭わなければならないのか」という女子学生の声はよく出るものである。一方、男子学生のこんな声もある。「就職活動を始めてからネクタイをするようになった。でも、だんだん、このネクタイが犬の鎖のように思えてきた。このネクタイで会社に繋がれていくんだなあ、と感じている」。

このようなリアクションペーパーは、同じ大学生のなかにもいろいろな感じ方があるのだ、という気づきを促進させる。ジェンダーに敏感になることは、他人の感性に敏感になることでもある。言い換えれば、ジェンダー・バイアスが深く根をおろしている社会は、他人の感性に鈍感な社会である。また、ネクタイは働く多くの男性が毎日しているもの、といったごくありふれた日常の一つひとつに、「なぜ？」という眼を向けていく必要にも気づかされていく。就職活動では女性よりも男性のほうが「有利」と思われているが、実は男性の生き方そのものに選択肢が少ないという現実がその背後には隠されている。世界でも最長の労働時間を誇る「過労死社会・日本」のなかで、ネクタイを鎖のように感じる感性もいつしか奪われていくかもしれない。トイレを使う風習のある国では、トイレは人びとが毎日何回も使うものである。トイレに入るたびに、ジェンダー化された標識に無意識に誘導される。日常性のなかで無意識化された慣習、それは多大な威力をもって、人びとの心性を支配している。男は男、女は女。トランス・ジェンダーへの配慮など微塵もない。

この先何年たっても、女性が性被害に遭い続ける社会であっていいのか。大学生による集団強姦があとを絶たず、監禁される女性の被害者はどんどん低年齢化している。この先何年たっても、男性が過労死し続ける社会であっていいのか。働き盛りの男性の自殺率は年々高く、交通事故死の数をはるかに上回っている。最近、私は学生にシンプルに投げかけることにしている。「小さなことにこだわれなくて、大きなことにこだわれるのか」と。

第3節　学びの空間（2）――知る権利・考える義務

1　「知る」を知る

授業の冒頭、教壇に男子学生に出てきてもらって、椅子に座って一対一で会話をする。学生には、私が持参したひざ掛けをかけてもらう。なんでもよいので会話をして、どう思ったか、見ていた学生に聞いてみる。「なんでひざ掛けしているのかなあ、と思いました」「自分のなかに『男性がひざ掛けを使用するのは変！』『男が冷え症になるはずがない』という思いがありました」と、素朴な声が上がる。冷え性を放置すると他の病気を引き起こす可能性があることが説明されているプリント、男性の更年期への理解を促している記事、若い女性に流行っているカラー・コンタクトやまぶたの内側にアイラインを埋め込むぱっちりメークが、眼の病気を誘発して危険であることが書かれている新聞記事を配布する。溢れるほどの情報に取り囲まれている日常のなかで、小さなことにこだわっていくには、情報そのものを精査する目が必要とされる。そこで、情報が溢れている女性の化粧、情報が欠如している男性の冷え性を素材にする。私の予想を超えて、自分も冷え性だという男子学生は多い。また、実際に視力低下など目に影響が出ている女子学生もいる。

「私も冷え性気味で家ではひざ掛けをしているのですが、自分が社会人になって職場で働くときにはひざ掛けはしないと思います。他の人がいると、なんとなく自分に違和感を感じてしまうからです」

「私の友達は、通販などで安くカラーコンタクトを買って、目が痛いと言いながらも使い続けていました。一年ぐらいで視力が急激に落ちてしまいました。でも、かわいいから、おしゃれだからやめないでいると言います」

ここでも、「小さなことは大きなこと」という視角から考えていく。身の周りに溢れている情報――現代の子どもや若者にとっては、戦争はテレビで見る時代である。そこで、ビデオ塾が作成している「9・11から一年後のニューヨーク――戦争に沈黙しない人々」というビデオを視聴する。このビデオの内容を紹介しよう。

学生や通勤前の人びとが次々と、ユニオンスクエアのアスファルトのうえに横たわった。1年前のその時間に発生した同時多発テロの犠牲者と、米軍の攻撃で死傷したアフガニスタンの人びとを悼んでの「ダイイン」である。そこには戦争への抗議もふくまれていた。

9・11直後のマスメディアの報道にはうんざり――多くのニューヨーカーが感じていることだ。星条旗、英雄、そして愛国心をかきたてるニュース。しかし、これは9・11のテロ直後に始まったことではない。戦争報道にメディアの自己検閲はつきものと感じた人びとは、国家や企業ではない、自分たちのメディアをつくり、草の根の情報をインターネットをつかって発信している。情報は国境をこえて世界を駆けめぐる。あなたは行動しますか、沈黙しますか？

(http://www.jca.apc.org/video-juku/NY2.html 2008.12.25)

三十分程度の短いビデオであるが、学生たちの真剣なまなざしが印象的である。「イラク戦争に反対しているアメリカ人がたくさんいたことを初めて知りました。マスコミの操作によって国の印象はすごく変わるのだな、と実感しました」という感想にみられるように、学生は自分の触れているメディア報道がすべてではないことを感じとっていく。毎日のテレビから流れる情報が自分にとってのすべてであると素直に考えていた学生も多い。しかし、そのことにいったん疑問をもった学生の気づきは実に深い。

ある学生は、こう書いている。

「知ろうと思って知ること、知りたくても知ることができないこと、知りたくてなくても知ってしまうこと、知ろうと思わないし、知ることもないこと……私たちの周りには、見えている情報と見えていない情報が、発信する側の都合に合わせて交錯していると思います。私たちには知る権利がありますが、果たしてそれはどこまで守られているのか、とても疑問に思います。知らされていなければ〝知りたい〟と思うことすらできないことも、今の世の中にはある気がします。情報を発信する側には受信する側が知りたいと思うことを正確に発信する必要があるし、受信する側は〝知る〟ということに敏感になるとともに、情報を選択する必要があると思います」

また、ある男子学生は自分の体験とＶＴＲを結びつけながら、思考している。

「冒頭の話題を聞いていて、私も同じであることを思い出した。家で深夜作業をするときは、暖房を効かせた部屋でひざ掛けを使い、時々ドライヤーやカイロで手や足を温めてからでないと全身が震えてしまって作業にならない。見かけが男性であることには何の疑いもないのだが、冬場の悩みは女性と近い。少しオーバーワーク気味になると貧血で倒れたりと、とても男性とは思えない特徴をもっている。物事に対する考え方や取り組み姿勢は男性的なのだが、身体がついてこれないので結果的に男性的な視点からみれば〝男らしくない無能な人間〟となってしまう。９・１１とその後のメディア報道についてのＶＴＲから、マスメディアにおいては、女性など社会的に弱いとされる人間の考えや感じ方が軽視される傾向がまだ残っているように思うが、同様に男性でありながら男性的でない人間の考えや感じ方も、軽視される傾向にあるのかもしれないと感じられた」

知ることは生きるための権利である。何をどのように知るか、知らせていくか――それはより良く生きることにつながる。「知ることに怠惰になってはいけないのです」「私たちは、自分の見る力をもっと信用すべきだと思った」という学生の声は、「みようとする力」を体現している。

２　「考えていない」を考える

「知りたくてなくても知ってしまうこと」「知ろうと思わないし知ることもないこと」という先の学生の言葉に戻ろう。買春・売春、アダルトビデオやポルノグラフィ。日本社会の至るところで、性の商品化は溢れている。電車に乗れば、つり革広告やスポーツ新聞のなかの女性の裸体が目に飛び込んでくる。二十四時間営業のコンビニには、成人用の区切り棚がない雑誌コーナーにも女性の性が強調された表紙の雑誌が溢れている。知りたくなくても目に入ってくる毎日。しかし、性の商品化や売買春をどう考えるか、子どもたちは学ぶ機会もなく消費者になっていく。私は必ず、売買春を授業で取り上げる。とりわけ「買春をどう考えるか」を問うことにしている。日本では、売春についてはさまざまに議論されても、買春について議論されたり研究されたりすることが少ない。そして、買春は確実に若者に継承されているからである。

講義のなかでは、売買春の歴史、「売春防止法」や「風俗営業等の規制及び業務の適正化等に関する法律」によって現在も国家に容認されている買春の実態、子ども買春をはじめ国際的にみても日本は非難される状況にある実態、などについてふれる。また、自分の夫が観光買春行っていることを知ってしまいながらも止めることができなかった、という新聞の投稿記事をもとに、自分のこととしてどう考えるかを投げかけてみる。大半の学生にとって、売買春のことは「考えたこともなかった」ことである。「今まで考えたことがなかったということが、改めて不思議です」という声にあるように、考える余地のないほど当たり前になっている。それはいったい何を意味するのか。

専門演習では、旧遊郭街が今も同様の町並みで残されている地域に学生とともに訪問する機会ももった。ただし、そのような地域に安易な気持ちで足を踏み入れることはけっしてすべきでない。同じ女性としてその地域に入ることがどのようなことなのかと考える学生の声を拾いあげ、それでも知ろうとするのかを議論し、知ることの意味や目的を確認して訪問した。間口二間程度の店がおそらく百五十軒はあるであろうその一角は、すぐ隣にマンションが立ち並ぶ普通の町並みにある。目に飛び込んでくるのは、ワゴン車など大型の車である。車には複数の男性が乗り、街中をぐるぐる何回も回りながら「買う」女性を選んでいる。けっして中高年男性ばかりでない。若者が集団で買いに来るのである。「ふだん、歌舞伎町とか風俗街があってもなんとも思わなかったけれど、この町に来て、自分も買われる側の性なのだということが初めてわかった」「ただ男であるだけで、買う性としてまなざされることを実感した」など、学生は肌身で売買される性を感じとる体験をする。

売買春をどう考えるか――答えは簡単に出るものではない。しかし、買春が溢れ、若者や自分の子どもたちに世代的に継承されていく社会をよしとするのか、仕方なしとするのか、買春にNOというのか、一人ひとりが問うことが必要であろう。みんなが「考えていない」ことのなかに、「考えなければいけない」イシューが埋め込まれている。みえているのにみようとしないものが溢れている。だからこそ、考えようとしなければみえないのである。なぜ女性の賃労働は安価なのに、性産業は女性に高値をつけているのか。売春をしている女性は自分の選択でやっているのだからいいじゃないかという前に、もし売春が最低賃金と同額であったらどれほどの女性が売春に従事するのだろうか。なぜ、男性は集団で女性を買うのか。買春が存在し続ける社会のなかで、男女平等社会や暴力がない社会はつくれるのか。あなたはどう考えるだろうか。

第4節　学びの空間（3）――つながる力

1　当事者のちから――三十二枚の手紙

「今日は本当にありがとうございました。今日の話を聞いて本当にショックを受けました。自分の身近なところでこのように暴力がころがっていることを、私は見ないふりをしてきたのかもしれない、と思って情けなくなりました。私はしない、私は関係ない、という問題なのではなく、私にもつながっている問題なのだと感じます。それは被害者になる・ならないという意味ではなく、関係ないと割り切ってしまうことは私も加害者になるのだ、という思いです。この問題に関して何ができるのか、加害者を許さない・つくらない、そして被害者を生み出さないためには何ができるのかを真剣に考えることが、今日、話をしてもらったことへの精一杯の恩返しになると思って、これから生きていこうと思います」

女性福祉論の授業では、毎年、婦人保護施設で暮らした経験のある当事者の方々をゲストスピーカーとしてお招きし、学生にメッセージを伝えてもらっている。Aさんは、子どものころに施設に入所しそこで虐待を受けたこと、中卒後、経済的困窮のなかで性風俗の仕事に従事し搾取や暴力にあったことなど、ご自身の体験から影響の大きさについて語ってくださった。Aさんの想いは、自分と同じような辛い経験を他の人がけっしてしないように伝えたい、というものであった。街頭で配布されるティッシュや情報誌による風俗店情報、若者が性産業に吸引される仕組みは街中に張り巡らされている。一歩足を踏み入れるとどのように抜けられない仕組みになっているのか、そして、いかに身体的にも精神的にも大きな傷を受けるのか、そのことをAさんは学生に向けて丁寧に話してくれた。学生の感想文はすべてAさんに読んでもらった。そこには、学生のさまざまな迷いや痛み、友人や家族への思いなど、自己を開示する生の声が詰まっていた。それは、つながりや絆への学生の希求とも感じられた。風俗で働くということがどのようなことなのか、その現実を聞いたことについては、「今まで誰も教えてくれなかったことを知ることができた。知っておいてよかった。友達にも話したい」という声がたくさん寄せられている。

その後、Aさんから手紙が届く。学生に宛てて便箋三十二枚に、びっしりとメッセージが書かれていた。一つひとつの学生の声に応えようと、授業があった日のその夜に書き上げてくれたものである。

「みなさん元気にしてますか。私の話を最後まで聞いてくれて有難うございました。みなさんには過激すぎないかとかいろいろ考えながら話しました。それでも、現実の話をわかりやすく伝えようと決めました。私も恥ずかしい言葉などありましたが勇気をもって伝えました。そして帰ってみなさんからのメッセージを見てずっと泣きながら読みました。みなさん、私のことを考えてくれて本当に嬉しかったです。一つひとつの言葉が心にしみました。(中略)

正直いま自分がどうしていいのかわかりませんと、書いている人もいました。せっかく今の大学に入って仲間や先生がいるんだから、勇気をもって相談してください。私もできたら大学くらいからやり直したいです。辛くなったり風俗のバイトに進みそうになったら私の話を思い出してください。(中略)

私にしたら大学まで行ってすごいな、と思います。それだけでも誇りに思って自信をもって頑張ってください。早く自分の道が見つかるといいですね。あなたが必ず幸せになれるよう祈っています。

大学生の私たちはどんなふうに映りましたか、という質問もありました。私は大学生は別の世界の人だと思っていました。そして男の人もいるということでとても緊張していました。でも、今日会って感想を書いてくれた文章を読んでいると男のかたも女のかたもとても社会のことについて真剣に考えてくれている。そして、社会の為に役立とうとしている、とても立派な人たちだと思いました。私は本当は児童養護施設で働きたかったです。私みたいな犠牲者が出ないためにも小さい子にはたくさん愛情をあげたいと思っていました。私の想いと一緒にみなさん頑張ってください。みなさん思いやりのある方ばかりで心が洗われました。

たくさん辛いこともあると思いますが諦めないでください！　希望の光を見つけてください。そして最後には幸せが待っているように祈っています。私も一つひとつ頑張っていくので、みなさんも頑張ってください」

一人ひとりの学生のいのちに向かい合うAさん、教員としてあるべき姿を目の当たりにした。脱帽であった。教育とは、まさに臨床的であることを実感させられた。

2　社会的に生きる――ひとりから始まる

人生のなかで三十二枚もの手紙をもらったのは初めてだ、という学生の声。三十二枚に込められたAさんの同じ時代を生きる者として祈りの気持ちは、さらに学生の心に届いていった。性差別とは無縁だと感じていた学生も、性と生は一体のものであること、実は自分の不快な経験や心の傷も、ジェンダーと関係のある事象であることに気づく契機となっている。また、差別の仕組みそのものへの気づきを深めている学生もいる。

「見た目の違いをカテゴリー化して、そこに権力によって待遇や関係の優劣をつけることが、差別の根幹になることを学びました。最初は、権力が差別をつくっていくと考えていたのですが、権力はあくまで差別をつくる出発点のようなもので、実際はその権力によってつくられた〝仕組み〟に上手く組み込まれた自分自身が差別をつくりあげる（また、エスカレートさせていく）ことに気づきました。なので、一人ひとりが差別を見抜く力があれば、差別はなくなっていくかもしれないと考えています。差別ができる過程には、カテゴリーが上手く利用されていますが、カテゴリーには目に見えるものと見えないものがあると思います。（中略）私は世間には〝女性〟にカテゴリー化されていますが、女性に対して差別意識をもつことがあります。風俗の店の看板や電車の吊り広告を見ていると、その人のことを何も知らないのに〝同じ女性として恥ずかしい〟とか〝好きでやっているのか?〟などと偏見をもち、女性と男性のカテゴリーではなく、女性を二分化するカテゴリーをつくっていた自分の醜い部分が見えた気がして、自己嫌悪に陥ります。自分自身が何に対して、なぜカテゴリーをつくりあげるのか、意識しなければ気づけないことがたくさんあると思います」

この学生の感想では、性を基軸とした差別は、「女性 対 男性」の二元構造を問題視するだけでは解消できない仕組みがあることへの気づきが考察されている。法律・制度・教育・文化・慣習など、あらゆる次元に浸透し、それらが相互に補強して機能する性差別の構造を、セクシズムという。セクシズムを解体するには、重層的な構造をみえるものにしていかなければならない。みえなくさせている仕組みのひとつが、女性を分断する仕組みであることに学生は思い至っている。そして、傍観者としての自分ではなく、差別の仕組みのなかに自分を携えてみる視角から考えはじめていることがわかる。

また、婦人保護施設で暮らすBさんが、父親や夫から暴力を受けてきた経験を語り、「暴力は絶対にいけません、なくしていきましょう」というメッセージを伝えてくださったおり、ある男子学生は次のような発言をしている。「今日、僕は改めて自分の父親のことを考えました。今日の話を聞くまで、自分の父親は弱くてかっこ悪いと思ってきました。しかし、今日気づきました。父親は一度も暴力をふるったことはなく、威張った態度もしない、と。今日はじめて父親を尊敬することができました」と。強固な男らしさの規範は、このようなかたちで親子の絆にも介在していたのだと、改めて気づかされた発言であった。

私は、買春や女性への暴力は、性差別の原因でもあり結果でもあると考えている。そしてそれは、人びとのつながりや絆を裁断し、尊厳を侵害する。だからこそ、買春や暴力について、考え、語り合うことが必要だと感じている。Aさんの話を聞いたある男子学生はこう書いている。

「今日勇気を出して話してくださったAさんのためにも、少しでもAさんのような辛い体験をする人が少なくなるように、自分ができることを考えていきたいと思います。とりあえず、女友達が軽はずみに風俗の道に進むのを止めるということと、彼女のことをもっと理解して傷つけることのないようにしたいと思います。今までAさんを傷つけた男性に代わって、同じ男性として謝りたいと思います。本当にごめんなさい。今日教わったことをたくさんの人に伝えて、暴力を少しでもなくせるようにしていきたいと思います」

重層的に張り巡らされる性差別の仕組みのなかで裁断される絆、そこに思い至ったとき、学生は自分にできることを自ずと考えはじめている。ひとりから始まる――主体としての学生のちからが発現されている。(＊4)それは、社会的に生きる道筋の模索でもある。

第5節　学びの空間（4）――学び落とす力

1　連帯の契機――当事者とは誰か

人間社会のジェンダー・バイアスを問うには、生物学的な性とされるセックスとジェンダーがいかなる関係にあるのか、という議論が必須である。セックスがジェンダーを規定するのか、ジェンダーがセックスを規定するのか。やや込み入った議論であるが、ジュディス・バトラーは「セックスは、つねにすでにジェンダーなのだ」として、「セックスとはジェンダーと同様に、社会的に構築されたもの」と指摘している(Butler, 1990, pp. 8–29)。この論争にここでは深く立ち入れないが、セクシュアリティ研究のなかで、生物学的な性、性自認（自分の性をめぐるアイデンティティ）、性指向（誰を愛するか、性愛の対象）の視角から性の多様性が議論されていることは、重要な点である。人間の総合学として人間にアプローチするならば、性の多様性を抜きに考えることはできない。

そこで、ジェンダー論の授業では、同性愛やトランス・ジェンダーについて考えることを必須課題にしている。これまで何人もの学生が、リアクションペーパーに自身のセクシュアリティについて記述してくれている。トランス・ジェンダーである自分について、授業で話をさせてほしいと申し出てくれた学生もいる。卒業前に、自分にできる学生への置き土産として話したい、との申し出であった。その学生は、「血液型が

＊4　「ひとりから始まる」という言葉は、アムネスティ・インターナショナルのパンフレットを参照している。

いろいろあることが自然なように、性のあり方もいろいろあることが自然だと思えるような社会になってほしい」と授業で発信し、一人ひとりが「ありのままの自分でいていい」というメッセージを残し、卒業していった。

またある学生は、同性愛であることを通しみてきた社会の在り様について、授業で話をしてくれた。「私を〝ゲイである〟ことによって語り尽くすことはできない、〝ゲイである〟ことを私によって語り尽くすこともできない。しかし、私が〝ゲイ〟として立たされてきた歴史を語ることは、否応なく私を〝ゲイ〟として立たせてきた異性愛主義社会について語ることにほかならない」という指摘は、当事者とは誰なのか、という鋭い課題を提起している。この学生は、「同性愛（者）」差別の本質は、「ひとりの人間がひとりの人間を愛する、それを否定すること」＝「人間の尊厳の否定」であるとして、どのような思想・信条をもってもい い、けれど人間の尊厳を傷つけることは許されない、と主張している。異性愛主義社会のなかで、同性愛と名指される者は、自己肯定観（感）をさまざまなかたちで剝ぎ取られている。そこで重要なのは、異性愛者が内在するホモフォビア（同性愛嫌悪）・ヘテロセクシズム（異性愛主義）を、異性愛者自身がいかに克服していくか、という課題である。この課題に異性愛者が気づき、克服していく過程で、真の連帯の契機はもたらされるであろう。

「結婚は生涯を共にしたいと思う者同士がするものであって、それが同性だったらダメだなんておかしいことです。誰もが好きな人と幸せになることができる世界がすごく楽しみです」

「異性であるか同性であるかよりも、誰と愛し合えるかが重要なのではないでしょうか」

このような学生の素朴な感想は、社会に共有されている価値ではない。とりわけ、ジェンダー秩序を内包した家族制度を維持している日本社会の壁は強固である。

2　UNLERN――わからなさの前で踏みとどまる

一人ひとりの尊厳が尊ばれる社会に一歩一歩近づこうとするとき、自明視されてきた「常識」という壁を壊し、創っていかなければならない。そこで必要とされるのが、UNLERN――学び落とす力、である。[*5]

「主人」と「家内」。あまりにも聴きなれた言葉であるが、人の主となる者が男性、家の内にいる者は女性という構図を表している。学校では、婚姻届を出して男と女が結婚することが当然であると教えられてきたなかでは、結婚とはそもそも何なのかすら問われない。そのように植え付けられてきた知識をいったん学び落とし、自分自身の感性と感覚を通して学び直すプロセスが、みようとしなければみえないものをみる力を鍛えるプロセスでもある。家族って何？　という問いを追求した家族福祉論のレポートに、ある学生はこう書いている。

「自分で考えて何かを生み出すためには、自分自身と向き合わなければいけないこともある。その過程で傷ついたり立ち止まってしまうこともある。それだけ大変なことが待ち受けているかもしれない〝考える〟ということから逃げ出すための逃げ道が、一般的な定義を受け入れることなのかもしれない。しかし、あまりにも多くの人がその利便さに頼ってしまって自分の考えを生み出さなくなってしまったら、そのときに逆に生まれ出てくるものがある。それがきっと差別なのだと思う。（中略）正直に言っ

＊5　UNLERN については、ジェンダーやフェミニズムの教育論、ドメスティック・バイオレンス研修などにおいて使用されている。たとえば、堀田碧「女と男講義案内」http://www.wako.ac.jp/~hotta/index.html(2009. 01. 09) などを参照。

てしまえば、私にはどうしていいのかさっぱりわからない。わかってしまってもいけないとも思う。わかってしまうことは考えることを止めてしまうことになるような気がするからだ。（略）」

価値観の多様化のなかで、人間存在についても多様性が認められるようになってきたかにみえる。そのような言説も多い。しかし、「いろいろな生き方があっていい」という論調のなかには、自分のこととしてではなく、他人事として他者の在り様をみるまなざしものぞかれる。他人事としての形式的な許容や認容は、真の共生社会への道筋には連ならないであろう。家族とは何か、その問いに向き合いながら書いたこの学生のレポートは、「わからない」「わかりたい」「簡単にわかってしまってはいけないとも思う」という、異なる次元の循環のなかで考え続けていくことの意義について、自分自身の感情を通して論考している。

また、他の学生はこう綴っている。

「正直、今、どうしたらいいか、どうしたいのかわかりません。私もたくさん考えていきたいと思います。考えることをあきらめません。考えることを止めません。考えることを大切にします。そして、一歩一歩進んでいきたいと思います」

教室という空間は、自分のことと他人のことを「私たちのこと」として描き出す学生の力が交錯する、知の磁場である。

第6節　大学という現場

1　小さな告白――「先生と呼ばれる職業にはつきたくない」

どのような仕事をし、どのように生きていきたいのか。まだ若かりしころに思い悩んだ記憶は、誰にでもあるだろう。そのような記憶の糸をたぐり寄せると、私のなかにはまっさきにこの言葉が浮かんでくる。進路は決まっていなくても、先生と呼ばれる仕事につくことだけはしない、ということははっきりしていた。先生という言葉は、まるごとの自分が裁断されるようなイメージで覆われていた。人とともにいる仕事がしたかったことも、また事実であった。結論として、社会福祉の現場で働くことを選択。そこで知った現実を前にして、転職を決意した。

転職の動機はたしかであったはずだが、体は素直だった。施設を辞め、大学に勤めはじめたころ、会議の最中に体の変調を感じる。元気印が自慢のはずの私が、会議を退席して病院に直行。大きな病気ではなかったが、体が発したサインは、心の揺れを正直に表していた。「長々とやっているこの会議の時間がもったいない」「この時間があるなら、現場でもっとかかわっていたい」心のなかでは、そう思っていたことに気づいた。実習先に巡回訪問に行っても、ふと「どうして私は今ここに座っているのだろう」「どうしてエプロンをして働いていないのだろう」と、無意識に思考していた。まさに、「先生」一年生であった。

2　いのちのバトン

それから十年以上の歳月が流れ、今、ここにいる。学生とともに学び合い語り合う日々は、教育の魅力を満喫させてくれている。まさに、大学は現在の私にとっての現場である。

むろん、試行錯誤の十年であった。はじめて非常勤でジェンダー論の授業を担当した際、学生がこう感想を言葉にした。「この授業は朝からカツ丼を食べているような感じだ」。一限の授業だったこともあり、さも、脂ぎって胃袋に負担になる授業、というイメージだったのだろう。今思い出してもこの言葉には苦笑する。社会への怒りを自分の根っこに抱えていた私は、ひたすら社会の矛盾を教えようと躍起になって、まるごとの学生をみる、まるごと学生を感じる、ということがすっぽりと抜け落ちていた。そのような自分を変えてくれたのは、実習教育である。個々の学生と向き合う時間、またグループのなかで素の自分を出したり引っ込めたりしている学生に触れる時間は、学生という存在を贅沢に感じることのできる時間であった。

大学に入学する年齢はさまざまであるが、ここでは仮に十八歳としておこう。授業を通し、学生とかかわりながら感じさせられてきたことは、学生一人ひとりが自分の人生をひっさげて今ここにいる、ということである。十八年という歳月。それは、大人が過ごす十八年とは景色もスピードもまったく違う時空であろう。一年生はよくこう言う。「うーん、子どもなのかなあ、大人なのかなあ、自分は……」。人間の社会に子どもとして生きる感性は、海綿のごとくあらゆることを吸収していく。しかし、吸収して栄養になるものばかりでなく、息苦しくなることまでも吸収する。十八年という人生の重み、そして、そこから何者かになろうとあがく息遣いが、キャンパスという場にはある。その息遣いはまさに社会の鏡でもあり、社会へのエネルギーでもある。キャンパスという空間は、不思議なところだ。学生一人ひとりが社会人となっていくプロセスを支える場であるばかりでなく、学生という存在が発するエネルギーが未来を志向する磁場になっている。

そのようなキャンパスにいると、ふと、学生だったころの自分を想起する。痛みを感じ、あがきながらも、学ぶことで自分がみえ、自分の歴史を意味づけることができ、周囲と和解し、社会への視座を見出していったころ。いま目の前にいる学生たちの痛みも喜びも、まるごと受けとめたいと思う。そして、困難な社会であるからこそ、ともに共有したい言葉がある。「権利のうえに眠らず」——いまあるこの暮らしは、綿々と受け継がれてきた先達の闘いの歴史のうえに享受できている。足元にある歴史を感じることは、いのちの根っこを感じることでもある。

「私の母は、私が幼いころから『悲しいけれど、やっぱり男女の差別が職場にはあるの』と言っていました。女性も男性もあらゆる性差別と闘って生きていかなければならない社会ですが、闘い続けることもまた、辛く険しいものであると母を見て思いました。はなから差別を差別として受け取らない、あるいは認めない人も多くいますが、諦めの連続のなかで、差別を差別だと敏感に感じ取る心が疲弊してしまっている人も多くいるのではないかと感じています。循環よく、その心に新しい血液のような活力を送ることができるのは、少しずつの闘いの成果を出すことであると私は考えます。そして、その歴史を学びながら、また歩みを進めていくことこそが、母から私へと受け継がれたバトンであると思っています」(ジェンダー論の感想より)

福祉教育とは、いのちの歴史を根幹にすえ、差別と排除に抗する力を蓄えながら、いのちのバトンを未来につなぐ現場である。

3　一生かかって自分になる

ジェンダー論のゲストスピーカーとして長年にわたって講義していただいている方の一人に、河原井純子さんがいる。(*6) 知的障がいをもつ子どもたちへの教育に長年携わるなか、都立七生養護学校での性教育の実践「こころとからだの学習」について、東京都教育委員会による教材の没収をはじめ不当な介入をされた経験をもつ。(＊7) その経緯をもとに、河原井さんが人間として大事にしていることを、毎回伝えてくださってきた。河原井さんはまた、君が代不起立で停職処分を受けながら、普段着の実践としてその姿勢を貫いている。「決してあきらめず——雑木林の決意」という自作の詩には、社会や学校は多種多様な雑木が共生共存できる雑木林であってほしいという思いを、こう表現している。「雑木林が雑木林で生き続けるために。あなたがあなたで生き続けるために。わたしがわたしで生き続けるために。今ここにわたしたちは雑木林となる」と。

ジェンダー・バイアスからの自由とは、差異なき社会を目指しているのではなく、多様な差異が抑圧を伴わず共生共存できる社会を目指すものである。そのためには、一人ひとりが自分を自己定義する自由とともに、異なる思想や考え、他者存在そのものを認める力が必要とされる。「みようとしなければみえないものをみる力」は、私と他者と社会を繋ぎ、拓く力である。

私になろうとする木が、私として生き続けようとする木が、共生共存する雑木林。それこそが「私たち」という空間であろう。人間がかかわりのなかで生きる存在であるならば、人生はかかわりのなかで「一生かかって自分の木になる」素敵な旅路であるはずだ。社会福祉における「自立支援」もまた、そのような素敵な旅路を伴走する営みである。そのような旅路は、木が根っこをしっかり張れる豊穣な大地＝セーフティネットがあってこそ、可能となる。セーフティネットが崩壊しつつある現代、みようとしなければみえないものをみる力は一層試されている。

＊6　河原井純子さんについては、パンフレット『「茶色の朝」を迎えないために』（二〇〇六）ピースネット、などがある。
＊7　現在は、東京都立七生特別支援学校に名称を変更している。

【参考文献】

荻野美穂（二〇〇二）『ジェンダー化される身体』勁草書房
バトラー、J著／竹村和子訳（一九九九）『ジェンダー・トラブル――フェミニズムとアイデンティティの攪乱』青土社
フックス、B著／堀田碧訳（二〇〇三）『フェミニズムはみんなのもの――情熱の政治学』新水社

ひろがり

第II部　コミュニティと向き合う福祉教育

第7章

バリアフリーを考える教育
——知ること、経験することの意味

赤塚光子

第1節　見慣れればそれが風景になる——街のなかのシンボルマーク

図7-1は、国際シンボルマークである。車いすマークとも呼ばれている。一九六九（昭和四十四）年に国際リハビリテーション学会が定めたマークで、「障害者が利用できる建築物、施設であること」を示している。このマークは、国際シンボルマークとして世界各国で使用されており、車いす使用者のみを対象としたものではなく、すべての障害者を対象としたものとして制定された。一般の車、バス、あるいはトイレなどで、よく見かけるようになっている。

図7-1　国際シンボルマーク

図7-2　目の不自由な人を表す国際シンボルマーク

ではこの標識はどうだろう（図7-2）。

図 7−3　耳マーク

図 7−4　身体障害者補助犬啓発マーク

図 7−5　聴覚障害者標識

見かけたことがあるだろうか。このマークは、世界盲人連合が一九八四（昭和五十八）年に定めた、盲人を表す国際シンボルマークである。「このマークを手紙や雑誌の冒頭に、あるいは歩行用に自由に使用してよい。色はすべて青にしなければならない」としている。押しボタンにこのマークがついた信号機は、視覚障害者が安全に渡れるよう、信号時間が通常より長く設定されている。

図７‐３は、耳マークと呼ばれている。一九七五（昭和五十）年に、名古屋市でこのシンボルマークが制定された。見た目には不自由さがわかりにくく、話し言葉で意思疎通を図ることが難しい聴覚障害者が、聞こえないことを相手にわかってもらうために使用するものとして、全日本難聴者・中途失聴者団体連合会がこの耳マークの普及活動を進めている。病院や銀行などで名前を呼ばれるようなとき、このマークの入ったシールを見せておくことで、耳が不自由であることを伝えることができる。また、窓口にこのマークとともに「筆談」の用意があることを表示している場所もある。そこでは、耳が不自由であってもコミュニケーションができると、安心感をもつことができる。

図７‐４は、身体障害者補助犬啓発マークである。身体障害者補助犬とは、盲導犬、介助犬、聴導犬のことで、公共施設、交通機関、デパート、ホテル、レストランなどに障害をもつ人が自由に同伴できる犬のことである。この啓発のために、施設や店の入り口に貼られている。

二〇〇二（平成十四）年に身体障害者補助犬法が施行され、最近、このマークを見ることが多くなっている。

さて、図7-5を見たことがあるだろうか。これは聴覚障害者標識という。二〇〇八（平成二十）年の道路交通法の改正で、欠格事由が見直され、従来免許取得の基準を満たさなかった聴力の人も、車種限定、ワイドミラー設置を条件に、普通免許取得が可能になった。車を運転するとき、この標識を運転する車両に貼らなければならない。また、周囲の運転者は、このマークを付けた車両への幅寄せや割り込み行為は禁止されている。

ほかにもこうしたマークや標識がいろいろあり、目にする機会が増えている。これらのマークは、障害のある人たちが使えることを示すだけではなく、障害のある人たちが一緒に暮らせる社会であるためには、どのような配慮が必要なのかを教えている。啓発の意味合いも大きいのだ。

こうしたマークや標識は、見慣れればいつの間にか当たり前の光景になっている。すでに国際シンボルマークは、日常的な光景になっているマークといってよいだろう。ということは、それだけ、車いすを使用する人たちや障害のある人たちが、以前よりずっと多く街にいるということだ。私がそこにいるように、障害のある人たちも自然にそこにいる。このことが大切なのだ。

身体障害者補助犬啓発マークを入り口に貼った店が、補助犬を伴う客の入店を断ることもなくなるだろう。買い物客として一緒になった人は、補助犬を自然な感覚で見るようになるだろう。聴覚障害者標識を貼った車が多く走るようになれば、周囲の車の運転手は、「あ、耳が少し不自由な方の車だ」とすぐに気づくようになるだろう。

これまで誰もが普通に暮らすことのできる社会を目指して、さまざまな取り組みがなされてきた。しかし、まだまだ障害のある人たちには生きにくい社会だという現実がある。これらのマークは、私たちが目指す社会を示すマークであり、いつかこのようなマークが不要となる社会を目指すマークでもあるのだ。

そうした現実に気づくこと、知ること、出会うこと、学ぶこと。こうしたことが必要だ。知らなかったことが自分のなかに取り込まれ、意識に定着していく。何かを見る目も違ってくるし、見えなかったものが見えてきたりもする。

そして、見慣れれば、それは違和感のない風景になるのだ。今は、そういう状況をつくっていくことが重要な時期であるといえる。

第２節　「心のバリアフリーを考える」という授業

立教大学には、全学共通カリキュラムという授業形態がある。

「『全学共通カリキュラム』は、専門分野の枠を超えた幅広い知識と教養、総合的な判断力と優れた人間性を養うことを目的とした、全学部の学生を対象に、全学部によって運営される共通のカリキュラムであり、まさに『リベラル・アーツの立教』を具現化する、大学教育のあたらしい『かたち』と言えるでしょう」（立教大学全学共通カリキュラム運営委員会）。

高齢者や障害のある人などが「生きにくい」状況に気づき、このことについて知り、考える授業は、「専門性に立つ教養人の育成」を目指すこの教育にふさわしい。しかも、この授業では、学生に生の言葉で語りかけるゲストスピーカーを外部からお呼びすることができる。そこで提案したのが「心のバリアフリーを考える　誰もが暮らしやすい共生社会を目指して」という授業である。

シラバスで示した授業のねらいは、以下のとおりである。

1　授業のねらい

社会にはさまざまなバリアが存在していて、障害のある人たちを暮らしにくくさせている。これは、社会が障害のない人たちを基準につくられてきたことが、その原因の一つである。近年、超高齢社会となり、「ハートビル法」や「交通バリアフリー法」などが制定されたことにより、建築物や公共交通機関のバリアフリー化がようやく進められてきた。段差がなくなり、エレベーターが設置されるなど、車いすを利用している人の生活がしやすくなってきた。目の不自由な人、耳の不自由な人に対する配慮も進んできた。こうした物理的なバリアとともに、制度的なバリアの解消を、もっと進めていかなければならない。

さらに重要なこと、それは私たちの心のなかにあるバリアの解消である。「障害のある人は、自分たちとは違う人のような気がする」。学生たちからこうした言葉を聞くことがある。「なんだか怖い感じがする」という学生も。しかし、この言葉は、実際に障害のある人と話したり、生活の様子を知ったりすることで、こう変わる。「自分のなかにあった偏見は、知らないことから生まれていたのだ」と。

そこでこの授業では、障害のあるご本人や関係者に、ご自分の体験や仕事を通して考えることを、生の声で語っていただくことにした。

知ることが第一歩なのだ。自分のなかにある障害観や人間観を見つめなおし、誰にもやさしく、誰もが生き生きと暮らすことができる共生社会づくりを考えてほしい、これがこの授業を企画した担当者の願いであった。

2　授業の実際

授業は、二〇〇三（平成十五）年度から二〇〇八（平成二十）年度までの六年間続いた。サブコーディネーターは、身体に障害をおもちの中澤信氏（株・バリアフリーカンパニー代表取締役）に依頼した。登檀していただいたゲストスピーカーは、延べ六十九人になる。

履修希望学生が多かったため、上限を三百人と定めて抽選で履修学生を決めなければならないほど、学生の関心度の高い授業として定着した。

ゲストスピーカーに登壇していただいた六十九回のうち、身体障害（車いす使用、視覚障害、聴覚障害、盲ろう障害、呼吸器障害）、知的障害、精神障害のある当事者が三十一回、障害児をもつ親御さんが六回登壇と過半数で、その他の講義は、仕事を通して障害のある人たちに関係している人たちであった。複数年度にわたって登壇していただいた方も多い。

二〇〇六（平成十八）年度の具体的な展開例は以下のとおりであった（お名前は省略）。

第1回　オリエンテーション
第2回　視覚障害、呼吸器障害のある立場で
第3回　聴覚障害のある立場で
第4回　立教大学ボランティアセンター・身体しょうがいしゃ支援ネットワークから学生に伝えたいこと
第5回　ユニバーサル製品の開発者の立場で
第6回　建築設計士、福祉住環境コーディネーターの立場で
第7回　精神障害（統合失調症）のある立場で
第8回　知的障害のある立場で
　　知的障害のある人たちの支援者の立場で

第９回　肢体不自由による車いす使用者である弁護士の立場で
第10回　ＴＶ報道というマスメディアにかかわる立場で
第11回　自閉症と知的障害を併せ持つ子どもをもつ母親の立場で
第12回　バリアフリーを進める市行政の立場で
第13回　まとめ

当事者や親御さんからはまず、ご自分の生活のなかで実感したことや具体的なエピソードなどが語られた。そして、ご自分が仕事としていることや、社会的な活動として取り組んでいることに、話が進められた。ゲストスピーカーからは、幅広い領域の話をいただいている。他の年度も合わせると、スポーツ（パラリンピックなど）、演劇活動、旅（交通、ホテル）、視覚障害者・車いす使用者としての市会議員活動、地域活動、映画製作、絵本づくりなど多岐にわたっている。

どのゲストの話も、学生たちにとってまさに目からウロコの話が多かったようである。ここでは、障害のある当事者の授業を取り上げてみよう。

3　障害当事者の授業――精神障害者

精神障害（統合失調症）のある立場でお話しいただいたのは、有村律子さん。有村さんは、全国精神障害者団体連合会の事務局長である。有村さんは、出演されたＮＨＫ「生活ほっとモーニング」の「無理解をなくそう統合失調症」のビデオを見せ、統合失調症とは何かの理解をすすめながら、十八年前に統合失調症を発病したときのことを語りはじめた。旦那さんのことで苦しくどうにもならなかったころのこと、そのときの発病、入院、周りからの冷たい視線、家族の支えのなかでの長い治療の時期、そして今、当事者団体の仕事を行う生活をするようになったこと。子どもも大変だったと思うのに、ある日子どもが「お母さんの子どもで良かった」と言ったことなど。

ＮＨＫの番組をきっかけに出版された『統合失調症を生きる――当事者・家族・医療の現場から』（二〇〇五）の最初に、チーフプロデューサーの松居径氏が書いている文章もレジュメで紹介された。

「いま、日本で統合失調症およびそれに関連する精神の障害に悩む人、およそ七十三万人。その数は、胃潰瘍・十二指腸潰瘍を患う人およそ七十八万人とほぼ同じ。そして一生の間に統合失調症にかかる人は、およそ百人にひとり。ご存知でしたか。恥ずかしいことですが、私はびっくりしました。実はこの番組を担当するまで知りませんでした。

数年前まで精神分裂病という病名で呼ばれていた心の病、統合失調症は、たとえば胃潰瘍のように決してめずらしくない病気です。にもかかわらず、私たちはそれがどのような病気なのか、どんな症状でどんな治療法があるのか、またどんなことに気をつけながら養生すればよいのか、考えてみるとよく知りません。そして心の病というだけで、わけのわからないもの、恐ろしいものというイメージだけが先行しているのではないでしょうか……」

◆有村さんの話を聞いた学生の感想

- 法律科目の授業で、「統合失調症」という言葉を判例のなかで見たことがあるが、詳しくは知らなかった。訳のわからないもの、恐ろしいと思う気持ちが先行していたと思う。正しい理解ができてよかったと思う。
- 今日の統合失調症の話を聞いて、病気をもった人たちが不快に感じることなく社会で暮らせるためには、みんなに病気のことを知ってもらうのが一番だと思いました。実際、この病気のことを初めて聞いた人は、私を含め多かったと思います。

●私は、統合失調症について初めて知りました。そして有村さんが発症するまでのお話を聞き、どれほどの精神的負担を抱えていらっしゃったのかと思うと、胸がいっぱいになりました。そして、こういうときに支えてくれるのは、家族や周りの友人といったたくさんの「人」であることを再認識しました。不可解な言動などの症状が出るために回りから理解されにくいことがあると思いますし、犯罪に結びつけられてしまいがちな状況を作り出している社会の仕組みもまた「バリア」なのだと思います。こうして一人ずつ統合失調症について知る人が増えて、間違った情報が世間に出回ることがなくなればよいと思いました。

毎回のリアクションペーパーに、履修学生たちは素直な感想を綴ってくれていた。社会に出る前に、それまで自分とは無縁であったことを「初めて知った」こと、「具体的に知った」こと、それをもとに考える時間をもったという経験が、その後の人生に何かをもたらしてくれているだろう。

4　さらなる展開へ

「心のバリアフリーを考える」の授業は、二〇〇八（平成二十）年度に修了した。

二〇〇八（平成二十）年度からは立教大学ボランティアセンター（以下「ボランティアセンター」という）が提案者となって、全学共通カリキュラム「ボランタリーアクティビティー」が開講している。また、同時に、手話や点字を取り上げた授業が、全学共通カリキュラムの人権科目で「点字から考える人権」「手話と人権を考える」として実現した（各半年度授業）。

第3節　バリアフリー環境を目指す大学の取り組み

1　立教大学身体しょうがいしゃ（学生・教職員）支援ネットワーク

現在、立教大学には「立教大学身体しょうがいしゃ（学生・教職員）支援ネットワーク」（以下「ネットワーク」という）がある。ネットワークは、「身体に障害をもつ学生や職員の学業上、職務上およびその他キャンパスでの生活上の不便を軽減するため、これに関連する大学内の連絡、調整を図り、身体に障害をもつ人にとってより開かれた大学のあり方を検討・提言等を行うこと」を目的とする、全学的な組織である。

立教大学には、戦前から点字を利用する学生が学んでいたと聞いている。その後も、障害のある学生が入学すると、その都度、その学生を支援する体制が組まれてきたようである。こういう素地があって、それが現在の支援に結びついている。

記録を見ると、身体障害学生への組織的支援の始まりは、今から約二十年前にさかのぼる。当時、文学部二年に在籍していた全盲の学生から教務部に、「レポートまたは口頭試問で行われてきた試験について、点字による出題、点字による解答ができるようにしてほしい」という要望が出された。一学部、一担当で対応するには難問が多々あったことから「身体障害学生に関する委員会（準備会）」が教務部内に設置されたのが、一九八八（昭和六十三）年であった。

その後、支援の対象は全盲の学生、弱視の学生、肢体に障害のある学生、聴覚に障害のある学生と、そのときどきに支援を必要とする学生に対応しながら拡大していく。現在は、教職員も対象となっている。学生への支援の範囲も広がり、現在のネットワークが準備会を経て正式に設置されたのは、一九九五（平成七）年であった。

私が立教大学に教員として赴任したのは十年前の一九九九（平成十一）年であったが、私の専門が障害福祉であることから、すでに設置され機能していたネットワークにアドバイザーとしてかかわり、学内設備等についての意見を述べ、具体的な支援の構築に加わるなどしてきた。

現在、ネットワークはチャプレン室事務課、人事課、施設課、教務部、学生部、キャリアセンター、図書館、保健室、メディアセンター、ボランティアセンター、新座キャンパス事務部の職員を構成メンバーとし、まさに全学体制で運営されている。また、各学部および全学共通カリキュラム運営センター、独立研究科、法務研究科に配置された支援担当教員がネットワーク拡大会議に出席し運営に加わっている。

2　立教大学における障害のある人への支援

立教大学における障害のある学生への支援は、受験時から相談に応じ、不利にならない対応がなされている。

入学の手続きが済むと、申し出により以下のような支援が提供される。

◈入学後の定期的面談

第一回目の面談は入学手続き終了後に行い、その後、定期的に面談を行う。学部・研究科の担当教職員が学生から必要な支援を聞き、それを具体化するとともに支援がきちんとなされているか、さらに不都合なことはないかなどを学生本人に確認しながら支援を行っている。また、学生には、関係する教職員がその情報を共有して支援することを伝えている。

◈授業支援

面談で確認した内容に基づいて、それぞれに必要な授業支援を行う。授業担当教員に知っておいてほしい内容のほか、授業時の緊急事態発生時の対応内容についても伝えている。

●視覚障害――点訳、墨字訳、配付資料等のデータベースでの提供、対面朗読、実験・実習等の介助など。
●聴覚障害――ノートテイク、パソコン文字通訳、手話通訳、実験・実習等の介助、映像資料の音声の文字起こしなど。
●肢体の障害――車いすで使用しやすい机の配置、教室間の移動の介助、実験・実習等の介助など。

◆その他

スポーツ実習で適合するスポーツを考えていく授業の実施、定期試験時の特別措置、その学生に使い勝手の悪い学内設備等の改善、キャリアセンターによる進路・就職支援なども行われている。障害のある学生や教職員のキャンパス内生活利便のために、校舎等の建物には、車いす対応トイレ、音声つきエレベーターや、段差のある箇所へのスロープの設置、誘導ブロックの設置、自動ドア化、車通学者のための駐車場の用意などがなされている。

支援の機器類も整備されてきた。以下に挙げてみよう。

●肢体不自由対応――教室内段差解消スロープ、車いす対応机など
●視覚障害対応――音声ガイド付きパソコン、活字原稿読み取り用スキャナ、点字プリンタ用パソコンおよび点字プリンタ、立体コピーシステム、点字テープライタ、拡大読書機など
●聴覚障害対応――ノートテイク用パソコン

画面読み上げソフトや点訳ソフトなどの各種ソフト、点訳図書などの図書類もそろえられてきた。

立教大学における障害学生等への支援の体制は、障害のある学生の〝不便を軽減〟しようという姿勢が大学にあって、当事者である支援を必要とする人たちの意見を受けとめ、その支援のあり方を検討しかたちにしていくという、このような作業を積み上げて整理しながらつくられてきた。

「教職員のための身体しょうがい学生支援ガイドブック」は、すべての専任教職員に配付されている。また、支援を必要とする学生、支援をする側の学生にも、内容を紹介したガイドブックが配付されている。また一般学生には、障害理解のためのリーフレット「身体しょうがい学生支援のしおり」が配付されていることも付け加えておく。

3　障害のある学生へのサポート、バリアフリー環境作りへの学生の参加

前述したように、立教大学における障害学生等を支援する具体的な環境整備は、障害のある学生の意見や要望を土台として行われてきた。障害のある学生にとって困難度の少ない環境を目指し、障害のない学生と一緒のキャンパス環境を用意してきたのだ。

このことは、障害のない多くの学生にとってどうだったのだろう。学生たちは、障害のある学生たちと一緒に学び、キャンパス内外で活動を共にする。そのかかわりのなかで、障害のある学生をサポートしたりもしている。それは、気張ったり気負ったりして行うものではなく、友人だから一緒にいる私がちょっと気遣うのは当たり前というような、ナチュラルなサポートだ。どう手伝ったらよいのかも、頼まれるままにやってみるなかで、自然に学んでしまう。ここに、難しい理屈などはない。サポートをしながら学んでいるこの経験は、あえていうならば「心のバリアフリー」の原点となるものだろう。そこで、人を大切にする気持ちも育まれているかもしれない。

ある学生たちは、一緒にいてさりげなくサポートをするだけでなく、障害のある友人がもっと自由に行動

できるようにと、周囲に働きかけるところにも進んでいく。

◆あるガイドヘルパーとの出会い

私は、ある出来事、人物を思い出している。

一九八〇年代の終わりごろ、「共に生きる」という言葉はよく聞かれたが、街のなかのバリアは今よりあふれていたころの話、つまり、車いす使用者が自由に外出して、皆と同じように生活を楽しむ環境が今よりずっと制約されていたころのことだ。

障害のある人たちの自立生活を進める調査で、私は大阪市に行った。親元から独立して生活していた、ケアをすこぶる多く必要とする若い男性Aさんの家を訪問した。ホームヘルパーのほかに、大阪市では早くから外出を支援するガイドヘルパーの制度があり（とても使いやすい制度であると聞いたが、詳細は省略する）、その日も、外出の予定があったのか、年頃は同じくらいの若い同性のガイドヘルパーがそこにいた。毎日の暮らしについてのインタビューをひととおり終えたあと、二人の会話が始まった。

「今日はゲームセンターに行くんだったな」

「でも、Kはだめだ。入り口に段がたくさんある。Mにしよう」

「Kにも言わないといけないな。あの段を何とかしてもらおう。Kに結構楽しいゲームがあるんだよ」

このガイドヘルパーはほかの仕事をしているようにも見えなかったので、どういう生活をしているのかさりげなく聞いてみた。すると、高校を卒業してからAさんのガイドヘルパーの仕事をしていること、大阪市から出るお金は少ないが、今は親元で暮らしているからこのお金をやりくりして生活できていること、自分がいなくなるとAさんはどこにも出かけられなくなるから、当分、Aさんと一緒に外出するこの仕事を続けること、そして、Aさんと一緒に入れないようなバリアのあるお店には、改善してほしいとAさんと一緒に話をしてきているのだという。そしてこう言った。「Aだって楽しく暮らしたいのは同じだよ」。

とくに福祉の勉強をしたことはないというガイドヘルパーをしているこの男性の、自然な言葉や行動に、私はえらく感銘を受けてずっと忘れられなかった。

◆新座キャンパス内のバリアフリー化

これと類似したことが、新座キャンパスで展開したのだ。

十一年前に、新座キャンパスにコミュニティ福祉学部と観光学部の二学部が開設し、新座キャンパスで学生たちが学びはじめた。立教大学では、すでに物理的なバリアフリー環境の整備の必要性をよくわかっており、これを念頭にキャンパスづくりが進められていたようだ。しかし、実際に車いすを使用する学生が学ぶようになると、十分ではない箇所が随所に浮かび上がってきた。いつの間にか、ボランティアサークルを中心とした学生たちが、車いすを使用する学生と一緒に自主的なキャンパス内のバリアチェックを行ったのだ。この動きは早かった。もちろん、この情報はネットワークに伝えられ、対応がなされた。

◆車いす対応バス走行の実現

学内のことについてだけではなかった。車いすを使用する学生は、大学最寄りの志木駅から路線バスを利用して大学まで通っていた。そのころ、車いす対応のバスが走っていたわけではなく、志木駅で「バスに乗ります」と大きな声で運転手に伝え、バスに乗せてもらっているところを、私も何度も目撃した。東京都内では路線や本数は限定されていたが、すでに車いすで乗車できるバスが走行していた。学生たちは、車いすでももっと楽に乗れるバスを走らせたいという。私もそう思っていたところであったが、学生に聞かれるままに、同じバス会社のあるバス路線では、近接している身体障害者施設の利用者や職員が中心になってバス会社と交渉を重ねた結果、車いす対応のバスが走行するようになったことを学生たちに伝えた。車いすを使用している学生も一緒に、学生たちはその運動をした人たちをたずねていった。そこで情報を得て、次にバス会社に交渉に出向いている。その時点でのバス会社の回答は、大学前を通る路線の道路は、道幅も狭く困難度が高いというものであった。しかし、その後しばらくして、車いす対応のバスが走るようになった。

◆聴覚・視覚障害の学生へのバリアフリー化

聴覚に障害がある学生が学ぶようになって、ノートテイクの講習会が行われるようになった。手書きのノートテイクに加え、パソコンを使ったノートテイクなども実施されるようになった。授業で映像資料を使うときは、音声を前もって文字起こししておくことも行われるようになった。

視覚障害のある学生が学ぶようになって、キャンパス内の誘導ブロックの設置の点検をこの学生と一緒に行い、気づかなかったところへの誘導ブロックの設置がなされた。「立教前」のバス停からキャンパスに誘導する誘導ブロックも、関係部局に要望して設置された。また、この学生の要望で、教員の研究室のドアには点字シールが貼られるようになった。

障害のある学生の周りに、学生がいるときもあれば一人のときもあった。障害があるからいつも誰かがいなければならない、ということではない。不要な手伝いというのもある。その人が必要とするときにきちんとサポートできることが大切なのだ。これは支援の鉄則だ。そして、障害のある学生が困らないような物理的な環境づくりは応援したり一緒に取り組んだり、また、ちょっとしたさりげない気配りや手伝いもしている。障害のある学生と一緒に学びながらさまざまな経験をすること、この経験を通して学ぶことの利点は計り知れない。

◆サポート学生の募集とボランティア機会提供

ネットワークでは、障害のある学生たちが必要としている支援を行うサポート学生を募集している。有償（一時間千円）のアルバイトとして、またボランティアとして、学生たちがサポートを担っている。対面朗読、ノートテイク、パソコン通訳、移動介助、実験等介助、実習介助がある。

ボランティアセンターでは、ネットワークと共催して、さまざまな初心者向け講習会、スキルアップの講習会を開催している。ノートテイク講習会、手話講習会、点字講習会、車いす講習会である。平成二十年度に開催されたノートテイク講習会には、池袋開催時に三十五人、新座開催時に十五人が参加した。

参加者の一人の感想。「ポイントがわかりやすく説明されていて、練習すれば自分でもできる気がした」。講習会を通して学んだことが、経験を通して生かされていく。これらは、学生たちへの経験を通したさまざまなことへの気づきの機会の提供でもあるのだ。

ボランティアセンターは、ほかにもさまざまな機会の提供を企画している。今年七月初旬に開催された、バリアフリー上映会『ツォツィ』映画鑑賞会&トークセッションもその一つ。「みんなで楽しめる映画鑑賞会ということで、視覚障害の方へは日本語上映、画面情景描写の音声ガイド付き、聴覚障害者の方へは日本語字幕上映、そしてトークセッション部分には手話通訳、PC文字通訳を付けた。また車いす利用者、視覚障害者の方への駅から会場への誘導サポート、休憩時間時のトイレ誘導などの支援で、なかなかこうした催しに参加することができない方に参加を呼びかけた」(ボランティアセンター運営委員会資料)。学内の諸団体が共催団体となり、それぞれの役割を分担した。豊島区が広報や視覚障害者へのインフォメーションを行うなどで後援した。企画趣旨に賛同し呼びかけに応えて集まったボランティアは、音声ガイド作成、バリアフリー対策班、当日サポーターなどの役割を引き受けた。バリアフリー対策班は、池袋駅から大学までのバリアフリールートなどの調査を行い、バリアフリーマップを作成したりもしている。手話サークル、写真サークルなども参加。参加者は、約百八十人と報告されている。

参加した一人の学生の感想。

「障害の有無に関係なく、みんなで一つの映画を楽しむっていうのがとても素敵な空間だなと感じました。このような空間が〃当たり前〃になってほしいと思います」

このような学生参加型の楽しい経験を通して、バリアフリーを考える機会の提供が、立教大学では始まっている。

第4節　飛驒高山のバリアフリーモニター旅行への参加

バリアフリー環境の整備は、いまやわが国全体の課題である。街の暮らしのバリアフリーへの取り組みはもとより、観光地のバリアフリーへの取り組みも開始されている。

一年めの「心のバリアフリーを考える」の授業に、ゲストスピーカーとしておいでいただいた草薙威一郎氏は、「もっと優しい旅への勉強会」代表者であり、障害のある人も普通に旅行を楽しめるようにしていく活動の先駆者のお一人であった。草薙氏と知り合ったのは一九八〇年代後半であったろうか。草薙氏からは、障害のある人が豊かに生きることについて考えるきっかけをいただいたり、旅に出ることもままならない障害のある人たちの実情などを教えられたりしてきた。

その草薙氏に請われて、「千葉県ユニバーサルツーリズム事業検討委員会」に委員として参加したのは、二〇〇四（平成十六）年度のことであった。

1　千葉県ユニバーサルツーリズム事業

ユニバーサルツーリズムとは、二〇〇〇（平成十二）年に経済団体連合会（現・日本経済団体連合会）が

「二十一世紀のわが国観光のあり方に関する提言――新しい国づくりのために」のなかで、「誰もが楽しめる観光（ユニバーサル・ツーリズム）の推進」として、高齢者や身体障害者等が困難を伴うことなく移動できるようなバリアフリーの観光まちづくりに取り組む」ことが必要であると述べたのが初めとされている。

検討委員会の報告書「千葉県ユニバーサルツーリズム事業――誰もが訪れやすい観光地づくりを目指して」では、次のように説明している。

「ユニバーサルツーリズム」とは、「ユニバーサルデザイン＝性別・年齢・国籍・能力のいかんにかかわらず、できるだけ多様な人々に適用できる製品やしくみをデザインすること」と「ツーリズム＝観光」をあわせたことばです。

また、一般的に言われる「バリアフリー」は、特別な配慮を必要とする人に対する特別な解決方法になりがちであるのに対して、「ユニバーサルデザイン」は、はじめから多様な人々の利用を想定して配慮を行う、より普遍的な解決方法といえます。

したがって、「ユニバーサルツーリズム」とは、「性別・年齢・国籍・能力のいかんにかかわらず、誰もがより深く旅の楽しみを享受できる環境づくりをめざすこと」といえるでしょう。

検討会委員会委員は、利用者代表（視覚障害のある方、聴覚障害のある方、電動車いす使用者、ナチュラリスト各一人）、市民団体代表として伊勢志摩バリアフリーツアーセンター所長、事業者としてホテル企画部長とＪＴＢバリアフリープラザ顧問（ご自身が電動車いす使用）、観光行政代表として飛騨高山観光誘致東京事務所代表、私も含め学識経験者二人の計十人であった。

それぞれの立場から千葉県の観光について意見が述べられ、委員のうち利用者が参加したモニター旅行の結果も踏まえて、ユニバーサルツーリズム実現を展望した報告書が作成された。この内容を書くスペースはないが、検討会などを通して知った全国各地の状況には、目を見開かされる思いがした。三重県伊勢志摩地域、岐阜県高山市、茨城県大洗町、岩手県盛岡市、アメリカのハワイ州オアフ島やブラジルのクリチバ市での取り組みまで、検討委員会で紹介されたり報告書に載せられたりしている。紹介された観光地は、どこも一度は訪ねてみたいと思わせるものがあったが、特に強烈な印象をもったのは、飛驒高山での取り組みだった。理由は、何点かある。

（1）高山市の政策として、一九九四（平成六）年という早い時期から取り組みがなされている。

（2）高山市の土野守市長が主導して、市を挙げて取り組んでいる。

（3）「住みよい町は行きよい町」のキャッチフレーズに示されるように、市民にも観光客にも福祉観光都市を目指している。

（4）継続したバリアフリーチェックが行われている。二〇〇一（平成八）年から毎年度、市がモニター旅行を実施している。

（5）モニター旅行においては、毎年度テーマを設定。たとえば、電動車いす使用者のバリアフリー観光課題発見、視覚障害者のバリアフリー観光課題発見、高齢者のモチベーション、冬のバリアフリー観光課題発見、情報面の観光課題発見など。そこで得られた課題は、市の取り組み課題となっていくシステムがある。

どうやら、高山市の取り組みは、検討委員会委員であった飛驒高山東京事務所の山本誠氏の全面的な支援で進められており、モニターによるチェックも含めてわが国のモデルとなっている様子がうかがえた。

2 「心のバリアフリーを考える」授業での出会い

二〇〇六（平成十八）年度の「心のバリアフリーを考える」において、「バリアフリーを進める市行政の立場で」というテーマで語ってくれたのは、高山市の土野守市長である。高山市のホームページを開くと、土野守市長のコラム欄がある。市長は授業について、こう書いておられる。

「（略）私からは、高山のこれまでのバリアフリーのまちづくりについてお話をするとともに、高山市の観光ＰＲもさせていただきました。

その後、７月12日に担当の赤塚教授から、当日参加の全学生のリアクションペーパー、感想文のコピーを送っていただきました。大量のため全部を読み終えてはいませんが、全体として高山市のまちづくりを肯定的に評価してくれており、特に『障がい者によるモニターツアー』の取り組み、公衆トイレの整備、民間のバリアフリールームの整備、外国人への対応に興味を示しています。

また、高山市のような動きが、他の地方公共団体に広がることを期待する意見が多くありました。更には、このような高山市に行ってみたいという意見もあり、嬉しく思ったところです」

3 飛驒高山モニター旅行の実現

さて、話は一挙に二〇〇八（平成二十）年七月のことになるのだが、このような縁のあった高山市の飛驒高山東京事務所所長の山本誠氏から突然電話があった。今年度のモニターツアーは、次世代を担う若者を対象にしたいので、相談に乗ってくれないかという内容であった。願ってもない話である。計画は以下のように決まった。

飛騨高山　モニター旅行のご案内

飛騨高山東京事務所

高山市は、超高齢社会を迎え、「住みよいまちは行きよいまち」をテーマに、バリアフリーのまちづくりを進めてまいりました。その取り組みは内外からの高い評価をいただき、年ごとに多くの観光客の訪れをいただき、さらに福祉や観光にかかる行政・学会の方々のご視察を受けております。

高山市はご高齢の方々・身体の不自由な方々が快適に過ごせる環境形成に努めておりますが、都市空間の課題発掘と解決にあたり、継続してモニター旅行を行っております。

本年は、次世代を担う青年層のモニター旅行の実施を計画し、とりわけ福祉・観光を学ぶ学生諸氏の参加をいただき、新たな課題発掘を試みたいと考えております。

その概要につきまして、下記の通りご案内をいたします。熱意ある方々の参加をお待ちしております。

記

一．日程　平成二十年八月二十八日（木）～三十日（土）

二．対象　立教大学において福祉・観光などに関心のある学生　十名程度

ボランティアセンターと連絡を取りながら計画を進め、学生十一人（コミュニティ福祉学部および観光学部、一年生から四年生）が参加するモニター旅行が実現した。学生たちのチェックは、参加者アンケート集としてまとめられ高山市に渡されたが、山本氏からは、学生たちの感性の良さを大変に誉めていただいた。高山市が、学生たちのチェックのどこを取り上げて改善を検討されるのか興味深い。

そして、大学から外に出てこのモニター旅行に参加した学生の感想。

●「バリアフリー・ユニバーサル化（ソフト・ハードの両方とも）」というのは、〝義務〟として創るものではなく、〝楽しんで〟創るものだということを学べたのが、私にとっての大変大きなお土産となった。

●費用をかけ、工事をすることだけがバリアフリーにつながるのではない。旅行をする人、そこに暮らす人、同じ空間にいるすべての人びとが「暮らしやすい町とは何か」「どこか不自由なことはないだろうか」と考えること、取り組むことが一番重要なことではないかと強く感じた。

●このモニターツアーに参加して、多分これからは、どこへ行ってもバリアフリー（ユニバーサル）を意識すると思う。この「意識」が多分、最も大事な原動力なのだろう。

おわりに

バリアフリーを考える教育は、難解なものではないし、きつい仕事でもない。むしろ、私もあなたも誰もが楽しく、安全に安心して暮らせるようにするにはどうしたらいいだろうかと考えることであるから、たとえ時間はかかったとしても、実は心地よい仕事なのだ。そのためには、知らなかったことを知識として身につけたり、そのことを経験を通して実感することが、何より大事なことだろう。第1節で述べたように、障害に関係するすべてのものについて、そこに「あること」や「いること」が当たり前の存在になることを、私は切望している。浮き上がった存在ではなく、溶け込んでいる存在であってほしいのだ。

この章の副題を、「知ること、経験することの意味」としたが、この意味がおわかりいただけただろうか。もちろん、人の命や気持ちを何より大事にすること、これがすべての大前提であっての話である。

【参考文献】

有村律子ほか（二〇〇五）『統合失調症を生きる――当事者・家族・医療の現場から』日本放送出版協会

ツーリズム・マーケティング研究所（二〇〇五）「千葉県ユニバーサルツーリズム事業――誰もが訪れやすい観光地づくりを目指して」

飛驒高山東京事務所（二〇〇八）「平成二〇年度飛驒高山次世代モニター旅行　参加者アンケート集」

山本誠（二〇〇三）『モニターが創ったバリアフリーのまち』ぎょうせい

立教大学身体しょうがいしゃ（学生・教職員）支援ネットワーク（二〇〇五）「教職員のための身体しょうがい学生支援ガイドブック」

立教大学身体しょうがいしゃ（学生・教職員）支援ネットワーク（二〇〇六ａ）「学生のための身体しょうがい学生支援ガイドブック」

立教大学身体しょうがいしゃ（学生・教職員）支援ネットワーク（二〇〇六ｂ）「身体しょうがい学生支援のしおり」

第8章

高畠町における地域福祉連携教育の試み
――「民俗としての福祉」の視点からとらえなおす

岡田哲郎・森本佳樹

第1節　はじめに――本稿の論題

1　「地域ケア型実習」を「高畠町」で始める

◆高畠町

高畠町は、山形県南部の置賜地方の中心都市米沢市に隣接した人口約二万六千人の町であり、一九五五（昭和三十）年前後に、二度にわたって一町五村（高畠町・二井宿村・屋代村・亀岡村・和田村・糠野目村）が合併して誕生した。この地が「もの成り」の良いということは、町自身が「まほろばの里」(＊1)をキャッチフレーズにしていることからも明らかであるが（初夏から秋に訪れたときの「農の豊かさ」を見れば一目瞭然である）、縄文時代の遺跡が多数存在すること、奈良時代から平安初期にかけて開かれたと伝えられる猫の宮、犬の宮、亀岡文殊、安久津宮などの古寺社が多いことなどからもうかがえる。また古来、関東地方か

＊1　原義は、優れた良い場所。転じて、山に囲まれた肥沃の地を指す。

ら出羽国に至る米沢街道の要衝として、武人や文人墨客などが往来したことがさまざまな資料からうかがえる。さらに江戸時代には、若干の断絶はあるが、おおむね天領として栄えてきた。(＊2)のちに考察する高畠町の「風土」や「地域特性」は、こうした豊かな歴史のうえに成立しているということを忘れてはならないだろう。(＊3)

もちろん、昨今の地方自治体の〝試練〟に、高畠町も直面していることはいうまでもない。しかし、これも後述するように、住民を中心とした「高畠力」を存分に発揮して、活力のあるまちづくりが展開されていることも、特筆すべき事柄だと思える。

◆「高畠実習」に至る経緯

「高畠実習」（高畠町全体をフィールドとする社会福祉援助技術現場実習）は、半分は偶然の産物である。以下、経緯について簡単に触れておきたい。

本学部の社会福祉援助技術現場実習（以下、実習）は、担当教員の専門に応じて領域ごとに取り組まれているので、「高畠実習」は「地域・公的扶助領域」ということになり、福祉事務所、社会福祉協議会（以下、社協）、地域包括支援センター(＊4)が主な実習先となる。しかしこれらの機関・団体は、四週間の実習を引き受けることを避けたがる傾向にあり、結果として二カ所で二週間ずつの実習形態となるため、多くの実習先の確保が必要となる。また、首都圏の福祉系の学部としては後発になる本学部は、有利な条件で実習先を決めるというような立場に置かれていなかった。

＊2　天領の多くが大名領より税率が安く、賦役なども少なく、治安も良かったといわれている。
＊3　当然のことながら、いつの時代もすべて「もの成り」が良かったわけではなく、後述するように、旱魃《かんばつ》や冷害による凶作や飢饉にも見舞われている。
＊4　地域包括支援センターは、二〇〇六年四月の介護保険制度改正によって創設されたため、それ以前は在宅介護支援センターが実習先となっていた。

そうした背景に加え、高齢者ケアサービスの地域差研究や、福祉サービスをめぐるシステムのあり方を研究していた関係で、多くの先進的な実践を行っている地域を訪ねていた経緯があったため、要介護高齢者の地域ケアに関しては、必ずしも都市部が優位ではなくむしろ地方の中小町村のほうが進んでいる場合が多いこと、また、そうした地域の福祉システムは構造がみえやすいことなどから実習先として適しており、機会があれば積極的に遠隔地実習に派遣したいと考えていた。

本学部が開設されたのは一九九八年で、一回目の実習は一期生が三年となる二〇〇〇年であった。おりしもこの年は、介護保険制度や社会福祉基礎構造改革への取り組みが開始され、同時に地方分権一括法も施行されるなど、自治体や福祉をめぐる状況に大きな変化をもたらした年でもあった。これらは、一九七〇年代後半から主流となっていた「ノーマライゼーションの実現」「施設ケアから在宅ケアへ」「中央集権から地方分権へ」などを意図したもので、（その成否は置くとして）こうした状況も遠隔地実習を模索させる契機になっていた。

そんなわけで、地方の先進地域への実習を企画し学生に働きかけ、また、遠方に実家がある学生には、その近辺の進んだ地域への実習を勧めたりしていたところ、卒業後は地元に戻って就職したいという高畠町出身の学生がいて、実家での実習を希望したため、山形県社協を通じて高畠町社協の状況を調べ、さらには正月休みを利用して現地を訪ね、高畠町社協が実習にふさわしい活動を展開していること、実習を指導してくれるベテラン職員がいることなどを確認し、実習を依頼したのであった。こうして初回の実習は無事終了し、高畠町社協や町立の在宅介護支援センターなどにお世話になったのである。

ところで本学学生部と高畠町とは、後述の星寛治氏が主催する農業体験などを通じて、本学部開設以前から交流があった（第一回の実習の巡回指導時まで、そのことを知らなかったのだが）。また本学部として、施設や社協あるいは自治体等と連携してさまざまなプログラム（実習受け入れ、職員研修への教員派遣、ゼミ合宿、各種調査への協力など）を共同で展開することを方針とし、その連携先を探していたところでもあった。こうした背景のもと、高畠町と長期・継続的な連携プログラムを展開しようということになり、二〇〇二年度の冬に再度訪問し、高畠町（町行政・社協・松風会）(＊5)と本学部との間でおおむね合意がなされ、二〇〇三年度から「高畠プロジェクト」がスタートしたのである。以来六年間、計十三人の学生が高畠実習を行うことになる。

◈地域ケア型実習

「高畠プロジェクト」の一環としての地域ケア型実習の目的は、簡単にいえば、「地域福祉時代に求められる福祉専門家の養成」ということになる。そこに私たちは、「既存の社会福祉」という意味ではなく、「これからの福祉」という意味を込めるのだが、それはさておき本実習の特徴は、以下の二つである。

（1）「地域全体」を実習の「場」とし、町のさまざまな人びとの協力のもとに進める「実習体制」。

（2）機関中心ではなく、利用者（生活者）の視点を中心とする「視点の転換」。

二つの特徴は連関しているが、要するに、従来の実習では福祉の「受け手」「クライエント」とみられがちであった利用者の立場を、地域の「生活者」としてとらえ、その人を中心として福祉の現実をとらえていく実習である。よって、実習体制には「生活者（利用者）」の協力が不可欠となる。そのことで、学生は単一機関の立場を離れ、生活者であるその人自身にかかわる準備ができるのである。実際の現場実習で学生は、その人と「関係」をつくりながら、「個人」と「地域・環境」、そしてそこにかかわる「自分」を見つめ

＊5　高畠町で特別養護老人ホームなどを経営している社会福祉法人。高畠プロジェクトでは、実習場面の提供だけでなく、実習生の宿所を提供するなど、大きな役割を果たしていただいている。

るのである。

このようなねらいをもつ実習実践の成果と課題を近々に整理する必要を感じているが、今回整理したいことはそれとはまた別の部分である。まず、二つの経験を通して、本稿の論題を明確にしたい。

2　二つの経験からの疑問

◆実習体制「システム化」の成功と課題

一般に現場実習は、「実習生」「実習先機関（利用者・職員）」「養成校（教員）」の、三ないし四主体間の協力のもとに形成されるといわれるが（図8-1参照）、地域全体を「場」とする実習では、これに「地域」という要素を意識的に加えることとなる。これは単なる一要素の追加ではなく、質的な転換プロセスといえる。

すなわち、これまで機関のなかで「枠づけ」がなされた実習の場が、地域全体に移ることでその「枠づけ」がいったん外れる。それと同時に、地域に点在する関係者（生活者・機関・職員など）を、ある程度実習の「枠」として再構成する努力が必要になるので、実習の運営自体に「システム化」「マネジメント」の視点が必要となるのである（図8-2参照）。

こうした「実習体制」の重要性が年々感じられるようになったので、実習関係者へのヒアリングを行い、いちおうの主だった実習システムの構成要素を見つけだすことに成功した。しかしその成功は同時に、システムの不確実性を如実に示す結果ともなった。町の根底にある「つながり」や「人の力・魅力」など、町の特殊的基盤条件に依存する部分が、想像以上に大きいことがわかったのである。（外部の人間に不思議な違和感を抱かせる）この基盤条件を「地域特性」と表現し、町の規模や地域共同体の特徴など個別要因に原因を求め、その現象を理解することもできよう。

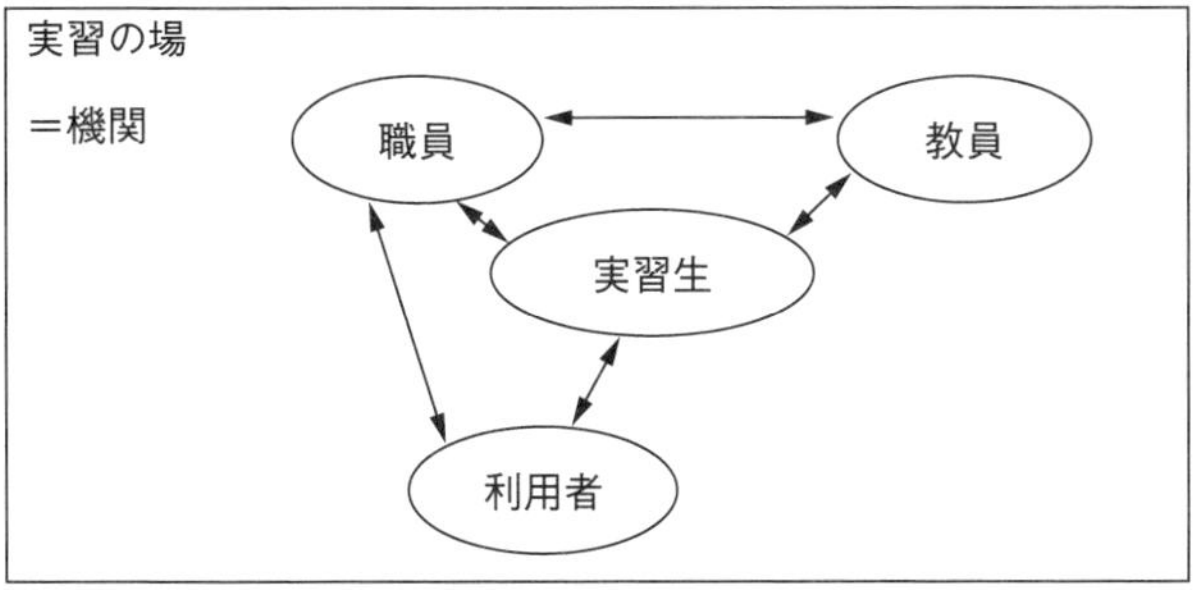

図 8-1 「機関型実習」の実習体制イメージ

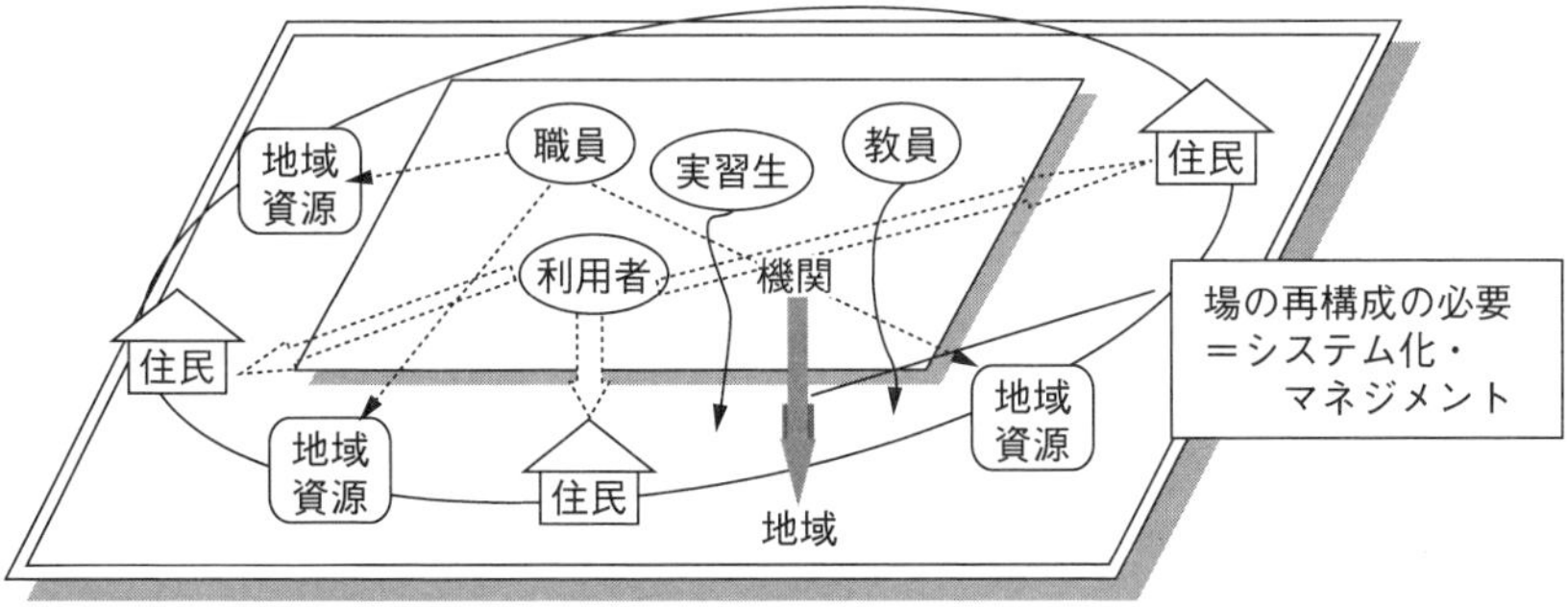

図 8-2 「地域ケア型実習」の実習体制イメージ
——機関から地域への実習の「場」の転換過程

しかし関心は、そうした基盤条件がこれからも維持されるのか、またそれがどのように生まれてきたかという軸線上のものであり、いっそう漠然といえば、高畠の人びとが土地の風土や種々の歴史的社会条件の下に鍛えあげてきた、「高畠力」とでもいうべき曖昧とした力の本質を理解したいのである。つまり、実習体制は常に動的なものであり、そのため時々の状況に左右されない「実習システム」をつくりたいのだが、それには高畠町の「基盤にある力」、この正体が何かを突きとめなければならないのである。

◆実習生の収穫と後遺症——重度の〝たかはた病〟に罹る

論題を明確にするために、もう一つの経験例を挙げる。

福祉実習で何を学ぶか。近年盛んに議論されているそれは、本実習において特に大きな課題である。実習の「場」が広いことは、体験や視点が制限されない利点をもつ半面、実習の焦点が定まらない「なんとなく学んだ」実習で終わる可能性を常に抱えるのである。このジレンマが毎年、学生、教員、町職員、各々の立場から率直に語られている。

さらにこの問題に、本実習ならではの深刻な悩みが覆いかぶさってくる。この地には、「たかはた病」という奇病があるのだ。

「たかはた病」というふしぎな風土病があると、かねてからささやかれてきた。大学のフィールドワークや、まほろばの里農学校に参加して、農のゆたかさの端緒にふれた人たちが、都市に帰ってからもその強い印象を引きずり、また行きたいという衝動にかられる。民泊などで親しくなった農家などの個人的なコネを頼りに、再び、三たびと訪れる姿が目立つ。つまり、一過性の体験にとどまらず、リピーターとして何度も高畠通いが始るのである。そういう症状になることを、私たちは「たかはた病にかかった」と呼んでいる。

（星　二〇〇一、一〇七頁）

実習生もこれに感染し、その後幾度となく町を訪れる。高畠の「ゆたかさ」に、やられてしまうのだ。それは、「ここに来ると何か大切なことがみえそう」「なぜか心が落ち着く」、そんな漠然とした直感・感覚なのかもしれないが、ともかく問題は、実習中もこの正体不明の「ゆたかさ」に思いをはせてしまう。その「ゆたかさ」と「福祉」との関係を考え、答えが出ずに実習が終了する。そういうはがゆい経験をした人もいるだろう。

いったい、その「ゆたかさ」の実態は何なのだろう。その「ゆたかさ」の根源から今へと至る過程まで理解し、今延長にある実態・本質をつかみたい。そうして理解した「ゆたかさ」が、もし福祉と無関係のものならば、（少なくとも実習中は）たかはた病を治療してもらう必要もある。

◆本稿の論題——「民俗としての福祉」概念の検討を手がかりに、高畠力を探る

さて、上記に二つの経験から共通の課題として挙がったのは、「高畠町に渦巻く正体不明の力（仮に高畠力とする）、その本質に肉薄したい」、これである。アプローチとしては、町の具体的な特徴を挙げ、それらを「地域特性」だと解釈するやり方もあるだろう。しかし、それでは単に、地域の特殊的条件の断片あるいは全体を、点で理解するにすぎない。

では、何を手がかりとし、漠然とした「高畠力」を探っていけばよいのか。実態をとらえるには、一定の理論的立場にたった認識枠組みがなければならない。私たちはひとつの手がかりとして、それを岡村重夫の「民俗としての福祉」概念に求めたい。以下、第2節では「民俗としての福祉」の意味内容に迫り、その認識枠組みをもって、第3節で高畠町における「民俗としての福祉」と思われる例を紹介する。そのことで私たちは、「高畠力」の秘密の一端に触れることとなるだろう。

第2節　岡村重夫の「民俗としての福祉」概念の検討

1 「福祉風土論」の試み

（財）日本生命済生会社会事業局が、一九六六年から一九八四年にかけて機関誌『地域福祉』を刊行している。これは、一九六三年創刊の前誌『保健と福祉』を改題したもので、通巻にして三六号から一五二号まで続く。めまぐるしく変動する社会情勢・福祉問題の渦中にあって、「民間社会事業の立場から」、「地域福祉の角度からできるだけ平易に問題を取り上げて大衆の前に提示」する意図で、タイムリーな報道・論究を掲載している。拝見すると、学識経験者・現場実践者・地域住民、各々自らの理論的基盤、実践的基盤、生活者としての基盤を背景に、生き生きとした意見を述べる。まさに理論（研究）と実践（政策）、そして大衆（実生活）をつなぐパイプ的役割を果たしていたことがうかがえる。また、論説を通じて福祉の近代化を迫るとともに、近代化による福祉の瓦解を瀬戸際で阻止せんとする迫力を感じる、今にしてますますの価値をもつ資料に思う。

さて、『地域福祉』紙面上に一九七六年、同誌編集発行担当（当時）上田官治による「福祉風土記の草案」の掲載（通巻一二〇号）を皮切りに、特集「福祉風土づくり（Ⅰ～Ⅲ）」が組まれる（特集終了後も、「福祉風土記」「福祉風土シリーズ」として引き継がれ、長期に続く）。今回取り上げる岡村の論稿は、この特集パートⅡ（通巻一二一号）に掲載されているのだが、本企画のねらいは何であったのか。以下に、上田の一文を引用する。

「要は模倣文化ばかりで、創造的な寄与が出てこないということである。その理由は多々あるが少くともとり入れに貪らんであるに比べて、うけ皿としての足もとがたしかめられていないことに因るものが多い。社会福祉のように、具体的な日常生活にかかわりのある問題にあっては徒らに風土の異なる他国の成果の模倣にのみ焦っている限り、永遠に創造は困難である。それどころか自らを喪失する危険すら孕んでいる。いかに世界が狭くなったところで、モンスーン地帯湿潤のこの国を、乾燥することは不可能である。生活環境としての風土、それは何といっても福祉の基底にある。自然的地理的であるとともに、文化的歴史的な条件をぬきにして福祉・創造が可能な道理はない。コミュニティつくりもこの基盤の上においてこそ独創性（個性的な発展）が期待できるのである」　（上田　一九七六）

著者の理解が不十分かもしれないが、その意図は、「コミュニティ」あるいは外来の「社会福祉」なるものを建設・移入しようとする「地域」とは、単に自然的地理的な場としてとらえるだけでは不十分で、それは人間生活の舞台としての環境・空間であり、当地の長年にわたる生活文化が堆積された歴史的所産である。すなわち、時空的「人間環境」としての「風土」であることを自覚する必要があり、そうした個性的風土に立脚した福祉社会を創造する、人びとの「努力の開発」をねらうものである。

以下は、その論を実証的に裏打ちするかのように行われた地方踏査の跡である。

（1）福祉風土記「三重県・志摩阿児町の福祉と風土」、ルポ「後継ぎに悩む『隠居農場制』の翳」、現地座談会

（2）福祉風土記「佐賀県の福祉と風土」、現地座談会「やきもののまち有田を語る」、ルポ「佐賀に〝あすの指標〟を探る」（＊6）

まさに読者は、個性的であり動態的な風土の姿をそこにみるだろう。そして、毎回住民座談会を柱とするこの企画は、風土と実生活との結びつきを物語っており、そのもとで浮かび上がる地域社会特有の生活課題や生活文化、共同行為、それらが実践としての福祉の行為に結びつけられる道筋すら、見つけるのである。

上田の見解による地域福祉における「地域性」とは、「要するに物理的、分断的な部分ではなく地域がもつすべての属性と住民生活とを結ぶ生態的な統体であって、それは時空的、生命的な個性的存在として把握されなければならない」、そして、「少くとも地域を地域性として認識する限り具象性のある個性的存在でなければ社会福祉の実践と結びつけ難い抽象概念にすぎず、社会科学としての福祉学の経験性も実態に即した実験も出てこない。具象的な地域とは、それは住民とのかかわりにある個性的、時空的な風土である」とし、風土と人間の密なる関係を強調するのである。その考究の跡は、氏の論稿（上田　一九七七）で確かめられたい。

次に、上田曰く、「福祉風土づくり」の企画を裏打ちする論説であったとする、岡村重夫の「福祉と風土――民俗としての福祉こそ基底」（一九七六）を紹介する。

2　岡村重夫の「民俗としての福祉」概念

このわずか六頁、三つの章立てで展開される小論。ここに提起される「民俗としての福祉」という概念が、本稿の論題「高畠力」の秘密をとらえる手がかりになると考えている。すでに絶版資料でもあるため、やや詳細に要約をし、その概念の意味に迫っていくことにしたい。

まず岡村は、「風土」は単なる自然的環境ではなく、「人間の体験として、体験主体の生活のなかにとり入

＊6　以上は、「福祉風土記の草案」以後の上田参加の取材地（一九七六－一九七七年）。氏の福祉風土論構想の元手となったと思われる草案前の多数の取材地は省く。また、他執筆者、編集部による優れた風土記が同誌に多数掲載されていることも付記しておく。

れられるものである」と和辻（一九七九）の風土論に依拠しつつ、「福祉とは、すぐれた人々の日常生活上の困難に対する地域住民の共同的な援助に由来するものであると考えるならば、それは、人々の日常生活のいとなまれる環境、すなわち歴史的であると同時に空間的、自然的な風土との関連を無視することはできない」と、福祉と風土の関連を示す。そのうえで、「社会福祉は政府の政策である以前に、すでに生活者が共同生活を守るために工夫した、いわば『生活の知恵』であった」（傍点は原著どおり。以下本章内はすべて同様）と、風土とのかかわりのなかで生まれる、人間の共同生活上の行為を強調する。

そして、「他人の生活困難を援助する社会福祉のいとなみ」は、「その社会の個人意識や社会秩序維持の構造によって規定される」と前置きしたうえで、国土の七〇％が森林に占められ、なおかつ島国である日本は、厳しい共同生活の秩序が要求される風土であったことを指摘する。そうしたなかで農民・町民が、権力階級（「虎」）からの統治・支配組織を表向きには受け入れながら、裏では、講仲間や各種年齢集団、血縁集団、地縁集団等の自治組織をもっていたのは、これら二重組織を使い分けながら「虎」をなだめ、自分たちの自治による共同生活を守る「生活の知恵」であったと説明する。再度、風土とのかかわりのもとに生まれる人間の行為を強調するのである。

さらに「一方、この村共同体のなかでの個人の地位」はどうかと論を展開するが、ここでは、家長の権力が強いなかでも、共同体にはその専制横暴をチェックする制度があったと、拾い親や名付親、宿親、兵児親、若者組、村寄合など種々の民俗事象を取り上げて説明している。その後、「いずれにしてもわれわれの社会生活や個人意識は、強く日本の風土によって規定される事実、従ってまたその共同生活を基盤とする社会福祉も、日本特有の風土性をもつという事実」を指摘したのち、その二章では、日本の風土において成立した「共同体における福祉的活動、すなわち他人の生活困難に対する援助」の例示に丸々スペースを割いている。具体的には、「かくし田」「郷倉」、さまざまな「契約講」、「老人の隠居制度」などの民俗事象であり、

いる。「いまこれを体系的に述べることはできないが」と留保のうえで、個々その活動の福祉的意味が検討されている。

3 「民俗としての福祉」の意味内容を探る――その「位置づけ」に注目して

さて、ここまでの要約で、つまるところ「民俗としての福祉」とは何を意味するのだろうか。それは風土に根ざす人間の共同行為（「生活の知恵」）を指すのか、それとも「他人の生活困難に対する援助」として、何らかの特別な限定づけがなされるのか。この点で触れておかねばならないことは、後者の例として説明された民俗事象を指して「以上にあげた民俗としての社会福祉は」と、二章の終盤で述べていることである。ちなみに三章では、「民俗としての福祉」と「民俗としての社会福祉」の用語が混在して使われるが、これが意図的な区別であるのか、今判断はできない。結論を述べると、「民俗としての福祉」の概念的定義は、この小論にみることはできないのである。文脈からは、より広がりのある意味として、「生活の知恵」を「民俗としての福祉」ととらえているようにもみえるが、これについては岡村自身が、「社会福祉」と「福祉」をいかに語句として腑分けして使うのか、氏の著書を改めて分析したのちの判断となるだろう。

このように、定まらぬ概念ではある。しかしながら私たちは、風土のなかで育まれ伝承された共同生活上の「生活の知恵」こそ、福祉の原点であるという新しい視野・認識に学ぶことができるだろうし、小論に例示された民俗事象が実に多様なものであることから、岡村がそのなかに、既存の社会福祉を超える新しい論理を見出そうとしていた余地と射程、深みを感じることもできる。つまりこの概念は、岡村の着想を手がかりに、私たちが今後洗練していく「形成途中の概念」なのである。そのことを前提として読み進め、さしあたり現段階では「生活の知恵」を、「民俗としての福祉」概念に近いイメージとして広くとらえておきたい。

さて岡村は、三章で、「社会福祉政策や社会福祉文化」と「民俗としての福祉」の関連・位置づけについて、「意見」を述べている。論も終わりの数行の記述ではあるが、三章前半部分は、この後半意見部分の前置きと読むこともでき、むしろ小論全体を通しての問題意識がそこにあるのではないかとすら思わせる、興味深い指摘である。以下、章全体を要約するが、私たちはそこに現れる「民俗としての福祉」の「位置づけ」に注目することで、岡村がその概念に込めた意味を理解していくことにしよう。

岡村は、「民俗としての福祉」が現代産業社会に無縁であるとする論（「福祉万国共通論」）には異を唱え、無批判な欧米流の社会福祉制度の輸入、ないし、そのような発想法自体が、「伝統的な民俗、従ってまた民俗としての福祉」を否定し、破壊したという。事実、明治政府による自然村・自治組織の取りつぶしは、自治の破壊、共同体本来の福祉的制度の衰退をも意味し、そのような構図は今日でも依然みられると警告する。さらに続けて、「制度や思想の輸入によって、われわれの生活は果たして近代化するのか……社会福祉はすぐれて生活の工夫であるとすれば、生活の近代化を離れて、社会福祉の近代化はありえないのではないか」と、生活と福祉の結びつきを強調し、戦時中「やみ米」が横行したのは「かくし田」という民俗を無視した政策の結果ではなかったか、欧米流の服装をしても土足の生活ができない意味は何かと、われわれの内の風土性に問いかける。そして、以上で強調した「民俗としての福祉」は、「欧米の福祉制度の輸入や研究を批判するものでない」と注記し、この「二つの社会福祉」の関連・位置づけについて意見するのである。

それは生活者としての常民(＊7)の立場による。一部の権力者や専門家は、外来文化こそ日本近代化の道と考えたが、「もともとつよく風土に規定される生活様式にとりいれられるものには限度」があり、「外来文化を換骨奪胎して使ってきたのが常民の文化」なのであった。そこに生まれる表層文化と基底文化の二重生活を、表と裏、「晴れ」と「け」で使い分けるところに、岡村は日本の特長をみている。

＊7　普通の人びとのこと。柳田國男・渋沢敬三・宮本常一などの民俗学では、日本文化の基底を担う人びとの意を込めて使用する。

「主として輸入文化に支えられた官製社会福祉や専門家の社会福祉論と、民俗としての社会福祉も、また二重構造的に考えられるけれども、重要なことは、民俗としての福祉こそが基底となって、その上に社会福祉政策や社会福祉文化が消長するということである。福祉の風土とは、まさしくこの基底部分であると考えられる。そしてこの基底部分が掘りくずされ、分解しないためには、外来の上部構造に対して、生活者の見解を対置させ、近視眼的な専門家や法律を鋭く批判しなければならない」

（岡村　一九七六）

ここに、「民俗としての福祉」の位置づけと、その意味が浮かび上がるのである（図8-3）[＊8]。

4　「岡村理論」との関連から考察する

◆岡村理論より再考

以上が、小論の大まかな紹介である。「民俗としての福祉」概念を明確化できないのは著者の力量不足によるところだが、岡村自身もその概念的規定にはやや躊躇があったようにみえる。それは、「福祉民俗論」なるものを提起することにつながるので、社会福祉学の一般理論を担う立場としては慎重である責もあったのだろう。一方で、福祉と民俗の関係に並々ならぬ関心を寄せていたことは他著作からも推察され、これについては他日改めて検討し、岡村が自身の理論体系のなかに民俗学的知見をいかに取り込もうとしたのか、批判的に考えてみる必要がある。現段階では、ひとまずその点の分析は保留としたい。

しかし、前節で「位置づけ」に焦点をしぼることで、この概念に込められた意図はみえたであろうか。す

＊8　著者参加の自主勉強会において富川亜紀子氏が図式化・作成したものをベースに、一部加工・修正。

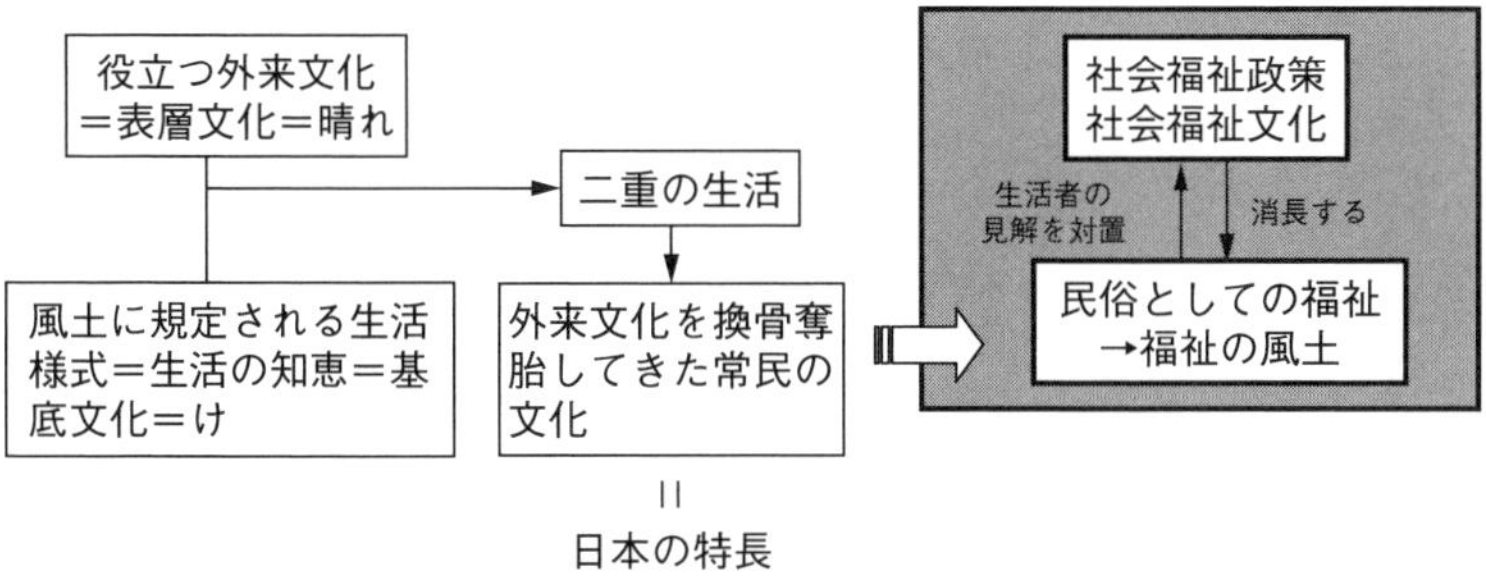

図8-3 常民による外来文化の取り入れ方と「民俗としての福祉」の位置づけ

なわち、「民俗としての福祉」が基底となって、「社会福祉政策、社会福祉文化」が消長する構図が描き出されたが（図8-3）、注目すべきは、そうした基底部分としてある「福祉の風土」が分解しないよう、生活者の見解を外来の上部構造に対置させるべきと述べている点である。その「対置」の具体例は省略されているが、岡村がこの小論に、「生活者の立場」をより貫徹させる実践的意味を込めていたことをうかがい知り、それはまさしく「生活主体者の論理」、いわゆる「岡村理論」を発展させる論理として構想されていたのではないかと、考えるのである。

いま、「民俗としての福祉」概念の背景に、「岡村理論」が胎動しているという見方を提起した。岡村がこの小論に込めた意味と射程を知るには、氏の他著作との関連で読み解くことは必要であろうし、また、私たちが今後、この「形成途中の概念」である「民俗としての福祉」概念を洗練していくにあたり、拠って立つ強い足場となりうる理論を確かめておくことは有益な作業であろう。

以下、「岡村理論」との関連で、「民俗としての福祉」概念の意味・位置づけを再考する。

◆「生活主体者の論理」から考える

ここでは、「岡村理論」の核をなす「社会関係の主体的側面の論理」、すなわち「生活主体者の論理」に注目する。それは、「社会関係の二重構造」をキー概念に、「社会関係の主体的側面」に立つ援助こそが社会福祉の固有性であるとする論理であった。その意味については、特に氏の『社会福祉原論』を参照されたいが、序文を引用し紹介すると、「社会福祉は、社会関係の客体的側面にかかわる専門分業的な他の生活関連施策とは違って、生活主体者による生活困難克服の努力を援助することである。言いかえれば、すべての個人が、社会関係の主体的側面の論理を実現するように援助すること」（岡村　一九八三）である。

また、この論理を核に展開される氏の地域福祉論においては、地域社会とは「地域の自然環境のなかで展開せられる地域住民の社会関係の総体」にほかならず、「特に現代社会の専門分業制度の能率主義のもたらす選別的社会関係に対して、地域福祉は全体的、主体的な生活者論理を代弁し、これを貫徹することを目的とする」（岡村　一九八四）と述べる。

岡村はさきの序文で、自身の一般理論を「社会福祉問題把握の視点にとどまるものではなくて、社会福祉的援助の目的概念」であり、「認識の原理が同時に援助の原理」であると説明するが、この点同様に氏の地域福祉論においても、地域社会総体における「生活主体者の論理」を認識し、高め、実践として貫徹していくところに、地域社会の発展を導こうとする実践的志向があると、解釈できるのではなかろうか。

以上を検討しても、「生活主体者の論理」を貫徹する福祉活動の基盤に、生活者自身の論理・見解があることは明らかであるが、ここに「生活の知恵」と暫定的に解した「民俗としての福祉」概念を位置づけると、まさにそれ自身のもつ実践的性格や論理性が強調されてくる。また、その概念が時空的な風土を基盤とするものであることを理解すると、現代の「民俗としての福祉」と、前代・過去における「民俗としての福祉」という時間軸が浮かび上がり、それぞれ、前者が「生活主体者の論理」の基盤、後者が祖型となるものと、その意味・位置づけについて考える「発想」をもつのである。

◆「法律による社会福祉」と「自発的社会福祉」の区別から考える

次に注目したいのは、岡村理論における「法律による社会福祉」と「自発的社会福祉」の区別である。す

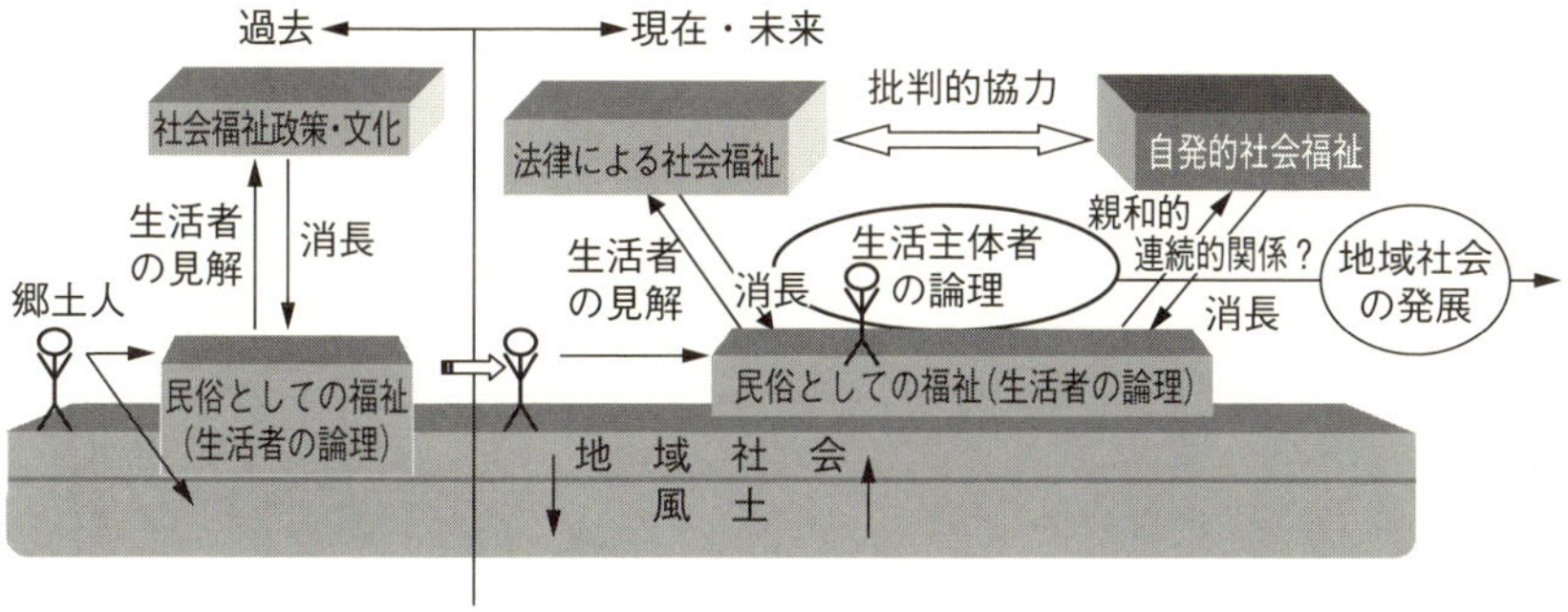

図8-4 「民俗としての福祉」の位置づけ（再解釈）

なわち、岡村のいう「自発的社会福祉」とは、法律によって事業委託された社会福祉は含まず、また、ボランティアなどにその例をみる「法律による社会福祉」や「自発的社会福祉」に参加・協力する活動も含まず、さらには個人の恣意的援助活動も含まない、きわめて厳格な区別を行う。そのうえで「法律による社会福祉」と「自発的社会福祉」双方の、「批判的協力」による社会福祉全体の進歩を強調するのである（岡村　一九八三）。

そうであれば、「民俗としての福祉」を「生活主体者の論理」として貫徹するには何らかの転換が必要なのか、理論的には重大な検討課題に遭遇する。このことに今深入りする余裕はないが、ともかく「自発的社会福祉」への期待をそこに読むことができ、事実、多数の文献でそれを裏打ちする論説に出会う（岡村　一九七〇）。ここでは単純に、「自発的社会福祉」が「生活主体者の論理」をより貫徹しうる活動としてとらえるならば、「自発的社会福祉」と「民俗としての福祉」の親和性・連続性についても意識しておく必要はあるだろう。

以上、岡村理論（生活主体者の論理）との関係で検討した「民俗としての福祉」の「位置づけ」を、仮に図示しなおすと、図8-4のようになる。

5 理論枠組みの仮設定

以上で検討した「民俗としての福祉」の「位置づけ」を出発点とし、その概念の意義を探ろう。

地域社会の発展を下支えする「風土」、そのなかで育まれた「生活者の論理」。それら「基底部分」を掘り崩し、分解させる可能性のある「外来の上部構造」には、「生活者の見解」を鋭く対置する必要がある。たとえそれが、土地に利益をもたらす「社会福祉」や「外来文化」であろうと、私たちにはそれを地域社会の発展に向けて換骨脱胎する土台と行為が必要なのであって、まさしくその「基底部分（土台）」の認識を与え、「生活主体者の論理（行為）」の方向づけをなすものが、「民俗としての福祉」である。

岡村は、福祉と風土との関係から「民俗としての福祉」に論を進めた。民間伝承としての「生活の知恵」、すなわち「行為」に力点を置いたのは、社会福祉学の理論は、単なる認識のための原理ではなく、「援助の原理」と不可分であることを強調する岡村にとっては、当然の論理展開だったのであろうか。風土のなかで生活は育まれ、生活のなかでまた風土も生まれる。先に紹介した上田の「福祉風土論」に通底するが、上田が歴史的・社会的視点での分析を重視し、地域社会の基盤である「風土」の姿をより鮮明に描こうとしたのに対して、岡村は「社会関係の主体的側面の論理（生活主体者の論理）」を理論的背景に、風土のなかの「行為」を強調した点にアプローチの違いがあろうか。いずれにせよ、福祉と風土は一体のものであることを強調しておきたい。

さて、以上のように、いまだ「形成途中の概念」の「民俗としての福祉」概念であるが、次節にはこの認識枠組みをもちながら、高畠町を眺め描いたスケッチを収録している。おそらく将来的にはこの概念から導かれる知見を用いて、冒頭論題にした正体不明の「高畠力」を統体的に描けるのではないかと考えている。今はまだ高畠町の「紹介」程度の内容だが、この町が守ってきた「生活者の論理」が、これからの地域福祉の方向を指し示す光になるだろうという予測と、個人的想いも込めて、「高畠力」の核心に近いと推定される「青年団活動」「有機農業運動」について記している。

つまり著者は、この「民俗としての福祉」概念を、地域踏査の認識枠組みとして用いる構想をもっているのである。内実が伴わないうちに時期尚早のきらいはあるが、こうした試みを郷土人自ら行うことが、故郷の福祉風土を耕すことであり、また外来の社会福祉や文化を受け入れ可能な土壌をつくると思うのである。

蛇足ながら最後に、上記で指摘した上田と岡村のアプローチの違いについて、岡村による一文を紹介しておきたい。

「風土に育てられ、また風土を生みだす地域社会を基盤とする福祉こそ、真実の社会福祉であり、上からの政策や施策によって制度化された社会福祉は、単なる社会福祉のコピーである。真の福祉は制度でも、政策でもなくて、行為である。これが福祉風土論に裏付けられた故人の地域福祉論であったと思われる」（岡村　一九七八）

自らの仕事と上田の仕事が、根底で融和していることを示すような一文である。そして両氏ともにその理論は、経験し、認識し、実践する生活主体者としての私たちに、バトンを渡すものであると受けとめたい。

第3節　高畠町にみる生活者の論理——二つのスケッチ

1　有機農業運動

二〇〇七年六月、私は「まほろばの里農学校」に参加をしていた。「たかはた共生塾」が主催するこの事業は、普段求めながらも農ある暮らしを体験できない人を対象とした体験講座で、その年で第十六回目を迎えていた。以前から、星寛治さんや町の福祉関係者の方々、何より実習生の経験談を通してうかがい知っていた「農の教育力」を、身をもって体験する機会となった。個人的な体験を書き連ねても仕方がないとは思うが、あえて述べると、現代的な生活様式に慣れ親しんだ者ほど受ける衝撃は大きいのではないかと思う。小雨がぱらぱらと降るなかブドウの剪定作業をしていたおり、何気なく切ろうとした枝にしぶきをあげて払われたとき、私は言いしれぬ驚きと高揚感を覚えたのであった。それは自らの内の主体性の発見とでもいえるのだろうか。感覚的経験なのでうまくはいえないが、これまで意識を向けてこなかった小さな作物・自然のなかに躍動的な生命を見つけた。それは、日常から離れた場面であったからなおのこと、きわめて現実の、そこにある出来事として生命の循環が意識され、自らの生き方・くらし、周りに当たり前にある出来事・世界を、ここから再度とらえかえしてみようと思いはじめたのである。

そのような視野の再構成は、同時に自らに染みついた「当たり前」を認識しなおす過程でもある。ある晩、私たちは夕食後の勉強会の時間に遅れて集合をした。心は共鳴をしても、振る舞いはなかなか体から離れないものである。私は内心ヒヤヒヤして、先に広間で待ってくださっていた世話役のAさんを見たが、怒るでも、かといってへりくだるでもなく、ただ待っていてくれた。そのことが印象的で、いったいここに育まれた論理はどれほどのものなのか、解きおこしてみたいと思ったのである。

「有機農業運動」を通じて培った風土性が現在この町に与える影響は、傍からみても明らかで、それは地域社会の土壌の一定部分を形成しているといえるかもしれない。そう思うのもここに、「生活者の論理」の洗練過程をみるからである。

運動の歴史は一九七三年秋、農業近代化のなかで起こる土・作物の異変、「百姓」生活の破壊など、自らの足元が崩れさる矛盾に気づいた青年たち三十八人が、「高畠町有機農業研究会」を結成したことに端を発する。その運動は現代社会との対峙であるとともに、「切羽つまったリアルな生活課題への挑戦」（星　一九七五）とも表現されるように、身近な生活環境との日々の向き合いでもあっただろう。高畠は今豊かな米産地帯として知られるが、昭和前期までは「豊作年は少なく慢性的不作そして凶作の数々あるいは大凶作を経て来た」（『高畠町史　上巻』）。そうした時代に耐え、軌道にのった近代農業と決別することは、親世代との確執すら覚悟することだったのである。周囲からは時代錯誤の農法、変わり者と言われながら一定の市民権を得るまでに約十年。その間、消費者グループとの交流や農薬空中散布問題などを経験し、一九八六年の「上和田有機生産組合」結成を経て、名実ともに地域ぐるみの取り組みへ発展する。近年では、さきの「まほろばの里農学校」や、大学生の農体験の受け入れなどを通し、都市と農村の交流もいっそう広がり、町への移住者も増えている。

また、農をめぐる運動は、教育、福祉、環境、産業など各方面にわたる共生社会を志向することでもあり、各団体・住民との具体的な町づくり活動へ展開することで、より地域社会に根ざしたものとなっていった（一つの例として、一九九〇年の「たかはた共生塾」の開塾が挙げられる）。一九九七年には、高畠町有機農業推進協議会が発足（八団体、約千名）、農家・行政・ＪＡが一体となった新たな運動を展開している。

以上は概略にすぎないが、一見してもその運動は、先達の生活者の論理の継承であると同時に、その内なる差別との向き合い、近代化・開発論理との対決などという、いわば地域社会の風土的根幹にふれる運動であり、また、地域社会で生き合うために何をすべきか、突き詰めたところにある「生活者の論理」のブレイクスルーの一つの型を示すものではないかと、考えるところが多いのである。参考文献にも挙げた星寛治さんの著書を拝読しても、「農」から出発した地域社会の生活環境づくりが、実に多方面にわたっていることを知り、興味深い。キーワードだけ並べても、「環境」「生産」「生活」「提携」「経済」「資源」「教育」「福祉」「保健」「地域」「町づくり」などである。思うに、これこそ福祉ではないのかと、今は明言しないにしても、「福祉」関係者としての自分は、人間が人間であることをとりもてる基盤に対して、そしてそこから生まれる「生活者の論理」に対して、もっと敏感であるべきと反省するのである。

2 青年団活動

「青年団の目的の一つが『人間性の回復』にあるなら私の場合それが果たされたように思う。……今の私にできることは、青年団の中での自己変革を一人の団員として伝えてゆくことなんじゃないか」

これは町職員Bさんから借用した、一九七九年「高畠町青年問題研究集会」(略して青研)資料のうち、C地区青年団入団一年二カ月めのDさんが綴った、個人レポートの一節である。

紙面も残り少なくなったが、このスケッチでは、「生活者の論理」というものが、綿々と連なり継承されたところにある文化であることを強調したいと思う。

高畠町は「青年団活動」が盛んであった。さきの有機農業運動も、ここに源流が認められるという。戦後の混乱期から教育文化運動が盛んであった山形県下においても、高畠は特にその土壌が肥えており、青年活動の体質も他とはやや違うニュアンスであったらしい。

「(昭和三十年代初めごろ)当時から学習の方法はかなり教養主義的要素を持っていた。読書会を作り、理論学習を行ない、討論をくり返す習慣ができあがり、その実践活動の場を多方面の領域において模索してきた。演劇活動は本格派から創作劇への発展を見せ、小野栄一作、『水の歴史』は全国の舞台でも評価を得た。また文集づくりにおける表現活動においても、生活的リアリズムと異なる理想主義み

たいなものが流れていて、現実課題に執着するより、人間の生き方やロマンを追及する傾向があった」（星　一九七五、一一〇頁）

その体質はいかなる風土のもと生まれたのか。私がいま、高畠の人びとに感ずる「違和感」もそこにつながるようで、源流はどこか、特に「若者仲間」や「若者組」などの民俗事象があったか、と興味は尽きない。最近、町の老人クラブがいくつか解散したという話を聞いたが、地域活動と結びつけても考えさせられるのである。

さて、当地の活動は、高畠、二井宿、屋代、亀岡、和田、糠野目、各地区に「地区青年団」があり、その連合体として「高畠町連合青年団」が組織される。地区ごとに団則、または規約を設ける自治的に独立した組織であるが、その機構や団の基本的性格には、おおむね統一がみられる。一九七七年高畠地区青年団を例にみると、役員は団長一名、副団長二名、監事三名、事務局長一名、事務局次長一名、会計一名、担当委員若干名。担当委員は、組織担当、社会生産担当、体育・レク担当、文化担当、女子活動担当、広報担当、それぞれ二名ずつ（女子活動担当のみ三名）である。加盟を希望する青年は団長の承認を得て加盟し、特に年齢による制限は設けられていない。会議は総会（定例・臨時の二種）、委員会。定例総会は年度末と年度初めの二度行われる。年度初め定例総会基本目標には、「青年の生活を高めよう」「平和と民主主義を守り育てよう」とあり、運動方針には、「心と体を鍛え合う中から、自主的な人間形成」「地域に於ける青年団の位置付けを確立する」とある。

多様な事業活動を詳述するゆとりはないが、特筆すべきは、驚くような教育機能を当時の共同体が保有していたということである。冒頭のDさんのレポートには如実にそれが表れているが、青年たちは他者との交流を通じて、自己への問いかけを繰り返し行う。やがてそれが、青年団や地域社会をみる深い眼差しに変わっていく過程が読みとれる。背景には、日々の活動経験を振り返り再構成する、「青研」の役割も大きかったのだろう。

「町連青の青研は、いつも蛭沢湖の奥まった所にある静かな宿、湖畔荘で開くならわしになっている。そこに二泊三日、みっちりと日頃の活動の総括をし、生活課題を掘りおこし、深め合う。そこには独特の雰囲気が通い、日中の分科会もさることながら、夜を徹し、コタツを囲み、一升瓶をあけながら、がくがくの議論をする。時には感動の涙をためながら、体験交流をくり返す。そこには胸元にしみいる連帯感が芽生えていくのだ」（星　一九七五、一一一頁）

高度経済成長期以降、衰退の途をたどるわが国の青年団活動。高畠町にも現在、その組織は存在しない。しかし、その生活者の論理はかたちを変えて今に継がれている。たとえば、それは「有機農業運動」であり、そして「地域ケア型実習」を支える人びとやそのつながり、また、異郷の者が高畠に感じる得体の知れない「ゆたかさ」や「違和感」も、その一部ではあるのだろう。

おわりに――「地域ケア型実習」・「高畠プロジェクト」の今後を考える

本論が、実習生がなぜ「たかはた病」に罹るのか、「高畠力」とは何かを明らかにすることに十分成功したとはいえないが、少なくとも、地域福祉を進めるためには、したがって当然ながら地域領域での質の高い実習を行うためには、単にコミュニティワークやコミュニティ・ソーシャルワークの技術だけでは足りず、その地域に通底する「何か」を感じながら進めなければならないというスタンスは正しい、といってもよい入り口に立つことはできたのではないかと思う。

これまで、全国各地の高齢者ケアの現場を回ってきて感じたこと、たとえば、「漁村の高齢者は諦めが早く、自分でいろいろできなくなると、あっさりと施設や病院への入所・入院を受け入れてしまう傾向がある」「山村の高齢者は、裏庭菜園との行き来ができるかぎり、在宅での生活が可能な場合が多い」など、明確なデータは示せないものの、福祉サービスの利用などに関して、そこに暮らす人びとに共通する考え方や、その考え方を生成せしめてきた何かがあり（歴史や風土を含め）、それらをひっくるめて「地域特性」と呼んできたわけであるが、それがどのような構造になっているかについても、わずかではあるが、明らかにできたのではないかと思う。そういう意味で、高畠町という優れた「実験場」にめぐり合ったことは、私たちにとって非常に意味のあることであったということができる。

いっぽう、第一節1で掲げた、高畠プロジェクトの一環としての「地域ケア型実習」のねらいからみると、(1)の《「地域全体」を実習の「場」とし、町のさまざまな人びとの協力のもとに進める「実習体制」》については、単に「福祉」の枠を超えて、「農」や「まちづくり」、あるいは「グリーンツーリズム」までも組み込んだ実習体制を構築できたという点で、合格点を付けられるのではないか。

しかし、(2)の《機関中心ではなく、利用者（生活者）の視点を中心とする「視点の転換」》に関しては、受け入れ先である高畠町、高畠町社協、松風会等関係者の多大な尽力にもかかわらず、十分にそのねらいを達成できているとはいえない状況にある。その理由はいくつか考えられるが、なにより、複数のサービスを利用している在宅の要介護高齢者に寄り添って、その日常生活のあらゆる場面に〝付き合う〟という実習スタイルが、利用者にとっても実習生にとっても、あるいは調整をお願いしている各機関団体にとっても、過剰なストレスになっているのだろう。これについては今後、よりストレスの少ない進め方を開発するなど、改善の余地があるといえる。しかしながら、このような視点での「地域ケア型実習」は、他の福祉系大学の実習でも行われている様子は見受けられないので、高畠プロジェクトのコアとして、追求するべきテーマであることに変わりはない。

以上の点で、これまでの成果は、当初の目標からみれば道半ばであり、今後も追及していく必要があるが、それは単に実習体制の強化によって達成できるようなものではなく、もっと多面的・継続的なツール（たとえば、二年次からの高畠町でのフィールドワーク、高畠町関係者による「高畠学」集中講義、地域福祉計画推進における本学部の役割の明確化など）を媒介にすることによって、プロジェクトの第二段階へと進化していくことができるのではないだろうか。

【参考文献】

上田官治（一九七六）「模倣から創造へ――福祉風土づくり」『地域福祉』一二一号、日本生命済生会社会事業局
上田官治（一九七七）「日本の風土と福祉」『地域福祉研究』第五集、日本生命済生会福祉事業部、二五-五四頁
岡村重夫（一九七〇）『地域福祉研究』柴田書店
岡村重夫（一九七六）「福祉と風土――民俗としての福祉こそ基底」『地域福祉』一二一号、日本生命済生会社会事業局
岡村重夫（一九七八）「故上田官治先生を偲ぶ『地域福祉』一二九号、日本生命済生会社会事業局
岡村重夫（一九八三）『社会福祉原論』全国社会福祉協議会
岡村重夫（一九八四）「地域福祉と民間社会福祉の方向」『地域福祉』一五一号、日本生命済生会社会事業局
原村政樹（二〇〇六）長編ドキュメンタリー映画『いのち耕す人びと』桜映画社
星寛治（一九七五）「自立、自活のむらづくり」安達生恒・長須祥行・松永伍一編『歴史をふまえて――主体性と農民』三一書房、一〇一-一一三頁
星寛治（二〇〇一）『農から明日を読む――まほろばの里からのたより』集英社
星寛治（二〇〇六）『「耕す教育」の時代――大地と心を耕す人びと』清流出版
和辻哲郎（一九七九）『風土』岩波書店

第9章　自治体政策の現場からの学び

原田晃樹

第1節　問題意識

二〇〇六年四月、コミュニティ福祉学部に、新学科として「コミュニティ政策学科」が開設された。われわれ社会科学系教員の大きな関心事は、山積する地域の社会問題を前に、もはや行政や企業などの単一のアクターでは対応できなくなっている現実に対し、いかにして自治体、NPO／NGO、地域団体などの多様な地域アクターが連携して地域の問題解決を図っていくか、言い換えれば、地域のガバナンスをどのように再構築するかということである。そして、コミュニティ政策学とは、まさにそういった時代状況を反映した学問領域であり、多元化した現代社会にあって、多様なアクターのコラボレーションによって地域コミュニティを再生し、エンパワーメントするための学問なのである。したがって、コミュニティ政策学は必然的に学際的であり、現場からの学びが求められる。

コミュニティ政策学科は、福祉・思想・宗教・心理・社会など、異なる分野を専門とする教員で構成されているが、これは地域を横割りでとらえ、学際的なアプローチで課題解決につなげていこうというねらいがある。そして、現場からの学びの場として特に力を入れているのが、各種の演習（ゼミ）である。そこで、本章では、コミュニティ政策学科の社会科学系教員による、フィールド型演習の実践を紹介する。

第2節　本学科の演習体系

本学科では、現場からの実践的な学びを重視するフィールド型教育を標榜し、演習の充実に力を入れている。演習では、何らかのかたちで現場に触れさせる機会を提供している。それは、現場に直に触れ、そこから学びとるというリアルな体感が、問題関心を高めていくうえで重要な感覚だからである。

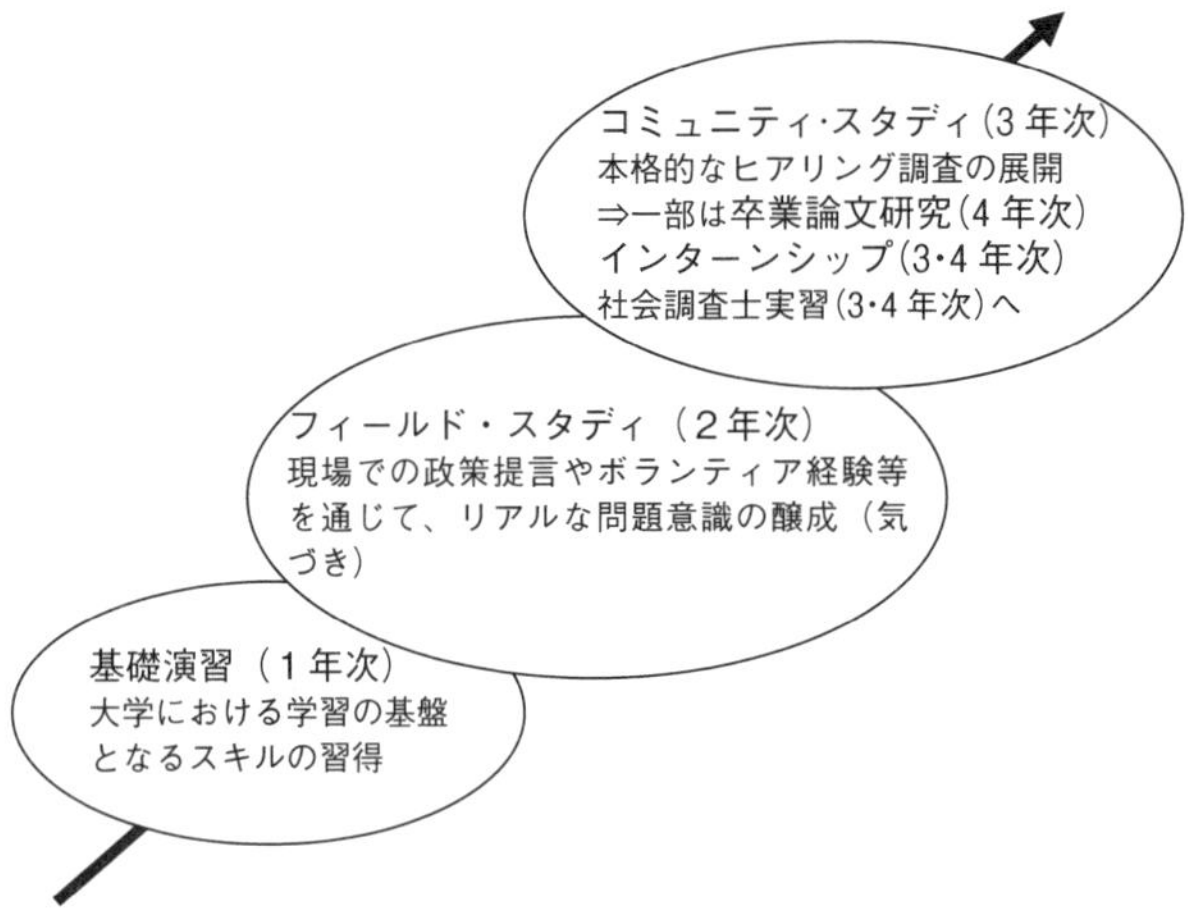

図9-1　コミュニティ政策学科のフィールド型教育（演習の体系）

出所：立教大学コミュニティ福祉学部藤井敦史准教授作成データに加筆・修正

そのため、本学科では一～四年次までの各年次に、演習が配置されている（図9-1）。すなわち、一年次には、大学での学び方など基礎的な知識の習得を目指す「基礎演習」（必修・前期二単位）、二年次には、現場でのリアルな問題意識の醸成（気づき）を体験させる「フィールド・スタディ」（選択必修・通年四単位）、三年次には、現場からの学びを通じた政策課題研究を目指す「コミュニティ・スタディ」（選択・通年四単位）、四年次には、学生生活の集大成として卒業論文を執筆する「卒業研究演習」（選択・通年六単位＋卒論認定二単位）が用意されている。

対象への関心を高め、問題意識を培っていくためには、学生が自ら課題を見出し、それを自分なりに考え、調べる姿勢が不可欠である。現場からのリアルな体感・体験が、さらに探求心を刺激し、新たな発見・気づきにつながっていくという循環が、より深い学びにつながる。これは、一年の演習だけでできるものはなく、通常、卒業までのスパンでとらえる必要がある。そこで、二年次までの演習では主に問題意識の醸成・気づきに軸足を置き、実践的なフィールド調査やヒアリング調査については、基本的に三年次のコミュニティ・スタディや四年次の卒業研究で行うことを想定している。

筆者の場合、二年次以降の演習では、「自治体の政策課題研究」を共通テーマとしている。自治体の政策について、学生・教員との話し合いにより関心ある領域・事項を取り上げ、体験学習（参与観察）を行いながら政策づくりの実際を学ぶ。現場の政策課題に触れさせる点では一貫しているが、年次進行につれて深い学びにつながるようにしている。ただし、演習では、授業期間中においてもゲスト・スピーカーの招へい、視察、ヒアリング調査などの機会を用意しているものの、通常の授業科目である以上、どうしても物理的な限界がある。このため、夏休みに行う合宿での体験を演習の柱に置き、前期では合宿に向けた準備活動、後期では合宿で得られた知見に基づき、学生の意向を重視した関連調査を行うようにしている。

なお、三年次の演習としては社会調査士資格の取得を目指し、量的または質的な調査をする「社会調査実習」（選択・通年四単位）と、就業体験を中心に就業体験現場に関する政策課題調査を行う「インターンシップ」（選択・通年四単位）が用意されている。これらは、それぞれ資格取得やインターンシップ実習を直接的な目的としているものの、事前・事後学習を重視しており、ゼミとして機能させている。このため、三年次では、最大三種類の演習を履修することができるようになっている。

以下では、これらの演習のうち、二年次のフィールド・スタディと、三年次のコミュニティ・スタディの活動について、夏季合宿を中心に紹介する。

第3節　学びの実際(1)——フィールド・スタディ（二年次）の場合
：「全国大学政策フォーラム in 登別」への参加

1　大学政策フォーラムの趣旨

二〇〇七年度のフィールド・スタディでは、夏季合宿として参加する「全国大学政策フォーラム in 登別」（以下「政策フォーラム」）を軸に活動内容を組み立てた。政策フォーラムとは、「自治体政策を学ぶ全国の大学生・大学院生等が登別市に集い、市民との交流やフィールド・ワークを通してまちづくりの実態を学ぶとともに、学生相互の交流を通して自治体政策について議論を展開することにより、学生の政策形成能力の向上を図ることを目的」（「政策フォーラム開催要綱」）として毎年実施される、学生、自治体職員、市民による課題検討の場である。

これは、北海道登別市に個人的にかかわっていた今川晃同志社大学政策学部教授と、議員・職員有志によって、登別市の活性化の取り組みの一環として提起されたものである。今川教授が発起人として全国の大学教員をメンバーに募ったうえで、登別市企画課が事務局を担い、市の公式な事業として実施されている。

登別市にとっては、ガバナンス改革や地方分権改革が進むなか、地域で山積する課題解決に向けた政策形成能力、政策法務能力の向上が急務となっている。また、市民との協働のまちづくりに対するニーズが高まっており、職員の仕事のスタイルそのものの見直しも迫られている。政策フォーラムは、自治体行政や政策研究を専門とする教員との交流の場となるだけでなく、全国の教員と学生が集結し、政策議論を行うことによって、全国に向けて情報発信する機会にもなる。この意味で、職員の生きた研修の場になっている。

他方、学生にとっては、登別市民との交流や、各地域の情報を持ち寄った学生相互の交流を通じて、地に足の着いたより生き生きとした政策形成能力を磨く学習機会が与えられる。近年、筆者の所属する学科を含め、政策系大学院・学部・学科が増加しているが、現実の社会を舞台に、現場の実情を検証したうえで政策提言を行う場は、これまでほとんど用意されてこなかった。特に、地域政策の実情を学ぶうえで、自治体行政の現場にかかわることは重要であるが、自由な政策議論を行うことができる開かれた自治体は、残念ながらごく少数にとどまっている。政策フォーラムは、自治体政策を研究する教員にとっても、貴重な学びの場になっているのである。

市の全面的な協力があってはじめて成り立つものであるが、曲がりなりにも反響を呼び、継続した開催につながっているのは、現場の自治体や市民、学生、教員それぞれに学びの意義が共有されているからにほかならない。

2　政策フォーラムにおける学生の学び

二〇〇六年度に第一回の政策フォーラムが始まって以来、二〇〇八年度で三回めを迎えた。内容は少しずつ改良が加えられているが、例年、一日めは市内見学・市民との交流会、二日めはフィールド・ワーク、三日めは成果発表・表彰・市民フォーラム（シンポジウム）、という流れで行われている。政策フォーラムには、例年、八〜十大学・学部から、六十〜八十人程度の学生が参加する。

学生は、初日に、市内見学や市のテーマ別概要の講義を受け、調査内容や取りまとめの方向性を固める。そして、二日めに、ゼミ生が手分けしてフィールド調査に出かけ、その内容を踏まえてプレゼン資料を取りまとめる。三日めの朝には、データを事務局に提出しなければならないので、非常にタイトなスケジュールである。その後、市民を招いた成果披露（プレゼン）が開催される。これは、学会の発表のように発表時間と質疑時間が設定され、市幹部、商工会議所会頭、各種団体の長、教員代表など数名で構成される審査員によって、順位がつけられる。最優秀賞、優秀賞、議長特別賞には盾と副賞（地元の名産品）が贈呈され、次いで、審査員の一部と賞を受賞したゼミの代表による市民フォーラムで意見交換が行われ、合宿の総括がなされる。

宿泊先や交流会（懇親会）は、登別温泉で最大のホテルで行われる。洞爺湖サミット参加国代表が宿泊した高級ホテルで、源泉掛け流しで数種類もの泉質を楽しむことができ、食事も大変豪華である。学生は相応の自己負担を求められるが、政策フォーラムの受入準備から当日のサポートまで、一切を登別市に引き受けていただいている。筆者の演習での合宿は、冷暖房すらないような安宿にしか泊まらないため、政策フォーラムの宿泊施設や食事の豪華さについては、他の学年のゼミ生からしばしばうらやましがられるが、実質二日間でプレゼン資料をまとめなければならないため、学生はそれらを満喫する余裕などないのが実際のところである。少なくとも筆者のゼミでは、毎年三日間ほぼ徹夜である。

だが、学生にとっては、地域政策や自治体行政など類似するテーマを抱える他大学の学生と交流し、互いに政策を競い合う機会をもつことへの関心は高く、合宿に行った学生の満足度もおしなべて高い。筆者の演習では学生に対し、四月の授業開始当初から、政策フォーラムでの受賞をゼミ活動の目標として提示することで、学生の関心の高さを自主的・自発的な学習につなげるよう促している。前期は大学政策フォーラムに向けた準備作業という名目で、文献講読をしたり、班ごとにテーマを決めてヒアリングに出かけたりしている。班ごとのテーマについてある程度の理解が進んでいくと、ヒアリングなどへの取り組み姿勢もより積極的になっていく。温泉観光地の官民協働による地域活性化を検討した班では、当事者の声を聞くために伊豆や草津に出向く者もいた。

このように政策フォーラムは、開催期間において得られる学びだけではなく、開催までの準備期間でも学生の対象への関心を高め、自主的・主体的な学習習慣を身に付かせる点で、高い効果が期待できるのである。また、学生の政策提言内容については報告書に取りまとめ、市の商工会議所などに設置するとともに、市は個々の提言内容についてその実現可能性を検討する、といった対応もなされている（写真参照『北海道新聞』二〇〇八年一月十日付夕刊）。

ただし、限られた時間のなかでの政策提言は、アイデア勝負のようなところもあり、提案内容を裏づける根拠や実態分析などへの配慮に乏しい。そのため、合宿後の後期の授業において、より深く掘り下げた検討を行うようにしている。たとえば、市民と行政との協働について検討した班では、合宿後に事業型ＮＰＯの資金調達についてのデータ収集・分析を行った。学生たちは、なぜ、地域福祉活動や地域通貨の普及など、収益を見込みにくい事業に取り組むＮＰＯが組織を維持できるのかということに疑問を抱いていたが、既存の文献では彼らにとって満足のいく答えは得られなかったからである。文献の多くは、事業型ＮＰＯについ

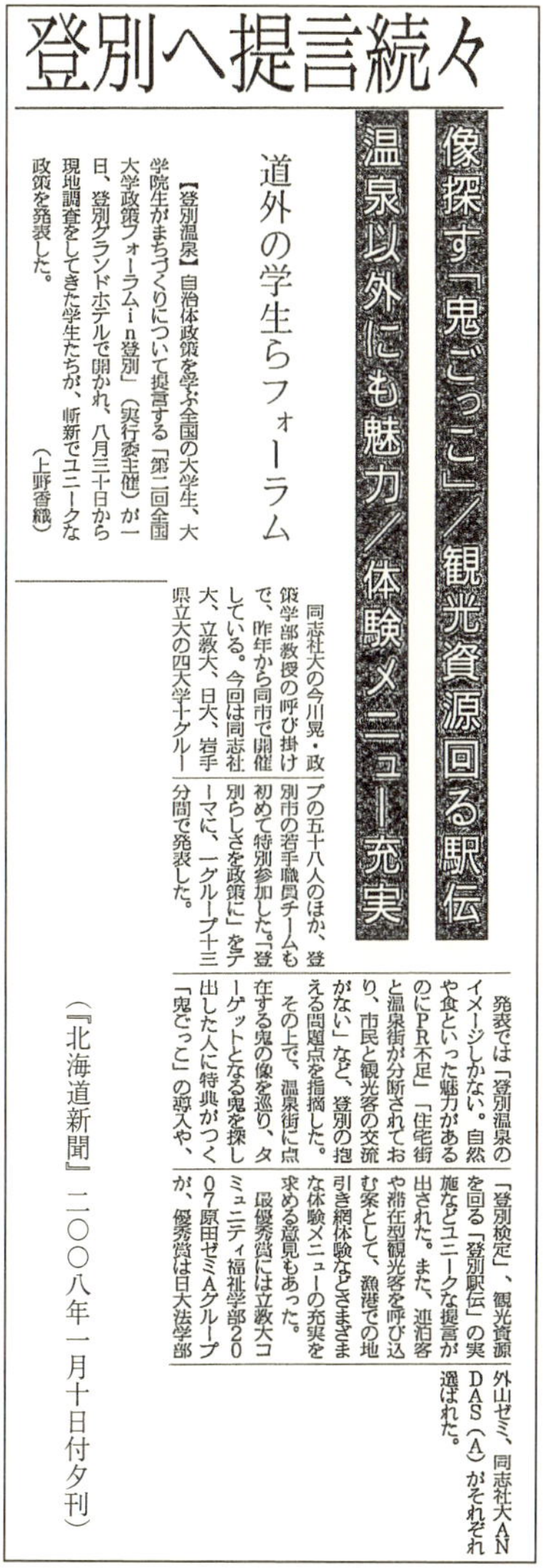

登別へ提言続々

像探す「鬼ごっこ」／観光資源回る駅伝
温泉以外にも魅力／体験メニュー充実
道外の学生らフォーラム

【登別温泉】自治体政策を学ぶ全国の大学生、大学院生がまちづくりについて提言する「第二回全国大学政策フォーラムｉｎ登別」（実行委主催）が一日、登別グランドホテルで開かれ、八月三十日から現地調査をしてきた学生たちが、斬新でユニークな政策を発表した。（上野香織）

同志社大の今川晃・政策学部教授の呼び掛けで、昨年から同市で開催している。今回は同志社大、立教大、日大、岩手県立大の四大学十グループの五十八人のほか、登別市の若手職員チームも初めて特別参加した。「登別らしさを政策に」をテーマに、一グループ十三分間で発表した。

発表では「登別温泉のイメージしかない。自然や食といった魅力があるのにPR不足」「住宅街と温泉街が分断されており、市民と観光客の交流がない」など、登別の抱える問題点を指摘した。

その上で、温泉街に点在する鬼の像を巡り、ターゲットとなる鬼を探し出した人に特典がつく「鬼ごっこ」の導入や、「登別検定」、観光資源を回る「登別駅伝」の実施などユニークな提言が出された。また、宿泊客や滞在型観光客を呼び込む案として、漁港での地引き網体験などさまざまな体験メニューの充実を求める意見もあった。

最優秀賞には立教大コミュニティ福祉学部2007原田ゼミAグループが、優秀賞は日大法学部外山ゼミ、同志社大ANDAS（A）がそれぞれ選ばれた。

（『北海道新聞』二〇〇八年一月十日付夕刊）

て「社会問題をビジネスで解決する」事業体としてとらえる傾向が強く、彼らはヒアリングや合宿での経験から直感的に違和感を覚えていた。そこで、文献などで紹介されている主要なＮＰＯ法人について、その事業報告書と収支計算書をｗｅｂのＨＰや都への情報公開請求により取り寄せ、事業活動の類型化を試みるとともに、財源構成を分析してみることにしたのである。

その結果、比較的財政規模の大きな事業型ＮＰＯについては、財源の多くが公的資金で占められている実態が浮き彫りになった一方で、ボランティアや会費・寄付が重要な資源になっているＮＰＯの場合、支援者のネットワークづくりに多くの労力を費やしていることがうかがえた。こうしたデータの分析を通じて、学生たちは、①事業型ＮＰＯにとって公的資金は持続的な事業展開に不可欠の資源であるが、ＮＰＯのビジネス性を過度に強調しすぎると、この点が曖昧にされてしまう危険があるのではないか、②ＮＰＯのミッションや活動に共感する人・組織のネットワークはＮＰＯにとって重要な資源であると同時に、そうした資源にアクセスできるネットワークづくりが、結果として豊かなコミュニティ形成につながるのではないか、といった「気づき」を得ることができたのである。

筆者が関心をもつ領域は、確固たる理論や調査手法が確立されているわけではない。また、研究の蓄積にも乏しく、教科書の類もどちらかというと海外の事例をベースにしており、必ずしもわが国の実態に即した記述にはなっていない。そのため、現場に出向き、そこで感じとったことから問いを設定し、それについて徹底的に調べてみるという姿勢が重要になってくる。実際、これらの調査をした学生たちは、調査を通じて問題意識が醸成され、それを調べ、事実を確認する作業の過程で「喜び」や「感動」を感じとっていた。学生の学びがより深いものになるには、彼らの知的好奇心を満たす教員側の配慮が大きな意味をもつといえよう。

第4節　学びの実際(2)――コミュニティ・スタディ（三年次）の場合：自治体政策の現場体験

二〇〇八年度のコミュニティ・スタディは、市町村合併後のコミュニティのあり方を通年のテーマとし、春季・夏季の合宿と学期期間中のヒアリング調査を軸に、自治体やNPOがどのようにコミュニティ形成に取り組んでいるかを実態調査することにした。合宿先については、いずれも筆者が多少なりとも調査などでかかわっているところを選んだ。二〇〇八年度については、春季合宿は滋賀県余呉町と近江八幡市、夏季合宿は三重県伊賀市で行った。

1　春季合宿――余呉町における地域ケア

◆余呉町の「福祉のまちづくり」

余呉町は、滋賀県の最北端に位置する山村である。面積は一六七・六二平方キロメートルであるが、総面積の九二パーセントは山林であり、人口は南部の平場に集中している。人口は四千人弱であるが減少傾向に歯止めがかからず、一九九〇年には過疎指定を受けている。二〇〇五年十月現在の高齢化率は、三〇・六パーセントに達している。これまで、三度にわたる町を挙げての集落移転（うち一回は、丹生ダム建設に伴う移転）も行われ、町の北部山間地域から次第に限界集落が増えつつある。

余呉町の歴史は他の過疎町村と同様、補助金に依存する歴史であった。とりわけ、バブル期前後からハコモノ建設にドライブがかかり、三位一体改革もあいまって、現在そのツケが町財政に重くのしかかっている。町は、この財政危機を市町村合併によって対応しようとしたがうまくいかず、結果的に取り残されることとなった。

町は、ハコモノ整備には力を入れていたが、介護基盤整備では県内で最も遅れていた。しかも、町は早々に合併を模索していたため、将来に向けた対応への見通しはまったく立っていなかった。ただ、こうした状況は、けっして合併によって解消されるものではない。むしろ、このままの状況で合併すれば、地域は完全に崩壊してしまうだろう。合併如何にかかわらず、そこに住み続ける住民（特に高齢者や障がい者）ケアの道筋をつけておく必要があった。

町はさまざまな模索を経て、第三期介護保険事業計画の策定時に、①やまなみセンター（保健センター）内にあった空きベッドの重度障害者居宅施設への転用、②認知症対応型のデイサービス施設整備、③グループ・ホーム施設整備、④グループ・リビング（在宅での生活が困難な高齢者の共同住宅）施設整備など、地域密着型の小規模施設を中心に整備することとした。

このねらいは二つあった。一つは、町の介護保険財政への負荷を抑制することであり、もう一つは、介護サービスを求めて町外に流出する数を、最小限にとどめたいというものであった。高齢者が、ちょっとした転倒などで介護を要する状態になった場合、町内に介護基盤施設は皆無なため、町外の施設に移るか、子どもが住む他自治体に移らざるを得ないのが現状であった。そして、こうした場合であっても、介護報酬や診療報酬は多くの場合、町からの支出であり、財政的な負担感もあった。このため、ぎりぎりまで在宅での生活を続けられる支援を重視し、在宅生活を続けられなくなった住民には、町内の小規模施設に移ってもらうようにした。町ではこれを「自宅でない在宅」と呼んでいる。小規模施設の整備は、高齢者を町内にとどめるための仕組みづくりでもあったのである。

これらの施設の大半は、現有の町施設の転用や空き家の改修・改築などによって賄われた。空き家の改修・改築が可能になった背景には、地元住民の有形無形の協力があった。通常、認知症のグループ・ホームの建設などに対しては、総論賛成の姿勢とは裏腹に、地元で強い反対の声が上がりがちである。しかし、町は住民と何回も町の将来像について話し合いの場をもち、合意を取りつけただけでなく、どこに使えそうな空き家があるのかをリストアップする作業の協力まで引き出した。さらに、古民家を囲炉裏や土間のある風情ある造りに改修し、地元の食材（そば粉、わさび、山菜、鹿肉など）を使ったそば打ち体験のできる店を、介護基盤（健康づくり事業）の一環として整備し、やりがいを求める高齢者のためのコミュニティ・ビジネスとして運営する仕組みも用意した。

こうした介護基盤の運営については、一般に社会福祉協議会や町の第三セクターといった事業所が運営することが通常だが、余呉町の場合、町の介護基盤整備の理念に共感してくれた町外の社会福祉法人を誘致し、運営を委ねた。この直接的な理由は、社会福祉協議会に追加の事業運営を行う体力がなかったからであるが、このことで、かえって合併後も町内の介護基盤運営が継続される道が開かれたのである。

◈余呉町における学びの視点

以上が、余呉町における地域ケアの取り組みである。これは、逆境をむしろ好機ととらえ、地域資源を最大限に生かした示唆に富む事例といえる。実際、余呉町は、「福祉のまちづくり」の事例として注目されつつある。合宿では、今回の仕掛け人の一人である総務課長と保健福祉係長にマイクロバスで案内していただき、実際に「そば打ち道場」でそば打ち体験もさせていただいた。学生は観光気分も味わうことができたが、それ以上に多くの学生が感銘を受けたのは、町内外のごく一握りの志ある職員・協力者が、職場や地域を巻き込み、共感を得ながら事業展開していった過程である。

学生たちには、市町村より都道府県、都道府県より国の職員のほうが政策形成能力に勝るというイメージをもつ者が少なからずいた。たしかに、伝統的な地方自治論では、市町村の政策は国や県など上級機関のそれに基づくものであり、上下主従の関係にあるとする規範的なとらえ方が支配的であったし、自治体の政策モデルを扱う教科書のなかには、現場職員の仕事はもっぱら政策の執行にたずさわる存在であることを暗黙の前提にしているものがあるため、学生たちがこのような考えをもつのは、ある意味無理からぬことかもしれない。だが、学生たちは、余呉町の取り組みを通じて自分たちの考えが先入観にとらわれていたことを認識したようである。一見、政策の忠実な執行者と見なされがちな現場の職員は、実は広い裁量を有しており、現場職員の裁量行使のありようによって政策の有効性が大きく変わりうるのではないかということを、学生たちは「発見」したのである。

実際のところ、たとえ上司や上級機関が現場の職員の行為をどれだけ厳格に縛ろうとも、一定の裁量は残らざるを得ないし、現場との相互作用によって現場の情報がフィードバックされる可能性があるということからすれば、むしろ裁量の弾力的な行使は積極的に認めるべきであるという主張も成り立つ。その場合、問題は、法制度で規定される本来の目的を顧みることなく、法令・通達などの縛りを傘に、杓子定規な対応を正当化しようとする姿勢にこそ求められるということになろう。こうした現場職員はストリート・レベル官僚と称され、どちらかというと否定的な文脈で扱われるが、学生たちは現場の取り組みを目の当たりにすることで、感覚的に現場から学ぶことの重要性を理解したのである。

余呉町の場合、切羽詰まった状況のなかで、やむにやまれず立ち上がった町内外の数人の活躍によって、新しい地域ケアシステムの構築に結びついている。その取り組みは、必ずしも順調なものではなかったはずである。通常、現場職員は、本庁部門や国・県などから発せられる法令に基づく指示・命令と、現場からの意向・ニーズへの対応の必要との間でジレンマに立たされている。ヒューマン・サービスのような不定型な業務では現場で活躍するまじめな職員ほど、このジレンマは大きなものになる。余呉町の場合、ジレンマから脱却するための一つの方向が、現場レベルでの多様な主体との相互作用にあったのだといえる。このことは、よくいわれる「お役人仕事」を打破するためにも重要な視点である。筆者自身、先進的なまちづくりの現場において、どのような葛藤があり、現場職員はそれをどう乗り越え、課題解決に結びつけていったのか、そして、そこにどのようなアクターがかかわったのかといった、現場レベルにおける政策形成のダイナミクスを丁寧に描き出すことの重要性を、あらためて学んだ。

2　夏季合宿――伊賀市における自治と協働

◆伊賀市の概要と自治・協働

伊賀市は、二〇〇四年十一月に六市町村が合併して誕生した。人口は十万人ほどであるが、面積は五五八平方キロメートルある。伊賀市では、合併後に地域が寂れることのないようコミュニティによる自治の基盤づくりを志向し、合併して最初に制定された自治基本条例で、小学校区単位で住民自治協議会組織の設置が規定された。住民自治協議会は計画策定や地域の重要事項等に対する同意権など、一定の権能が条例で担保されているのが特徴であり、立ち上げや運営にかかる経費について自主執行可能な補助金が交付されている。

その後、二〇〇六年八月に策定された地域福祉計画では、社会福祉協議会の地域福祉活動計画と一体で策定され、高齢者保健福祉計画、介護保険事業計画、障害者福祉計画、次世代育成計画、健康21計画など、保健福祉関連計画の上位計画として位置づけられることとなった。さらに、地区別計画では、総合計画の地区別計画や住民自治協議会が策定する地域まちづくり計画との整合も図るため、地区社協の職員がこれらの計画策定に参加し、現場で連携できる体制をとった。

このように、伊賀市では地域福祉計画を単に福祉部門の一計画としてではなく、福祉部門全体、さらには市民の活動を包摂する協働の基本計画として機能させようとしていることに、大きな特徴がある。そのため、むしろ協働の基本方針やコミュニティ・NPO支援策など、全市にかかわる事項については、地域福祉計画の策定過程で議論し、策定後もそのあり方や改善策等について検討することになっている。そして、その会議は社会福祉協議会が事務局となって議事進行を進めつつ、一般市民、各種団体、市福祉部門と管理部門の職員など、多様なアクターが参加し、行政職員も一メンバーとしてかかわるというように、行政計画としては珍しい体制を取っている。

具体的には、市民、社協、市の三者で合意した七つの緊急課題についてテーマ別検討部会を設け、総合振興計画をはじめとする関係計画への意見反映とその進行管理を行っている。地域福祉計画の策定後も、すべての部会でほぼ毎月検討がなされている。筆者はそのなかで地域福祉計画策定時に協働部会にかかわった経緯から、策定後の同部会の進行管理にもかかわるようになった。現在、市の協働に関する基本的な考え方について改めて検討するとともに、それを指定管理者制度や行革計画の見直しにつなげていこうとしている。

◆伊賀市からの学び

伊賀市の場合、住民自治協議会や民生委員など、現場で活躍する市民はどちらかというと社協との関係が深い。それは、社協が地域に根ざした活動を実践しているからにほかならないが、これをリードしているのは、〝カリスマ職員〟と称される二、三人の職員である。彼らが消費者被害、認知症ケア、住民自治協議会の運営など地域課題とダイレクトに結びつき、その解決に向けてさまざまな人や組織を巻き込んでいる。その結果が、市全体の基盤となる協働方針や行革見直し案の提起なのである。余呉町の場合と同様、現場の課題から政策を考え、地域のさまざまな資源にアクセスしながら解決に結びつけていこうとしているのである。

こうした現場志向型の政策は、市の計画策定手法にも従来とは異なる発想がみてとれる。通常、自治体の計画策定においては、総合振興計画を頂点として部門別計画にブレイクダウンするという考え方が支配的である。だが、伊賀市の場合は、現場との相互作用によって策定される地域福祉計画を起点として、そこから関連する行政計画や総合振興計画にフィードバックさせる策定手法への転換を目指す試みともいえる。伊賀市の取り組みを通じて、改めて現場志向型の政策形成の意義が確認できるのである。

学生には、できる限り現場で活躍する団体関係者の話を聞かせるようにした。また、実際に筆者が参加する協働部会に学生もオブザーバー参加をさせた。内容はかなり実務的であり、専門的な内容も多分に含まれていたが、そのことがかえって学生にはリアルな問題意識の醸成につながったようである。たとえば、伊賀市では、全国の自治体と同様、公の施設の指定管理や業務のアウトソーシングが進み、NPOや住民自治組織などもその受け皿になっている。部会では、このことが組織の資金ニーズを満たす反面、行政下請けの温床にもなっているという議論がなされ、両者の関係改善のためには、未整備のままである事業者選定プロセスの透明化や、事業費積算の基準を明らかにすることが必要だという結論で合意が図られた。こうした議論の過程では、部会のメンバーの配慮で学生たちにも積極的に意見させたが、現場の議論に参加することで、学生は下請け化の実情を肌で感じとり、さらに具体的な改善策をめぐる検討に加わることで、構造的なメカニズムを学ぶことができたようである。実際、日本ではいまだ公的資金をめぐる協働のルールづくりについて内実を伴う制度化に結びついているところはないため、現場のローカルな学びが、実は先駆的な内容であることに、議論に加わることでようやく実感できたのである。

協働やNPO活動などについては、教科書的な文献講読のレベルだとなかなか理解も関心も生まれにくいが、現場のリアルな検討の場に触れることで、学生は多くの刺激を受けたようである。

第5節　よいフィールド型教育（現場型学習）の条件

学生にとって、演習を通じたフィールド・ワークは、地域で実際に起きているさまざまな問題や人びとの生活をリアルに感じさせ、問題意識をもたせるという点で有効であるだけでなく、関連する講義内容の深い理解にもつながる。フィールド型教育の一義的な目的は、いうまでもなく学生に対するこうした教育上のニーズを満たすことである。しかしながら、学生の満足度さえ高まればそれでよいフィールド型教育といえるのかといえば、けっしてそうではない。そもそも、学生を受け入れてくれる現場団体や地域がなければ、フィールド型教育は成り立たないからである。

　学生が現場の実情を十分理解せず、半ば物見遊山の意識でかかわってしまえば、日々目の前の課題に苦闘している人からのひんしゅくを買うのは必然である。よいフィールド型教育となるには、「現場に対してお返しできることは何か」ということを意識した関係づくりが不可欠である。たとえば、ＮＰＯや当事者団体の場合、その活動に学生が共感的に理解し、演習の後も継続してボランティアとしてかかわったり、学生が社会人になった後も有形無形のサポーターとなったりすることは、お返しのひとつのかたちである。また、フィールド・ワークを通じてなにがしかの問題提起や提言、あるいは活動記録をまとめるといったことも、日常業務に忙殺されている団体にとっては、自身を振り返る機会になるかもしれない。事業型ＮＰＯや自治体などにとっては、それはある意味で外部評価的な視点を取り入れたことになる。これらが本当に現場の役に立つかは別にして、重要なことは、こうした現場へのフィードバックを意識したかかわりを通じて、現場の人たちとのラポールを構築することである。

　このような現場との関係は、日ごろから教員が調査研究などで一定の関係性を構築できているか、現場が求めるニーズと教員の専門性とが合致することによって成り立つ。そして、現場に対して一定のお返しができる関係を成り立たせるには、教員が現場に自らの専門性を還元しようとする姿勢が欠かせない。現場での出来事について、それが他の事例と比べたときにどのような意味をもつのか、あるいは理論的な枠組みに照らしたとき、どのような示唆が得られるのかといったように、教員と現場との相互作用が、現場のニーズを満たすための最大のポイントであるといえる。

　実際、本章で紹介した事例は、いずれも筆者がこれまでの自身の調査研究においてかかわってきたところである。地域で求められる調査や会議運営に協力したり、調査報告書の協力要請を受けたりと、日常的なつながりがあってはじめて現場の生々しい実態に参与させてもらえる。したがって、学生によい学びの場を提供できるか否かは、教員の専門性を通じた現場との関係性をいかに構築できているかにかかっているともいえる。

このことを図示したのが図9-2である。よいフィールド型教育とは、図の中央の共通集合部分であり、学生、教員、現場の三者がともに学びを得られる関係をいかに構築できるかということが求められる。逆に、失敗するフィールド型教育とは、現場のニーズに対する配慮に欠けていたり、教員の専門性とかけ離れた内容に陥っていたりする場合である。

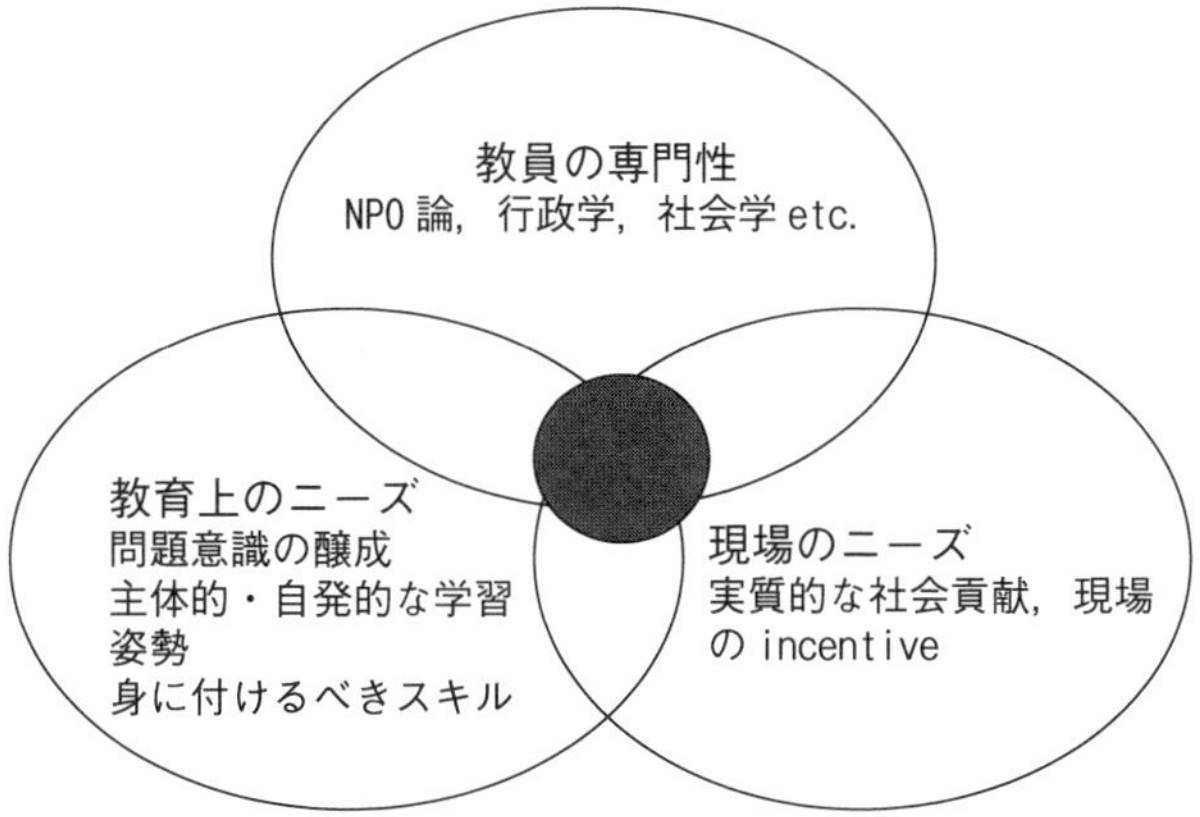

図 9-2　よいフィールド型教育の条件

出所：立教大学コミュニティ福祉学部藤井敦史准教授作成データに加筆・修正

ただし、教員がどんなに配慮しようとも、学生の関心や学びの意欲はさまざまであるから、気づきの対象・レベルもさまざまである。こちらのねらいどおりの学びに満足する者もいれば、予想もしなかったことに感動を覚える者もいる。あるいは、消化不良で終わってしまう者もいる。現場からの学びは、三者の相互作用によって成り立つ以上、不確定要素が多く、しばしば意図せざる結果を招く。現場型学習には「学びのゆらぎ」は避けられない。しかし、このことは、よいフィールド・ワーク型教育を目指すうえでむしろ不可欠である。「学びのゆらぎ」があるからこそ、三者の間に適度な緊張関係が生まれ、教員も現場も固定観念に陥りがちな思考を見直すことができる。そして、何より学生がさまざまな意見や考えに触れることで、自らの主張を相対化してとらえ直す機会にもなる。現場のさまざまな価値観や思想信条をもつ人たちや困難な課題に接するとき、適度な揺らぎを経験しておくことで、相手への理解も進みやすくなるように思う。学生の学びの揺らぎを厳格に統制するというよりは、むしろ一定程度許容しつつ、マネジメントできるようになることが、フィールド型教育を行っていくうえで教員に求められるもう一つの役割ではないだろうか。

＊謝辞　本稿は、現場の方々からのさまざまなご協力、ご助言によって執筆することができました。お礼申しあげます。なお、本章の文責はすべて筆者にあります。

【参考文献】

秋月謙吾（二〇〇一）『行政・地方自治』小林良彰編『社会科学の理論とモデル　9』東京大学出版会
サラモン、L・M著／江上哲監訳・大野哲明ほか訳（二〇〇七）『NPOと公共サービス――政府と民間のパートナーシップ』ミネルヴァ書房
篠原一（二〇〇四）『市民の政治学――討議デモクラシーとは何か』岩波書店
ショーン、D著／佐藤学・秋田喜代美訳（二〇〇一）『専門家の智恵――反省的実践家は行為しながら考える』ゆみる出版
西尾勝（二〇〇一）『行政学』（新版）有斐閣
リプスキー、M著／田尾雅夫・北大路信郷訳（一九八六）『行政サービスのディレンマ――ストリート・レベルの官僚制』木鐸社

第10章 障害者スポーツへの学生の取り組み

松尾哲矢

第1節　はじめに――正課と正課外教育の連携の必要性

大学全入時代を迎え、大学としてどのような教育を構築すればよいのかが問われている。中央教育審議会は「学士課程教育の構築に向けて」（平成二十年十二月二十四日中央教育審議会答申）のなかで、学生一人ひとりが「21世紀型市民」として自立した行動ができるような、幅の広さや深さをもった学士課程教育(*1)の構築を求めている。ここでは学部・学科等の組織の縦割りの壁を破り、いかに学生本位の幅の広い学びを担保できるかが問われており、それは「一般教育や共通教育、専門教育といった科目区分にとらわれることなく、学生の自主的活動や学生支援活動を含む教育活動全体を通じて検討されるべきもの」（「学士課程教育の構築に向けて」十頁）と認識されている。

この指摘からもわかるように、大学教育においては、今まで以上に大学教育課程の修了に足る知識・能力

*1　従来、大学教育においては「学部教育」という組織に着目した呼び方をされていたが、大学教育課程の修了にかかわる知識・能力を習得したかどうかが重視されるにつれ、学位を与える課程を中心とする考え方に立って、「学士課程教育」と呼称されている（「学士課程教育の構築に向けて」一頁）。

を習得したかが重視され、そのための学習成果の達成に向けて、学士課程教育の両輪ともいえる正課教育（共通教育、専門教育）と正課外教育の充実と連携が求められているといえよう。

そこで本稿では、学生が「障害者スポーツ」にどのように取り組むようになったのかという点に着目し、正課教育と正課外教育の連携とその方法という観点で検討してみたい。

第2節 「障害者スポーツ」をめぐる正課教育の変遷と正課外教育への誘い

1 福祉教育における「障害者スポーツ」の位置づけ

福祉教育において「障害者スポーツ」が取り上げられるようになったのは、最近のことである。従来、福祉分野において「スポーツ」とは、「日常の楽しみ活動」というより「リハビリテーション」の手段として位置づけられてきた。このため、身体のどの部位をどのように運動させれば、より効果的、効率的に機能回復が図れるかが重要視され、福祉文化の重要な一領域として、人間生活を豊かにする活動として認識されるまでには、時間を要した。また、スポーツを専門とするスポーツ関係学部においても、どちらかといえば、競技パフォーマンスの向上と人間の可能性の開花という点に力点が置かれ、障害者が日常的に楽しめる運動やスポーツの構築はもとより、パラリンピックに代表される競技的な障害者スポーツも、あまり言及されてこなかったといえよう。

このため「障害者スポーツ」領域は、その重要性にもかかわらず、福祉学領域とスポーツ健康科学、体育学領域の狭間にあって、どちらからもアプローチされにくい狭間領域となってきたのである。

2　コミュニティ福祉学部における「障害者スポーツ」の位置づけの変遷

コミュニティ福祉学部は一九九八年に設立され、当時は、図10-1に示すように、専門関連科目として「レクリエーション論」等など、四科目配置されていたのみであった。「障害者スポーツ論」「障害者スポーツ実践論」が設置されたのは、二〇〇二年度の改訂時である。二〇〇二年度の改訂でスポーツウエルネス関係の科目は七科目となり、二〇〇六年度に（財）日本障害者スポーツ協会公認初級スポーツ指導員資格の課程認定校となる。その後、二〇〇八年度よりスポーツウエルネス学科が開設され、「障害者スポーツ論」「障害者スポーツ実践論」「アダプテッドスポーツ論」など、障害者スポーツの専門家養成の道が拓かれた。学部開設十年目を迎え、障害者スポーツの領域は少しずつ認知されてきたといえよう。

3　障害者スポーツと学生の出会いと誘い

ここで、二〇〇一年にコミュニティ福祉学部に入学してきたK君に注目してみたい。K君は現在、大学院コミュニティ福祉学研究科博士課程後期課程に在籍中である。K君は大学の登録団体である、車椅子バスケットボールを中心とした障害者スポーツ支援の学生団体、「bisco」の生みの親であり、日本車椅子バスケットボール学生連盟の常任理事、肢体不自由児にスポーツプログラムを提供しているNPO法人バラエティクラブジャパンの運営担当者でもある。一年次、筆者が担当していた「レクリエーション論」で、障害者スポーツの現状と課題について触れた授業後、すぐに筆者の元にやってきた。K君は当時のことをこのように回顧している。

●1998年度発足当時
「コミュニティ福祉学科」
カリキュラム構成

【専門関連科目】
「心身ウエルネス」
「フィジカル・フィットネス」
「レクリエーション論」
「レクリエーション実践論」

●2002年度「コミュニティ福祉学科」
カリキュラム改訂後の構成

【コミュニティ人間学コース】
【コース共通】「ウエルネス福祉論」
【ウエルネスと福祉文化基幹科目】
「スポーツとコミュニティ」
「福祉とレクリエーション」
「障害者スポーツ論」
「障害者スポーツ実践論」
「ウエルネスと福祉文化と特論1·2」

●2006年度「福祉学科」
「コミュニティ政策学科」
二学科制スタートカリキュラム構成

【学部共通科目】「ウエルネス福祉論」
【コミュニティ政策学科基幹科目】
「スポーツ政策」
「余暇生活論」
「健康政策」
【コミュニティ政策学科展開科目】
「福祉とレクリエーション」
「障害者スポーツ論」
「障害者スポーツ実践論」

★2006年度より
●『初級スポーツ指導員』
((財)日本障害者スポーツ協会)
資格課程認定校

●2008年度「スポーツウエルネス学科」
「福祉学科」「コミュニティ政策学科」
三学科制スタート カリキュラム構成

【学部共通科目】「ウエルネス福祉論」
「生涯スポーツ論」「健康心理学」他
【スポーツウエルネス学科】
「福祉とレクリエーション」
「障害者スポーツ論」
「障害者スポーツ実践論」「スポーツ政策」
「余暇生活論」「健康政策」
以上，政策学科と共通科目
「アダプテッドスポーツ論」「運動療法論」
「運動処方論」「運動生理学」「運動方法学」
「コミュニティ・スポーツ論」
「スポーツ医学」「身体文化論」「解剖学」
「ユニバーサルスポーツ援助技術演習」
「トレーナー演習」
「レクリエーション援助論」
「レクリエーション援助演習」
「運動負荷試験演習」「健康運動指導演習」他

★2008年度より
●『保健体育免許(中学·高校)』
●『レクリエーションインストラクター』
((財)日本レクリエーション協会)
資格課程認定校
●『健康運動指導士』
((財)日本健康づくり事業団)
資格課程認定校

図10-1　コミュニティ福祉学部におけるスポーツウエルネス領域（障害者スポーツ等）の科目展開の推移

車椅子バスケットボール」に出会ったのは二〇〇一年（学部一年次生時）です。「レクリエーション論」の授業で、車椅子バスケットボールの試合のVTRを目にして、衝撃を受けたのを覚えています。車椅子同士の激しいぶつかり合い、腕のみでこいでいるとは思えないほどのスピード感、そのときに感じたのは、「かっこよさ」と「自分もこの種目を体験してみたい」という、あこがれのようなものであったかもしれません。また、障害者スポーツが文化として根づいていない課題が明らかになり、「これだ！」と直感しました。授業後、担当の先生に早速、相談をしました。すると、すぐに「肢体不自由児にスポーツプログラムを提供している、NPO法人バラエティクラブジャパンで活動している三年次生のWさんがいるよ。連絡してあげるから、すぐに会って話してみて」と言われました。それが車椅子バスケットボールとの出会いでした。

授業において、いかに問題領域に興味・関心をもたせるかが重要であることはいうまでもないが、さらに重要なことは、興味・関心をもった学生を「興味・関心をもつ」「試してみる」「自分なりのスタイルで継続する」という流れのなかで、次の活動にいかに「誘い」「つなぐ」かだ、といえよう。

第3節　正課外活動の支援の変遷と、学生による障害者スポーツ普及の取り組みに対する支援

ここでは、立教大学の正課外教育の考え方と特徴を踏まえ、K君の動きを中心に、正課外活動において学生による障害者スポーツ普及の取り組みとそれに対する支援が、どのように展開されてきたかをみてみたい。

1　正課外活動の支援と「学生助育」の理念

正課教育と正課外教育は、学士課程教育を支える車の両輪といっても過言ではない。しかし、正課外教育にどの程度目を向けられてきただろうか。ここでは、正課外教育を支える理念として、「学生助育」の理念に注目したい。

学生助育とは、「学生を各種の人間的な欲求をもって生活し成長する主体であると見なす観点に立ち、その発展と成熟を助長し援助する一切の活動」(文部省大学学術局学生課、一九五三)を意味する。この助育という考え方は、伝統的に、知的・専門技術的な教授研究に力点が置かれてきた狭義の大学教育の反省に立って、学生の全人的な統合を回復する目的をもって、科学的な方法論に基づく組織的な実践活動を展開する、教育の本質的な面を取り上げる必要があるという認識から出てきたものである。ここで重視されるべきことは、「学生について行われるあらゆる決定の中に、学生自身の考えや判断が生かされる。大学が提供しうる限りのあらゆる信頼すべき方法が学生のために与えられる」(文部省大学学術局学生課　一九五三、一三頁)ということである。

2　立教大学の正課外教育の支援と特徴

立教大学では、「キリスト教の精神に基づく人格の陶冶」という建学の精神と学生助育の理念を支援の基盤として位置づけ、学生生活支援部署において各種の正課外活動支援を実施している。支援としては、正課外教育プログラムの実施(二〇〇七年度、一〇八プログラム、参加者数のべ約一万四千名)や、登録団体(二〇〇八年六月現在、一九二団体)の支援、個別支援など、さまざまである。また経済支援としては、学生団体企画奨励金、課外活動高額備品購入援助金、課外活動発表会場使用料援助金などがあり、学生が主体的に考えて動くための経済的な支援を行っている。

また支援の特徴としては、①学生自身が考えて、判断して、動くことを支えるというコンセプトを共有していること、②各支援や学生相談において得られた知見を、学生生活支援協議会等で全学的に共有すること、③得られた知見をもとに、プログラムや授業（全カリ総合B科目：「自己理解・他者理解」「対人コミュニケーション」等）として新たに創造していくこと、などが挙げられ、この知見の共有化と知見を創造的に生かす仕組み、正課外教育を正課教育に生かす工夫と実践は特筆すべきであろう。

3　学生による障害者スポーツ普及の取り組みと支援の模索

さて、学生が自ら動くための活動支援をどう展開するか。事前に大学で用意できているものもあれば、まったく準備できていないものもある。特に障害者スポーツに対する認知が高くないなかで、どう支援すればよいのか。二〇〇一年に入学し、車椅子バスケットボールに出会ったK君は、そのころのことを次のように回顧する。

「二〇〇一年（学部一年次生）当時は、学内に競技用車椅子はなく、サークルなどの活動団体もない状態であり、紹介された学外のNPO法人の手伝いが中心でした。現在の母体となる活動が始まったのは、翌二〇〇二年（学部二年次生）です。障害者スポーツの楽しさを多くの人に知ってもらうために何ができるのか、何かをしたいという思いでいっぱいでした。そこでまず興味ありそうな学生数人に声をかけ、サークルもどきを作りました。そして、二学年上のNPO法人で活動していたWさんと、毎年十一月に行われる学園祭で『障害者スポーツ体験会』を開催し、企画運営を行いました。その際、先生に競技用の車椅子が必要であることを相談し、その後、学部でその必要性が認められ、年次的に競技用の車椅子を購入していただくことになりました。うれしかったです。その年に購入されたバスケットボール用車椅子四台に加え、市内の社会福祉協議会から日常用車椅子を借用し、IVYフェスティバル（学園祭）では、スラローム（車椅子での障害物競走）、シッティングバレーボール、サウンドテーブルテニス（視覚障害者の行う卓球）、車椅子バスケットボール体験などを行いました。またこの年に、サウンドテーブルテニスの用具を手作りで作成するための消耗品等を、『課外活動奨励金』（現・学生企画奨励金）によっていただいた最初の年でもありました。

二〇〇三年（学部三年次生）になると、車椅子バスケットボールを取り扱った映画『ウィニング・パス』を上映することで、障害者スポーツへの理解を深めたいと考えました。Wさんが卒業したこともあり、自らで動くしかなく、まず学生課の方に相談しました。課外活動奨励金の申請をすることにしましたが、申請の内容や書き方、上映の時期、広報の方法など、慣れておらず先生に相談しながら進めました。結果、五十名ほどの集客でしたが、少し自分で動くことに自信がもてました」

このように、K君が障害者スポーツ、なかでも車椅子バスケットボールに強い興味をもち、それを学内外に普及していきたいと思ったとき、どんな支援が可能なのか。相談を受けた場合、どうしたら学生の思いを実現できるのか。そのためには、学生自らで解決できることと大学や学部で解決すべきことを整理し、学生と教職員が相談しながら解決する方法を模索するスタンスが重要だといえよう。

学生と相談しながら進めることの重要な点は、相談するなかで、学部として大学として新たな取り組むべき課題の発見があることである。たとえば、競技用の車椅子の存在が、障害者スポーツにふれる意味でどれだけ大切かということを再認識することとなり、それが契機となって学部の理解を得ながら年次計画を立て購入することとなった。

また、障害者スポーツを考える機会を授業以外でもつくりながら、検討できる仕組みづくりの必要性を痛感し、学内外の障害者スポーツ関係の研究者と興味のある学生に声をかけ、「障害者スポーツカンファレンス」を二カ月に一回のペースで実施することになった。また、学部学生のために、授業以外に実際に車椅子の操作をしてみるなど触れさせる機会の必要性を強く感じ、「ボランティア講習会（全五回）」を学部プロジェクトとして開催した。

このように、相談するなかで新たな課題が明確となり、正課外活動が活性化するための仕組みをつくっていく契機になったのである。

第4節　学生団体の活動の支援の考え方と方法

ここでは、車椅子バスケットボールを中心とした障害者スポーツ支援の学生団体「bisco」の活動が、どのように定着していったのか、また、どのように「内向き」から「外向き」の支援団体へと展開しているのか、そのプロセスと支援の考え方について検討してみたい（表10-1参照）。

1　学生団体の活動と授業との連携

車椅子バスケットボールを中心とした障害者スポーツ支援の団体が育っていく道筋は、必ずしも平坦ではなかった。競技用の車椅子が少しずつ確保されるなかで、K君を中心に未公認団体「アセック」が二〇〇四年に結成される。しかし、人数の確保はたやすいことではなく、代表のK君が時々研究室を訪れた。そこで、「障害者スポーツ論」の授業のなかで、授業の内容と関連づけながら障害者スポーツ支援の取り組みの現状と課題について、K君に話してもらった。結果、活動に共鳴し、取り組みの必要性を感じた学生もその

表 10-1　車いすバスケットボールをめぐる活動の状況と大学支援，学外との連携について（K 君の活動に着目して）

年度	K 君およびサークル（「アセック」「bisco」）の主な活動	教員の支援，大学の支援	学外での活動，支援方策
2001 年	【大学 1 年次生】 ●「レクリエーション論」のなかで障害者スポーツ「車椅子バスケットボール」に衝撃を受ける。 ●肢体不自由児のスポーツプログラムを提供している NPO 法人バラエティクラブジャパン（代表：千葉雅昭氏）を紹介してもらい手伝いを始める（2008 年まで継続中）。	●授業後，相談に来たので肢体不自由児にスポーツプログラムを提供している NPO 法人で手伝いをしている 3 年次生 W さんを紹介する。	
2002 年	【大学2年次生】 ●学内で何かできないかと考えていた。 ●【前期】 興味のある学生に声をかけ「サークルもどき」を作る→IVY フェスタに向けて 5 月から隔週でミーティング ●【後期】〈課外活動奨励金〉センブラル・アジア寺子屋・昼バス会と連名で申請。 ※IVY 実行委員会主催に位置づけ奨励金を使って，東京都車いすバスケットボール連盟選手を招聘する。 ※IVY（学園祭）でシッティングバレーボール・サウンドテーブルテニス・スラローム等体験会を実施する。	●教員が課外活動奨励金について相談を受ける。申請書の書き方等について指導する。 ●学生課の職員から奨励金申請の提出の仕方，奨励金の使用手順等，具体的な方法についてアドバイスを受ける。 ●競技用の車椅子の購入の相談を受け，その必要性から学部で年次計画を立て購入することとし，まず学部で競技用車いすを 4 台購入する。 ●オータムフェスティバルにおいて学内の食堂，駐車場の確保など大学より支援を受ける。	●オータムフェスティバルを立教大学ウエルネス研究所と NPO 法人バラエティクラブジャパンとの共催で実施する。
2003 年	【大学 3 年次生】 ●【前期】 大学の競技用車いすを借りて遊び始める。 〈課外活動奨励金〉7 月「ウイニングパス」上映会開催（50 人程度の集客）。IVY 実行委員会・SEMBRAR・昼バス会連名で申請，支援を受ける。 ●【後期】 IVY—車いすバスケット体験会（アセックという未公認の団体を作る），IVY 実行委員会主催に位置づけ車いすラグビーデモンストレーションを実施する（コミ福学生の F 氏(車いすラグビー選手）の協力を得る)。	●学部で競技用車いす 5 台購入。 ●学内，学外の教員，学生等で障害者スポーツカンファレンスを創設し研究会を開催する。 ●オータムフェスティバルにおいて学内の食堂，駐車場の確保など大学より支援を受ける。	●オータムフェスティバルを立教大学ウエルネス研究所と NPO 法人バラエティクラブジャパンとの共催で実施する（民放：ニュースの取材・放送)。
2004 年	【大学 4 年次生】 ●【前期】 サークル「アセック」未公認団体，車いすバスケットボールの定期的な練習。 ●【後期】〈課外活動奨励金〉アセックとして IVY での車椅子バスケット体験会の実施を目的として奨励金を受ける。IVY—車いすバスケット体験会の実施。	●学部の研究センタープロジェクト事業としてボランティア講習会（計 5 回：講師：NPO 法人バラエティクラブジャパン代表千葉氏)。 ●競技用車いす 5 台購入。 ●障害者スポーツカンファレンス開催。 ●オータムフェスティバルにおいて学内の食堂，駐車場の確保など大学より支援を受ける。	●オータムフェスティバルを立教大学ウエルネス研究所と NPO 法人バラエティクラブジャパンとの共催で実施する。

表10-1　つづき

年度	K君およびサークル(「アセック」「bisco」)の主な活動	教員の支援，大学の支援	学外での活動，支援方策
2005年	【大学院博士課程前期課程1年次生】 ●【前期】 サークル「アセック」未公認団体にコーチ的にかかわる。車いすバスケットボールの定期的な練習,ボランティアサークル「SEMBRAR」との連携をはかる。 ●「障害者スポーツ論」で興味をもったSさんらが積極的に参画する。 ●【後期】 IVY―車いすバスケット体験会（アセック，SEMBRAR）を実施する。	●「障害者スポーツ論」 で興味をもったSさんらにK君を紹介し，積極的な参画を促す。 ●学部で競技用車いすを4台購入し，全カリ「スポーツ実習」で2台購入する。 ●オータムフェスティバルにおいて学内の食堂，駐車場の確保など大学より支援を受ける。	●オータムフェスティバルを立教大学ウエルネス研究所とNPO法人バラエティクラブジャパンとの共催で実施する。
2006年	【大学院博士課程前期課程2年次生】 ●未公認団体「アセック」を変更し，未公認団体「bisco（ビスコ）」となりコーチ的にかかわる。 ●〈課外活動奨励金〉IVYでのイベント開催において学生企画奨励金を受ける。IVY―車いすバスケット体験会。	●(財)日本障害者スポーツ協会公認資格「障害者スポーツ指導員初級」課程認定校となる。 ●オータムフェスティバルにおいて学内の食堂，駐車場の確保など大学より支援を受ける。	●オータムフェスティバルを立教大学ウエルネス研究所とNPO法人バラエティクラブジャパンとの共催で実施する。 ●ウエルネス研究所・豊島区教育連携事業に「bisco」が協力。豊島区千川中学校―千葉ホークス4名，講習会(東京新聞掲載)。
2007年	【大学院博士課程後期課程1年次生】 ●「bisco（ビスコ）」にコーチ的かかわり，〈学生企画奨励金〉IVYでのイベント開催，車いすバスケット体験会/千葉ホークスデモゲームを実施する目的で奨励金を受ける。 ●「bisco（ビスコ）」学外への普及活動を積極的に開始する–地域の団体に対する車いすバスケットの指導（月1回）を行う。 ●「bisco（ビスコ）」児童館の児童を対象に車いすバスケット体験会（新座キャンパス）を実施する。 ●日本車椅子バスケットボール学生連盟のスタッフとなる。	●オータムフェスティバルにおいて学内の食堂，駐車場の確保など大学より支援を受ける。 ●学外の普及活動のため競技用の車椅子を貸与する。	●オータムフェスティバルを立教大学ウエルネス研究所とNPO法人バラエティクラブジャパンとの共催で実施する。
2008年	【大学院博士課程後期課程2年次生】 ●「bisco（ビスコ）」にコーチ的かかわり，〈学生企画奨励金〉IVYでの車いすバスケット体験会/千葉ホークス対大学連盟有志デモゲームに対して奨励金を受ける。 ●「bisco（ビスコ）」が登録団体となる。 ●「bisco（ビスコ）」が普及活動を積極的に実施する。 ・地域の団体に対する車いすバスケット指導（月1回）。 ・国際医療福祉大学車いすバスケット体験会協力。 ・児童館の児童を対象に車いすバスケット体験（新座キャンパス）。	●オータムフェスティバルにおいて学内の食堂，駐車場の確保など大学より支援を受ける。 ●学外の普及活動のため競技用の車椅子を貸与する。	●オータムフェスティバルを立教大学ウエルネス研究所とNPO法人バラエティクラブジャパンとの共催で実施する。

輪に加わり、定期的な活動に向けた契機となった。
障害者スポーツを支援したい学生の思いを授業の内容と共鳴させながら、取り組みで得られた知見を授業に生かす。そして新たに学生が自ら活動を起こしていく。この課外活動と授業の往還運動は、教育の重要な営みのひとつといえるかもしれない。

2　学生団体の活動と経済的、物的、コンサルテーション的支援

車椅子バスケットボールを中心として障害者スポーツ支援を行う未公認団体「アセック」は、「bisco」と名前を変え、二〇〇六年には登録団体申請を行い、そして二〇〇八年には正式に登録団体（公認団体）となった。その過程において大学や学部からの経済的、物的、コンサルテーション的支援の重要性を、K君は以下のように語る。

「これまでの活動を振り返ると、大学による物的支援（競技用車椅子の貸与）は大きかったですね。また、経済的支援（学生企画奨励金）などを受けることで、高いレベルの車椅子バスケットボールのチームを招聘できたり、さまざまな企画が可能となって活動の幅が拡がったし、継続性が担保されたと思います。また、困ったときは教授や職員の方が相談に乗ってくださって、一緒に解決策を考えてくださるのがありがたかったですね」

また、この点について、「bisco」の現代表である学部二年次生のIさんは、以下のように指摘している。

「障がいのある子どもたちのスポーツ支援を行っているＮＰＯ法人バラエティクラブジャパンとウエ

ルネス研究所とで、毎年行うスポーツイベントに運営担当者としてお手伝いさせていただいたのですが、施設や備品、駐車場について大学側と交渉するなかで、学生の力だけではどうにもならないことがあることを痛感しました。しかし、先生や職員の方にご協力いただき、イベントを無事に終了することができました。学生だけではどうにもならなくても、大学には強力な助っ人がいて、その方々とつながることで解決できるとわかり、そのようなつながりを自分からつくることの大切さがわかりました」

「支援」は「相談」から始まるといっても過言ではなく、「相談」を受けて、その課題を教職員と学生が共有し、解決に向けて共に考えていく。そのうえで、必要に応じて、また学生団体の自立の度合いに応じて、いかにタイミングよく経済的、物的、コンサルタント的支援が行っていけるかが重要だといえよう。

3　「内向き」から「外向き」の支援団体へ

障害者スポーツを支援する登録団体、「bisco」設立までの経過をみると、まずK君と数名のメンバーによる個別の動きから、未公認団体「アセック」へと団体活動化され、現在の登録団体「bisco」へと展開してきている。ここに、個人的活動からサークル化による団体活動化の動きが看取されるが、K君は団体の方向性や意識の面において、大きな変化があったと指摘する。

「これまでの活動を振り返ると、当初は『学内』に限定した活動であったものが、大学による物的支援（競技用車椅子の借用）、経済的支援（学生企画奨励金）などを受けることで、活動が『学外』へと広がっていきました。『自分たちがいかに楽しむか』という意識から、『いかにたくさんの人に楽しんでもらえるか』という意識変容が生じ、現在では地域のフリースクールに通う中高生向けの体験会、地区児童館の児童を対象にした車椅子バスケットボールの体験会、他大学の車椅子バスケットボールチームとの交流など、活動の幅を広げています。別な視点からみれば、『学内』から『学外』へという活動の変化だけでなく、私たち自身が車椅子バスケットボールを〝する〟楽しみだけでなく、〝支える〟楽しみ（イベントや体験会のボランティア）、大会やイベントを〝観る〟楽しみを見出しており、メンバーそれぞれが多様な活動目的を構築しつつあるといえるかもしれません」

メンバー同士の楽しみ集団であった、いわゆる「内向き」の団体から、学内者や学外の地域の人びとへの支援を中心とした、いわゆる「外向き」の団体へと成長してきたことの指摘は重要である。この「内向き」から「外向き」に変えるためには、K君も指摘しているように、大学からの物的支援（競技用車椅子の貸与）や経済支援（学生企画奨励金）を契機とした、学内的な支援経験の蓄積が大きな力になったことはいうまでもない。また、それに加えて、いくつかの支援基礎力向上の経験も看過できない。

第一には、二〇〇二年度から立教大学ウエルネス研究所とNPO法人バラエティクラブジャパンが共催で実施されてきた、全国の障害をもつ子どもたちにスポーツを届けよう、スポーツによる自立を促進しよう、といった趣旨のオータムフェスティバルを開催するにあたり、毎回、K君や「bisco」の前身時代のメンバーがボランティア・スタッフとして協力してきたことが、基礎力をつける大きな機会になってきたことが挙げられよう。

第二には、二〇〇六年度、ウェルネス研究所と豊島区教育連携事業に「bisco」が協力し、豊島区の中学校に車椅子バスケットボールのトップ選手を招聘して、中学生約百人を対象に講習会を実施し、健常な子どもに対する支援能力の向上が図られてきたこと、またオータムフェスティバルや豊島区の事業が、テレビや新聞のみならず、大学の広報課に取り上げられ、支援能力の向上や活動に対する自信が生まれてきたことなどが挙げられよう。

現在、支援団体として成長しつつある「bisco」の取り組みについて、現代表である学部二年次生のＩさんは以下のように指摘している。

「去年学園祭のころから、サークルの先輩を通じて地域の団体とのつながりができ、協力して月に一度、地域の小学校の体育館で車椅子バスケットボール体験会を行うまでに至りました。現在も、ここでは不登校児や障がいのある人と、共に楽しくバスケットボールをしています。この活動から感じたのは、続けることの大切さです。立位のバスケットボールをプレーしてきた参加者が多く、なかには車椅子に抵抗を感じていたような人もいました。なかなか楽しさを伝えられなかったり、参加者が指示に従わずイベントがうまく進められなかったりして、この活動に疑問をもったことも多々ありました。しかし回数を重ねていくうちに、楽しそうな笑顔が見られたり、またやりたい！といった声も出てきたりして、彼らの様子に変化がみられるようになりました。そして、彼らは積極的に準備や片付けをしてくれるようにもなりました。車椅子バスケットボールを通してかかわり続けたことで、変わることができたのです（彼らだけでなく私たちもそうです）」

第5節　福祉教育における学生支援に向けて

本稿では、学生が「障害者スポーツ」にどのように取り組むようになったのかという点に着目し、正課教育と正課外教育の連携とその方法という観点で検討してきた。

現在の大学において、学士課程教育全体を通じて、多様な「知」を探求しながら、その「知」の運用能力を獲得させることが求められている。その点を勘案すれば、今まで以上に学士課程教育の両輪ともいえる正課教育（共通教育、専門教育）と正課外教育との連携とともに、学生の求めをどう察知し、どう支援していけばよいのかが、より重要な論点となってくるものと思われる。

なかでも、福祉教育においては臨床の知の蓄積が不可欠であり、「現場が理論の先を行く」という点を出発点として、学生の主体的な取り組みに寄り添いながら、学生と共に考え、共に解決策を探っていく営みこそ、求められているといえよう。

以下は、五十年以上前に出版された「助育」を考えるうえでの質問の一部である。

- 大学教授として、われわれは、教科内容に対すると同程度の関心を、学生に対して払ってきたか。
- 教科を、学生の現実的な欲求に適するように変えてゆく努力をせずに、われわれが研究した教科のワクに、学生をはめ込もうとしてこなかったか。
- われわれが学生のため最善と考える型に、そのまま学生を適合させることが可能だとしても、その結果は社会の進歩であろうか、それとも停滞であろうか。
- われわれの大学では、学生の社会的または個性的のいろいろな欲求を犠牲にしてまで、かれの教科の習熟を強調し過ぎたのではないか。

（文部省大学学術局学生課　一九五三、一三-一四頁）

これらの問いは、今なお鮮烈である。

【参考文献】

絹川正吉・舘昭編著（二〇〇四）『学士課程教育の改革』東信堂
中央教育審議会（二〇〇八）「学士課程教育の構築に向けて」中央教育審議会答申
寺崎昌男（一九九九）『大学教育の創造――歴史・システム・カリキュラム』東信堂
寺崎昌男（二〇〇七）『大学改革その先を読む』東信堂
松尾哲矢（二〇〇五）「障害者スポーツとコミュニティ」岡田徹・高橋紘士編『コミュニティ福祉学入門』有斐閣、一六九-一八一頁
文部省大学学術局学生課編（一九五三）『学生助育総論――大学における新しい学生厚生補導』東洋社
立教学院史資料センター編（二〇〇七）『立教大学の歴史』立教大学

ふかまり

第Ⅲ部　福祉教育理念の再考

第11章　「いのち」について考え、伝えること
――物語の基盤としての「医食農想」の検討を通して

空閑厚樹

はじめに

コミュニティ福祉学部は、一九九八年の学部開設時から「生命倫理」を開講している。当時の講義要項を見ると、「生命倫理」の目的が以下のように記されている。

「…本講義では、「いのち」にかかわる諸問題――脳死、臓器移植、生殖技術、安楽死、尊厳死、ホスピス運動等――を科学技術としての医療が提起する事柄との関連で考察し、生命論への新しい展望を得ることを目的として講義する」（関　一九九八、一八八頁）

「生命倫理」は、おそらく福祉教育の一般的な理解には含まれないだろう。しかし、コミュニティ福祉学部では開設当初から開講されている。その理由として、コミュニティ福祉学部における「福祉教育」の特長が考えられるだろう。ここでいう「福祉教育」には、「整理された理論・知識のほかに、『生のリアリティ』

と向き合う体験」(本書「序文」参照）が不可欠なものとしておかれている。「福祉教育」がこのように広義の理解のうえになされていることは、学部の理念である「いのちの尊厳」から導かれるといえる。この学部理念は、「いのちというものをどう考えるのか。究極的にはそこに戻っていくのです。人の存在やあり方、生き方という方向性を含めて、いのちを豊かに支えるというのはどういうことか」(福山ら　二〇〇八、三〇頁）という問いと向き合うことである。このような問いと取り組みながら「福祉教育」をとらえるなら、上記のような広義の理解が導かれるのは必然といえよう。

このような「福祉教育」理念のもと、コミュニティ福祉学部では、人間学領域や宗教領域の講義やゼミを開講している。私の担当する「生命倫理」もこの領域に属している。そして、冒頭で挙げた生命倫理教育の目的を踏まえつつ、私はコミュニティ福祉学部における生命倫理教育を、「いのち」について学生とともに考え、その考えを互いに伝え合うこと、と考えている。

そこで、本稿ではまず、「いのち」について考えるとは具体的にどのようなことであるのかについて、「いのちについて語ること」と「いのちと共に語ること」の差異を手がかりとして検討する。次に、「いのち」の基盤として、医療、農、食、想（教育）の現状を考える。これらを踏まえたうえで、「いのちと共に」語ることについて、具体的に考えてみたい。

第1節　「いのち」について考え、語ることの困難

「生命倫理」のゼミや講義をするとき、私は学生に「生命倫理についてのイメージ」を聞いている。すると、「難しそう」「重い」「暗い」という答えが多く返ってくる。そして、具体的な事例を挙げて講義を進めるうちに、そのイメージはさらに強まっていくようである。

おそらくその理由は、講義ごとに「いのち」について考えることが求められるからであろう。生命倫理についての問いには模範解答はない。学生は生命倫理の具体的テーマを通して、「いのち」について自分自身で考えざるを得なくなる。

たとえば、「脳死、臓器移植」の問題を考える場合、移植医療によって助かる患者のことだけではなく、臓器提供の前提となる脳死状態の患者のこと、臓器提供者の家族のことなども授業で紹介する。つまり、移植医療を推進する立場、慎重な立場、反対の立場のそれぞれを、その根拠となる事実とともに考える。すると、一律に是非を論じることが極めて困難であることに気づく。

「いのちについて考えること」は、具体的な事例を通して学ぶとき、その暴力性が意識される。この点について、コミュニティ福祉学部初代学部長であり「生命倫理」を担当していた関正勝教授（現名誉教授）は、「いのちと共に」語ることの重要性を指摘している。

「いのち」について語られる言葉が非常に多くなっていて、「いのち」と共に（with）語られる言葉が非常に少なくなってきているように思います。～について語るというのは前置詞にaboutをとる。……相手を自分の前に置いて観察して分析して、そして説明する言葉が、あなたについて語られる言葉だと思うのです。……（このようにして語られる対象は）操作される存在にすぎなくなります。……福祉の問題というのは……共に語りあげる、「いのち」と共に（with）語っていく、……具体的な関係の中で作り上げていく、紡ぎだしていく言葉だと思います。

（関　二〇〇八、一三-一四頁）

学生が生命倫理について「難しそう」「重い」「暗い」というイメージをもつのは、本来「と共に」考え、語るべき領域である「いのち」が、「について」として考察の対象とされるからではないだろうか。

たとえば、再度移植医療を例に考えてみよう。親しい人がこの医療を必要としている場合、もしくはその人が脳死状態になった場合、この問題を対象化して論じることはできなくなる。現前の問題に巻き込まれ、必然的に「と共に」考えることになる。しかし、現実の臨床現場では、このような「と共に」考える状態から強引に引き剝がされ、問題を対象化して一定の決断を下すことが求められる。すなわち、臓器移植を受けるのか否か、臓器提供に同意するのか否かという具体的な決断である。そして多くの場合、生命倫理の問題として論じられているのは、上記のような暴力性を伴う是非論であり、求められているのは明快な「答え」である。またこのように、本来「具体的な関係のなかで」考えられてきた「いのち」が、対象として論じる必要性が意識されるようになったからこそ、「生命倫理」が議論されるようになったともいえるだろう。

それでは、対象として語らざるを得なくなった「いのち」を、関係性のなかで「と共に」語っていくことは、具体的にどのようにして可能なのだろうか。また「生命倫理」の議論の枠組みにおいて、「いのち」にかかわる問題はどのように考えることができるのだろうか。

「生命倫理」である以上、検討の対象は「生命」である。しかし、ここではこれまで「いのち」ということばを使ってきた。そこで両者の差異を検討することで「いのちと共に」ということの内実を考えてみたい。

柏木（二〇〇三、二七-三三頁）は、「生命」と「いのち」の相違について、それぞれの意味領域に注目して論じている。彼は、「生命」の意味領域には、「有限性」「閉鎖性」「客観性」が前提されているのに対し、「いのち」の場合は、「無限性」「開放性」「主観性」が前提されていると指摘する。そして実際に使われる用法として、「生命」については「生命保険」と「生命維持装置」を挙げ、「いのち」については『君こそわがいのち』（水原弘）という歌のタイトルと「わたしが道であり、真理であり、いのちなのです」という聖書の一節（ヨハネによる福音書十四章六節）を挙げて、両者を対比させ検討している。この対比を参考にするならば、「対象として語られるいのち」が「生命」であり、「関係性のなかで語られるいのち」が「いのち」であると、理解することができるだろう。そして「生命倫理」においては、この両者の意味領域の「いのち」について考えることが求められているといえるのではないだろうか。そして前述の指摘ように、「いのちについて」の語りの増大に比して、「いのちと共に」紡がれる語りが等閑視される現状がある。これは、生命倫理という学問領域がバイオエシックスとして米国で誕生した背景——生命医科学技術の進歩、権利意識の高まりなど——を考慮するならば、当然の趨勢であるともいえるだろう。

たとえば、人工呼吸器が臨床応用される前は、「脳死状態は人の死か」という生死の線引きについての問いはなかった。これについて線引きをするならば、当然に生命体としての個人を対象として、客観的にその基準を示す必要がある。そして、その基準に基づき、権利主体としての当事者の「いのちについて」の判断が尊重されることが求められる。

上記のように、生命倫理という議論の枠組みにおいては、「いのち（生命）」について語らざるを得ない側面がある。ではこの枠組みにおいて、「いのちと共に」語ることはどのようにして可能なのだろうか。このことを「いのち共に語ること」が求められる領域として、医療、食、農、教育（想）（「医食農想」）を取り上げて考えてみたい。

第2節　「いのち」の基盤としての「医・食・農・想」

ここで検討する「医・食・農・想」は、人間が人間として生きていくために必須の領域である。つまり、「いのち」を成立させる土台ともいえるだろう。雑誌『現代農業』増刊号の編集主幹である甲斐良治は、この四領域について以下のように指摘する。

（『現代農業』を刊行している）農文協は医食農想（想は思想・教育・文化・伝承）の四領域をおもな活動領域としている。この四領域は、市場原理に支配されてはならない社会的共通資本＝生存財であり、この四領域から、農家・農村に学んだ「自給と相互扶助の思想」で自然と人間が調和する社会をめざして活動をすすめてきた。

（甲斐　二〇〇八、二五四頁）

医食農想の四領域は、なぜ市場原理に支配されてはならないのだろうか。上記では、これらの領域に属するものは、その社会に生きる一人ひとりの生活、そしていのちとかかわるものであるから、特定の個人が所有しその意思で処分できるものではない（社会的共通資本＝生存財）からだと説明している。そして、これらの領域が現在危機的な状態にある、と同氏は指摘する。つまり、これらの領域が〝崩壊〟するという現象がみられるというのだ。そして、その原因が経済のグローバル化に伴う医食農想の商品化であり、市場財化の流れである。

ところがいま、この四領域において「医療崩壊」「食の崩壊」「農の崩壊」「思想・教育の崩壊」というべき現象が起きている。その崩壊をもたらした原因は、それらが商品化＝市場財化され、利用する一人ひとりが、たとえばモンスターペアレント、モンスターペイシェント、モンスターファミリーの言葉に象徴されるように一方的な「消費者」と化してしまったことにある。だが崩壊のより大きな原因であるグローバリズム・新自由主義の信奉者たちは、それに対して、市場原理のさらなる導入＝さらなる商品化・消費者化が解決策であるかのように主張する。

（甲斐　二〇〇八、二五四頁）

このような現状の分析を踏まえ、同氏は「こうした『崩壊』現象は……（その利用者一人ひとりが）消費者ではなく『当事者』として問題を根本からとらえなおすチャンスでもある」と論じ、その具体例として、「コンビニ受診を控えよう」という運動（「県立柏原病院小児科を守る会」の運動）が、医療サービスを受ける側から出てきたことを紹介している。

この運動のきっかけは、「人事ショック　県立柏原病院の小児科存続危機」と題する新聞記事だった（『丹波新聞』二〇〇七年四月五日）。同記事は、小児科における医師のオーバーワークを背景として、兵庫県丹波市に小児科医がいなくなる可能性があることを報じた。この事態に対して、丹波市在住の若い母親たちが上記の運動を始めた。そして、「コンビニ受診を控えよう」「かかりつけ医を持とう」「お医者さんに感謝の気持ちを伝えよう」をスローガンとして活動を展開した。同会の活動により、医師のオーバーワークの一因でもある安易な時間外受診（コンビニ医療）者数が、四四パーセント減少し、同会の活動に賛同する小児科医が、丹波で働くことを志願して赴任してくるなどの成果が現れた。

同会事務局の岩崎文香さんの言葉を以下紹介する。ここに、医療崩壊の危機と、再生の可能性と、「いのちと共に」語ることにつながるヒントがある。

> 住民は一般に、行政が悪い、システムが悪いと誰かを悪者にしてしまいがち。私たちは誰かを悪者にすることなく、現状を改善できたらと思って活動しています。結果的に小児科が存続し、医師が増えましたが、私たちはひと言も「先生やめないで」「がんばって」と言ったことはありません。ただ「ありがとう」と言い続けただけ。それは、当たり前の、誰にでもできること。私たちの行動が、全国でこうした行動を増やすきっかけになれば。
>
> （種森　二〇〇八、二〇頁）

ここで、同氏の発言を展開させて、これら「医食農想」の領域は、物語を生み出す領域であると考えてみたい。

医療を含めこれらの領域は、私たちの生存、つまり「いのち」と深くかかわっている。また、いずれも不確実性の高い領域である。そして確実ではないことへの願いや、それが達成されたときの喜びは、他者へ語るべき事柄として意識されるのではないだろうか。つまり「物語」の出発点である。そして、その「願い」は他者への信頼として、「喜び」は他者への感謝として意識されるだろう。

次に、この信頼と感謝が、「医食農想」の領域でどのように生じるのかをみてみたい。

第3節　語りの起点としての「医・食・農・想」

1　医の領域では

「医」から考えてみたい。医療は私たちの生存が危機に瀕したとき求められる。医療は人間を対象としている。治療行為は機械の修理とは異なる。一人ひとり異なる患者を対象としているので、常に不確実性を伴う。このことから、治療を求める患者と医師との信頼関係がなければ医療は成立し得ない。そして、その信頼は患者の治癒という結果に対する信頼ではない。医療のもつ不確実性のため、治癒を確約できる医療者はいない。患者は医療者が最善を尽くしてくれることを信頼するしかないのだ。このような信頼を前提しているからこそ、治癒という結果を得ることができたとき、患者は医療者に感謝し、医療者は協力して治療にあたった同僚、そして幸運（特定の信仰をもっている人はその信仰対象）に感謝するのだろう。

2　食の領域では

次に「食」について考えてみたい。私たちは食べなければ生きていけない。しかし、この生存にとって重要な食料の確保は、他の野生動物をみてもわかるように、本来けっして容易ではない。したがって、食料を得ることができたことは、それだけで感謝すべきことなのだろう。しかし現代、特に工業先進国といわれる国々においては、人間が当然に食べ物を得られると考えている。これは、自然界においては特異なことであり、それだけ無理をしているとも考えられる。さらに、日々口にする食べ物が安全であることを、私たちは当然のことであると思っている。しかし現代社会では、多くの場合、食料生産者と食べる人は切り離されている。私たちは食べ物が安全であることを信頼するしかないのだ。近年多発している食品表示偽装問題は、この信頼が脆いものであることと同時に、この信頼を支える「感謝」を、生産者、消費者ともに忘れてしまっていることに起因しているのかもしれない。

3　農の領域では

「農」は自然を相手にして食料を得ることである。自然によって左右される以上、確実な収穫を望むことはできない。また不確実な自然に対処するためには、農に携わる人びとは相互に助け合うことが必要である。ここでも信頼がなければ農という営みは成立しない。農耕社会における祭りは、豊作への願いや収穫の感謝から発生したといわれている。このことからも、農というかたちでの自然への働きかけには、自然や共に働く仲間への感謝を意識する機会が多くみられるといえるだろう。

4　想の領域では

「想」は、伝え、深め、物語ることだといえるのではないだろうか。私たちは言語を使って意思を伝える。しかし、言語は不完全である。したがって、まったく誤解なく意思を伝えることは原理的には不可能である。それでも私たちが言語を介してつながることができるのは、受け取った相手の意思を深め、そこで自分の意思と織り合わせて、新しいコンテキスト、つまり物語が生まれ、たとえそこに誤解があったとしても、それを互いに受け入れるからであろう。したがって、不可知の者同士のつながりは、信頼を前提しなければ成立しない。

「想」の具体例として挙げられている教育を考えてみると、伝える側（教師）と受け取る側（学生）との間に、信頼関係がなければならないということになる。伝える内容や伝える方法が、金銭的対価に値するものか否かが常に査定の対象とされるような状況では、この信頼は生まれることはなく、感謝を意識することもないだろう。

感謝の意を表す表現は「ありがとう」である。この「有り難い」は、そのまま意味を取れば「容易には実現できない状況」ということであり、つまり「普通ではない」ということだ。この「普通ではない」という事態を可能な限り排除しようとするのが商品化であり、市場財化ということができるだろう。本来「普通ではない」状況で溢れる医食農想の領域を「普通」にすることで、不確実な未来と現在、不可知な他者と私の関係は予測の対象となり、予測技術の不完全さはリスクとして処理され、可能な限り「物語」が生まれない状況が目指される。そして、そのことが「物語」を介した人と人とのつながり、人と自然のつながりを分断していくことになる。前述したこれらの領域における「崩壊」の背景には、この分断があるのではないだろうか。

モンスターペアレントなど、一部の消費者が〝モンスター〟を冠して称されるのは、権利義務関係の枠組みのなかでは正当な要求をしているが、人と人とのつながり、人と自然のつながりを考えたときに控えることが求められる要求が、激しくなされているからであろう。権利の要求は、人類の長い歴史のなかで獲得した近代民主主義の重要な考え方である。しかし、これが位置づけられる「つながり」から離れて、またこれを分断するかたちで要求される可能性もある。そして、これを推進しているのが「大きな原因であるグローバリズム・新自由主義」（甲斐 二〇〇八）といえるだろう。

このような潮流に対して、上述の「県立柏原病院小児科を守る会」は、納税者として当然の義務を要求することはしなかった。むしろ、医療サービスを受けることができることを「当たり前のこと」「普通のこと」とせず、「ありがとう」と言い続けた。これは、当事者として現状の厳しさを直視していたからではないだろうか。また、その切実な願いが、何らかのかたちで誰かに届くという信頼があったからではないだろうか。そして、このことにより関係者が権利義務関係で分断されることなく、当事者として問題解決の一歩を踏み出すことができたのではないかと考えられる。

第4節　「つながり」のもつ痛み

何かが語られるとき、通常そこには語る者と聞く者がいる。そして、両者の間にはすでに「つながり」があるか、もしくは「つながり」をもとうとする意思がある。前節では、この「つながり」の契機として感謝と信頼に注目した。そこで本節においては、この「つながり」をより詳しく考えてみたい。

まず「つながり」の前提として「欠いていること」を考えてみたい。「欠いていること」とは、具体的には何かができないことであったり、その結果、本来あるべき姿や望んできることが実現できなかったりする状態を指す。そして「欠いている」という自覚が、それを満たすために、他者からの働きかけの必要性を意識させる。また、この「欠いている」状態への働きかけの必要性の意識は、その働きかけを必要としている者も、その働きかけができる者も同様にもつ。

たとえば、足を骨折して駅の階段を上ることができないとき、誰かが肩を貸してくれる必要性を意識する。そして、誰かに働きかけ肩を貸してくれるよう頼むだろう。また周囲にいる人は、階段を上ることができず困っている人を見れば、頼まれなくてもできる限り手を貸そうとするだろう。こうして、ここに「つながり」が生まれる。つまり、足を骨折した人が階段を上ることができないという状態は、本来あるべき姿ではないと意識され、この状態をあるべき姿に回復するための「つながり」が生まれるのである。

しかし、このようにして生まれる「つながり」に対して、次の二点を注意しておく必要があるだろう。第一に、「欠いている状態」がそのように意識されない場合があるということだ。たとえば、昨今問題となっている「ワーキング・プア」は、当事者の努力不足が原因であるとされれば、必要な働きかけが意識されることはない。第二に、働きかけを必要としている者と働きかけができる者が、異なる「あるべき姿」をもっている場合があるということだ。たとえば、援助者が被援助者のために善意で行う働きかけが、かえって被援助者の主体性を損なうことがある。

それでは、どのようにしてこの「つながり」は可能なのだろうか。ここで「つながり」をもち得ないという絶望ともいうべき体験と、その自覚が「つながり」の萌芽となりうるという逆説について考えてみたい。

一九七五年から二十年間、東京都城北福祉センターで、医療相談員として路上生活者の問題と取り組んできた宮下忠子は、働きかけを必要としている人との間で、「痛みの共有ができると相手に言葉が通じていく」と語っている（宮下　二〇〇八）。ここでいう「痛み」とは何であろうか。ここで、その「痛み」を、「つながり」の欠如という体験とその自覚であると考えてみたい。つまり逆説的ではあるが、「つながり」を願いつつそれが届かないという絶望の体験とその自覚があって、はじめて「言葉が通じる」、すなわち「つながる」可能性が生まれるということだ。この理解から、「痛み」のない「つながり」は、一方的な思い込みになりかねないということに気づくことができる。そして、「つながり」を求めつつそれが達成され得ないという絶望の体験とその自覚が、さらに「つながり」を求め、この意思が働きかけを必要としている者、働きかけができる者双方に変容をもたらす契機を与える。このようにして体験される変容を受け入れることによって、「つながり」が可能になると考えることができるだろう。

「いのち」にかかわる諸問題、すなわち脳死、臓器移植、生殖技術、安楽死、尊厳死、ホスピス運動などにおいて、現場では「いのち（生命）」についての決断が迫られるときがある。そのとき、「いのちと共に」物語を紡ぎうるか否かということで問われていることは、その当事者が関係する人びととの間で「つながり」を求めうるか、またその「つながり」のもつ限界を自覚しつつ、相互に変わることを受け入れることができるか、ということではないだろうか。そして、これは精神論だけに還元できることではない。

医師の労働環境整備の議論をすることなく、患者が医師を信頼しうる状況を想定することはできないだろう。疼痛ケアについての理解が医療者、患者、患者家族において共有され、その整備が進まないなかでは安楽死や尊厳死の議論はできない。さらに、限られた財源のなかで「いのちと共に語る場」をつくっていくための体制整備に、優先順位をつけていく必要がある。このとき「いのち（生命）」についての議論が不可欠となる。しかし、同時にここでは、現状において中心的とされる論点を批判的に検討することが必要である。たとえば、終末期医療において、治療停止の是非が現状における中心的な論点となっている。しかし、このことが議論される前提として、医師-患者関係が論じられる必要があるかもしれない。また、終末期医療を担う医師の質こそが問われなければならないのかもしれない（中島　二〇〇七、一六一頁）。現状における論点の前提を批判的に検討することは、当事者として「いのち」の問題とかかわりうるための具体的な取り組みにつながり、その具現化のためには「政策」が重要な役割を果たすことになる。

政策とは価値の選択である。つまり、不確実な未来に対して、不可知の他者とつながりながら、あるべき共同体の姿を構想しその実現のために価値を選択することである。その際、現行の価値観を批判的に吟味することは不可欠であり、そのためには各自が人間観や社会観を練り上げる必要がある。これは「つながり」

のもつ痛みと向き合い、格闘することでもある。コミュニティ福祉学部における人間学領域や宗教学領域についての教育実践は、そのための重要な要素であるといえるだろう。

おわりに

最後に本稿第一節での問い、すなわち「いのちと共に」語ることはどのようにして可能であるのかについて考えてみたい。

「いのちと共に」語るためには、まず「いのちについて」考え、語ることが必要である。これによって現状の課題の把握が可能となり、その課題を解決するために具体的に何が必要であるのかを検討することが可能になる。また、現状把握に基づいて既存の論点を批判的に吟味することで、対立ではなく連帯をもって課題解決に取り組む可能性が生まれる。

もちろん、「いのちについて」の語りが、そこで完結する危険性はあるだろう。「いのち」を対象化して考えることが、「いのちと共に」語るためという、より大きな文脈に位置づけられる必要がある。そのためには、生命倫理の検討対象を「生命」に限定することなく、「いのち」についても考えていく必要がある。その一つの方法として、たとえば医食農想という場を想定し、「いのち」のあり方まで遡ることにより、より具体的に「いのちと共に」語り、考えることが可能になるのではないだろうか。

医食農想という場には人と人、人と自然のつながりがある。そして、このつながりをもとにコミュニティが形成される。したがって、このコミュニティのあり方が、生命倫理の議論において、「いのち」がどのように考えられるのかに反映するといえるだろう。

冒頭の「はじめに」において、「生命倫理」は一般的に理解されている福祉とは直接には関連しない領域であると書いた。しかし、コミュニティと福祉（「いのち」の充実）は、いずれも「生命倫理」の基底をなしているといえるだろう。

これからも「いのちと共に」考えるために、「いのち」について学生とともに悩み、考えていきたい。

＊本稿第二節、三節は空閑（印刷中）三章七節の一部を加筆修正したものである。二〇〇九年五月刊行予定の同書においては、本稿で検討した「医食農想」について、「幸せ」（広義の福祉）における貨幣のもつ意味について論じた。

【参考資料】

甲斐良治（二〇〇八）「編集後記」『現代農業（増刊）』八一号

柏木哲夫（二〇〇三）『生きていく力』いのちのことば社

空閑厚樹（印刷中）『「幸せ」を考える――「医・食・農・想」を手がかりとして』『農的暮らしとコミュニティ（仮）』現代書館

関正勝（一九九八）「立教大学コミュニティ福祉学部講義要項」立教大学コミュニティ福祉学部

関正勝（二〇〇八）「いのち・コミュニティ・ホスピタリティ」『まなびあい』創刊号、立教大学コミュニティ福祉学会

種森ひかる（二〇〇八）「医療崩壊に立ち向かうお母さんの〝脱コンビニ受診革命〟」『現代農業（増刊）』八一号

中島みち（二〇〇七）『「尊厳死」に尊厳はあるか』岩波書店

福山清蔵ほか（二〇〇八）「立教からの挑戦」『立教大学コミュニティ福祉学部一〇周年記念誌』立教大学コミュニティ福祉学部

宮下忠子（二〇〇八）「現場のなかで出会ったこと、伝えたいこと――山谷・泪橋の人生の交差点から」コミュニティ福祉学会第一回年次大会コミュニティ福祉学部創設一〇周年記念講演会、二〇〇八年十一月一日於N三二一教室

第12章 Vitae dignitati

——立教大学コミュニティ福祉学部の標語について

佐藤　研

はじめに

立教大学コミュニティ福祉学部は、学部の標語、モットーを有する。Vitae dignitati——一般に「いのちの尊厳のために」と訳されているラテン語句である。このような標語を有する学部は、立教大学ではコミュニティ福祉学部のみであり、全国的にみてもそう類例があるものではない。もしその標語が単に衒学的な装飾でないとすれば、いったいそれは何を語ろうとしているのか。それはコミュニティ福祉学部の理念を、どのように表現しているのか。このことはこれまで正面から論じられたことはない。小論は初めての意識的な試みである。

第1節　経　緯

元来、コミュニティ福祉学部が一九九八年四月に開設されたときの標語は、hominis dignitati——「人間の尊厳のために」であった。これが二〇〇六年四月に、vitae dignitati——「いのちの尊厳のために」と変更された。その改変の主旨は、「人間の」とある表現があまりに人間主義的であり、むしろこれからは、人間もその一部である「いのち」全体の尊厳可能性を志向し、そこから人間固有の尊厳も新しく位置づけられるのではないか、という考察であったと記憶する。それは、コミュニティ福祉学部が、開設時以降数年の試行錯誤と安定化を経て、一層の視野の展開を遂げた成果とも見なしうるであろう。

第2節　語　義

しかしながら、二〇〇六年に新たに採用された標語は、独自の意味合いをもつ。小論では、その標語が決定されたときはまだ漠としか私たちに意識されていなかったかも知れぬ、その意味論的な多次元性とその意義とを明らかにしたいと思う。

1　Dignitas／「尊厳」「かけがえのなさ」

はじめに、ラテン語の言語的観点からできるだけ詳細にみていこう。まず注目されるのが dignitas という言葉である。標語のなかでは、dignitati と与格（dative、第三格）になっているが、主格（nominative、第一格）では dignitas という。これは元来、dignus という形容詞（フランス語の digne de〜）の名詞形である。Dignus とは、「①適当な、似合った、ふさわしい、②価値のある、立派な、尊ぶべき」という基本的意味を示すと手元の辞書（國原　二〇〇五、二〇九頁）にはある。すなわち、問題となっている主体に、ある固有の「価値」があって、そのために、一定の配慮・評価・取り扱い等々がそれには「ふさわしい」という意味である。したがって、その名詞形である dignitas も、元来はそのような事態や対象を指示する語である。もっとも、名詞として独立すると、「何にふさわしいか」という付帯事項が常に言語化されるということがなく、普遍的な「尊敬」にふさわしい、という意味合いが前面に出ると見なされる。したがって先の辞書にあるように、dignitasとは、「①価値ある（尊敬に価する）功績、地位、人格、これにふさわしい威厳、威光、威信、気品、品位、品格、②影響力、重要性、重々しさ、権威、尊厳、③高位、高官、顕職、地位の高い人、名誉、名声、④風采、面目、対面、自尊、壮観、偉観」を示すとされている（國原 二〇〇五、二〇九頁）。要するに、あまねく畏敬されるにふさわしい「価値」を有する主体ないしは事態、という意味である。日本語では一般に「尊厳」と訳すが、ひとつのうがった訳語であろう。もっと柔らかい言葉を使えば、「かけがえのなさ」ともいえよう。

2　Vita／「いのち」

Vitaというラテン語は、vivus「生きている」という形容詞、およびvivo「生きる」という動詞の名詞形である。これはしかし、フランス語のvieがそうであるように、きわめて広範な意味内容をもつ。[＊1] 一方では、vita aeterna（「永遠のいのち」）という語が示唆するように、最も根源的な「いのち」の極相を示すと同時に、いわば物理的な「生命」現象それ自体をも意味し、したがって、人間以外の動植物までを含む「生命」が指示される。また同時に、誰それという人間の「生活」「人生」「一生」という、きわめて具体的な「生きる」という社会的・人間学的現象をも指す。ギリシャ語ならば、最初の二者の意味内容は主にzôeという語で表され、第三の内容はとりわけbiosという語で表される。しかるに、ラテン語のvitaにはその区別がない。[＊2] ということは、ここでvitaというときには、それらのすべての意味範囲が示唆されている、と

＊1　その意味では、英語のlifeも同様。

みてとれるであろう。

3 Vitae dignitas

したがって、もしdignitasに「尊厳」「かけがえのなさ」の訳語を充てるのであれば、vitae dignitasとは、宗教的次元の絶対的な「いのち」がいかに犯しがたい尊厳をもつかを指示すると同時に、生命現象としての「生命」がどれほどかけがえのないものであるかを語り、また人間一人ひとりの「人生」が、たとえ社会的な形態はどうであれ、それ自体として絶対の尊厳を潜めていることの表現であり、さらには、その人間の個々の「生活」が、その喜びと苦悩の一切をもって、いかにかけがえのないものかを意味していると理解される。この複眼的多層性が、すでにvitae dignitasには、語義的に内包されている。

4 Vitae dignitati

いのちのかけがえのなさを示すこの句は、上記のように、主格ではなく与格で表されている。与格とは、基本的に目的や利害を表現し、「〜のために」「〜に対して」「〜にとって」の意味をもつ。

したがって、vitae dignitatiとは、この句が一般的な動詞（場合によっては形容詞・形容動詞あるいは副詞）にかかるのであれば、「いのちの尊厳のために」「生命のかけがえのなさに対して」などの副詞句とな

＊2　本学部にも「生命倫理」という授業があり、その道の専門家が担当しているが、この「生命倫理」（bioethics）という言葉は、上記のbiosに、同じくギリシャ語のēthika（「倫理的な事柄」）という言葉を結合して作成したものである。しかるに、倫理の真の根源は、zôêという語のなかに求められるべきものであろう。実はそうした「生きている事実」（zôê）と深く連動した「倫理性」を、いかにbiosの問題を解決するうえで内在化し、適用・活用するか、という発想であると見受けられる。なお、biosとzôêの位相の差に関しては、J・アガンベン『人権の彼方に――政治哲学ノート』以文社、二〇〇〇年（原著一九九六）、とりわけ一一－一二頁参照。

る。その際の動詞は何であるか、つまり「いのちの尊厳のために」何がなされるのかは、各人が各人の自由と責任で補完すべきものとされている。たとえば、「いのちのかけがえのなさ」がまだ万人に承認されていないので、そのために努める、という意味にもなるし、また「生命の尊厳」という自明の理の、実生活における完徹に尽力するという意味にもなる。また、すべてが「生命のかけがえのなさ」を証するように協働するものだ、という信念の表白にもなりうる。こうした個々のニュアンスは、個々人と、個々の状況とに任されている。ただ、大きなヴェクトルが、vitae dignitas をいかなるかたちであれ支持し、それにプラスの電荷を担って向かっていくことが示唆されている。

第3節　思想的側面

1　Dignitas の自明性

そこで再び、dignitas の語に戻り、そもそも vitae dignitas という表現の標榜する「尊厳」の根拠は何か、を考えてみよう。逆にいうと、なぜに vita にはそうした dignitas があると見なされるのか。

立教大学がキリスト教系の大学であれば、一般に考えられるのは、vitae dignitas は聖書の創世記一章で語られているように、創造論にその根拠をもつことである。とりわけ人間は、「神の似姿」に依って創られたとある[*3]だけに、その神の属性のいかほどかが人間に生き写しになっているという考えは、人間の尊厳的「価値」に決定的な刻印を与えると考えられよう。同じように、他のいのちの諸形態も、創世記一章によれば神の言葉と意志によって存在に呼び出されたと考えられ[*4]、ここにその「価値」の最終的根源が求められ

＊3　「神は言われた、『我々にかたどり、我々に似せて、人を造ろう』」（創世記一、26）。
＊4　創世記一11-13、20-25における植物および動物の創造物語参照。

るであろう。(＊5)

しかしながら、これはキリスト者には通じるが、非キリスト者もすぐに賛同できる言語論理ではない。それでは、一般的人間学的言語で語ればどうなるか。たとえば、十七世紀の哲学者パスカル（一六二三―六二年）の有名な言葉に次のようなものがある。

「人間はひとくきの葦にすぎない。自然のなかで最も弱いものである。だが、それは考える葦である。彼をおしつぶすために、宇宙全体が武装するには及ばない。蒸気や一滴の水でも彼を殺すのに十分である。だが、たとい宇宙が彼をおしつぶしても、人間は彼を殺すものより尊いだろう。なぜなら、彼は自分が死ぬことと、宇宙の自分に対する優勢とを知っているからである。宇宙は何も知らない。だから、われわれの尊厳（dignité）のすべては、考えることのなかにある。われわれはそこから立ち上がらなければならないのであって、われわれが満たすことのできない空間や時間からではない。だから、よく考えることを努めよう。ここに道徳の原理がある(＊6)」

人間の「尊厳」なるものを人間の理性にみるのは、ギリシャ哲学以来であるが、パスカルはそれを「考える」（penser）という理性の一機能に凝集し、人間学的な明確さを与えたところに独自性があろう。しかしそうであれば、「考える」という力を一時的であれ恒常的であれ失ってしまった個人は、もはや「尊厳」が

＊5　もっとも、このことは、たとえば仏教的に「いのちの尊厳」が根拠づけられない、ということを意味しない。仏教的にいえば、一つひとつのいのちが、全宇宙の究極的いのちと一体の存在であり、すべて生きとし生けるものが仏の御いのちに相即している。ここに仏教的言辞による、いのちの尊厳の根拠づけがあるといえよう。

＊6　『パンセ』ブランシュヴィック版三四七番、前田陽一訳。

ないのか、という問いが生じる。また、上記の文では、宇宙の無知と人間の知が対比されているのだが、現今の地球破壊の姿をみるに、この滅んでいく小宇宙としての大自然は、本当にやがて来る己の死を「知らない」のか、知らないのは人間だけではないのか、という思いにもさせられる。「尊厳」を消失していくのは大自然なのか人間なのか。ここにはパスカルの啓蒙時代には思いもよらなかった事態が発生していると思われる。

パスカル以後、たとえば、E・カント（一七二四―一八〇四年）になると、人間の「尊厳」はパスカルのような「考える」という機能性に集中されることなく、むしろいっそう根源的な「人間」性に基礎づけられる――「人間性そのものが尊厳である（Die Menschheit selbst ist die Würde）」(＊7)。

より詳しくは、以下のとおりである。

「人格（Person）としてみた人間、すなわち道徳的＝実践理性の主体（Subject einer moralisch=praktischen Vernunft）たる人間は、一切の価値をこえて貴いものである。なぜなら、このようなものとしての人間（homo noumenon［本体人］）は、単に他の人々の目的のための手段、いやそればかりか彼自身の目的のための手段とすら評価されてはならないのであって、目的そのものとして尊重されねばならないからである。くわしくいえば、人間には尊厳（絶対的内的価値）（eine Würde［einen absoluten innern Werth］）がそなわっているのであって、人間はそれによってこの世界の他の一切の理性的存在者から自分に対して尊敬を払わせ、この種類の他のすべての存在者と自分とをひき比べて、平等の立場で自己を評価することができるのである。自分の人格の内なる人間性（Die Menschheit in

＊7　「人倫の形而上学」第二部第一章第二節第三八項、（森口美都男・佐藤全弘訳　一九七二、六二九頁）。なお、Würde というドイツ語は、dignitas に相当し、カントも相互互換的に使用している（たとえば同三七項）。

seiner Person）こそ、彼が他のあらゆる人間から要求できる尊敬の客体である……」(＊8)

（カント　一九七二、五九五頁）

カントがここで語っている「人間性」とは、すなわち「人格」の謂であり、そこにこそ人間の「尊厳」が本質的に存在すると見なされる。もっとも、この「人格」とは、「道徳的＝実践理性の主体」としてである。別の言い方をすれば、以下のとおりである。

「道徳性と、道徳性をもちうる限りでの人間性とは、尊厳をもちうる唯一のものである」

（カント　一九七二、二八〇頁）

しかしながら、人間の「尊厳」が「道徳性」の主体としてはじめて認められるのであれば、道徳性が未開発ないしは劣っている者はどうなるのか、あるいは道徳的行為をなすことが身体的・状況的に不可能な存在はどうなるのか。とりわけ、カントの時代から二百年を経て、人類はあまりの悲劇を繰り返してきたのであり、数えきれぬ者たちが主体性をまったく剝奪されて破滅させられた事実がある。そうした現実を前にして、このカントの道徳行為の主体としての人間にこそ「尊厳」の基をおく思考は、現代ではあまりに古典的な道徳主義として敬遠されても仕方がないであろう。さらにここでは、人間がその一部である包括的生命の「尊厳」に関しては、一切の考慮がなされていないことも、時代的制約のなせる業であろう。

そこでもう一度、改めて私たちの標語自体をみてみよう。vitae dignitati という二語の短い句には、神学

＊8　『人倫の形而上学』第二部第二章第三節一一項、（森口美都男・佐藤全弘訳　一九七二）。若干の修正あり。傍点は原訳文どおり。

的あるいは哲学的内容の説明語は見当たらない。そうした神学的・哲学的根拠づけを予期すらしていない。むしろこの表現は、「いのちの尊厳」というものが、皆にとって、少なくとも一定程度既知のものであることを前提にしていると響く。キリスト教的創造論をもちださなくとも、近世や近代、現代の哲学をもちださなくとも、vitaというもののもつ「価値」は、自発的自明性をもってわれわれの経験の目に明らかである、というスタンスを示しているように思える。

もっとも、こうしたvitaそのものの価値は、キャンパスに来ればチャペルの塔が目に入る、という具合に、いわば物理的・客観的な自明さで存在しているのではない。精神的・心的な「価値」は、客観性では決して表現できないからである。それは、そうした「価値」が私に立ち現れ、それと私が現に「遭遇する」ということを除いては、生起しない。しかしいったん遭遇すれば、それは明かな自明性をもってこちらに迫って来て、また際限なく深化していく相をみせていくであろう。そこからすれば、vitae dignitatiとは、そうしたvitaとの遭遇へと不断に招いて止まない句であるといえる。

言語や観念を使っては十全に根拠づけることが困難であり、また定義することもできないもの、しかしいったん遭遇して心が開かれれば、自明このうえない、最もかけがえのないリアリティ――vitae dignitasとは、そうした深淵性をもった赤裸の現実態なのである。

こうした事実の自明性は、たとえばかつて、A・シュヴァイツァー（一八七五‐一九六五年）がその「生への畏敬」（Ehrfurcht vor dem Leben）の思想を根拠づけた際の仕方に通ずる。「生への畏敬」とは、形式論理的には証明されうるものではないが、それに事実として心を寄せるとき、ある認識の地平が否みがたく開かれることを彼も語っている。

「もし人間が、彼の生命の神秘、および彼と世界とを結ぶ関連の神秘に思いを致せば、かならずや、彼自身の生命および彼の接触するすべての生命に『生への畏敬』を献げるに至るであろう。……人生および世界を考えれば、かならず直接絶対不可避的に、『生への畏敬』に到達する」

（シュヴァイツァー　一九九五、二七九頁）

「畏敬」とは人間の側の心的あり方であるが、それを対象に即していえばdignitasとなるであろう。シュヴァイツァーの「生への畏敬」は、私たちのvitae dignitasと表裏関係にあるといえる。その彼が、「かならず直接絶対不可避的に、『生への畏敬』に到達する」というところの事態が、dignitasの自明性と相即するのである。

2　コミュニティ福祉学部の三学科に適用して

先に、vitae dignitatiのvitaは、生きとし生けるものを貫く「原いのち」であると同時に、個々の人間の「生活」でもあり、その「生きること」でもあると指摘した。そこからすれば、私たちの学部の三学科の核心をも、このvitae dignitatiという標語を展開することで表現できるのではないかと思う。すなわち、vitae dignitatiという標語は、「いのちの尊厳のために～すべき～」というかたちで、それぞれの学科の目指すものを形容する句にもなるであろう。

◆福祉学科――vitae dignitati utenda adjumenta

コミュニティ福祉学部の「福祉学科」とは、何よりも「生きることの尊厳」を具体的な姿で成立させ、それを保持するために存立している学科である。社会福祉士と精神保健福祉士の国家試験受験資格を与えるプログラムを根本に据える当学科は、その基本的な課題を「援助実践」にみている。生きづらい障碍あるいは状況を抱えた個々人を、真の意味で「援助」するhuman servicesはどう実践すべきか、その根本的方法論と具体的ノウハウ、そして背景思想を学ぶことが眼目である。そうであれば、この学科の標語は、vitae dignitati utenda adjumenta、直訳すれば「生の尊厳のために実践さるべき諸援助」、つまり「生の尊厳のための援助実践」と具体化されるであろう。

◆コミュニティ政策学科——vitae dignitati creanda communitas

「コミュニティ政策学科」は、英語ではdepartment of community developmentとなっている。直訳すれば「コミュニティ開発」の学科である。本当の福祉が可能になるように、どのようにして真に住みやすいコミュニティを造るのか、そのヴィジョンと方法論を学び験し、そうした創造の主体となっていくための学科である。そうであれば、当科の標語は、vitae dignitati creanda communitas、直訳して「生の尊厳のために創造さるべきコミュニティ」、つまり「生の尊厳のためのコミュニティ創造」となるであろう。

◆スポーツウエルネス学科——vitae dignitati augenda sanitas

二〇〇八年度に開設された「スポーツウエルネス学科」は、スポーツとウエルネスを人間の根本的な福祉の観点から探究する学科である。かつて古代人は、「健やかな心を健やかな身体に」(mens sana in corpore sano)と語ることによって、その心の健やかさが身体の健康さと相即することを目標にした。[*9] 当学科が「スポーツ」を標榜するのも、人間の心身が「ウエル」/wellの状態を維持するためには、身体の健やかさが不可欠な要因であるからである。もっとも「ウエルネス」とは、単に身体の健康に留まらないヴィジョンである。あえていえば、たとえ不治の病にかかっていても、心は「ウエルネス」そのものを維持することが

＊9　古代ローマの風刺作家ユヴェナリスの『警句集』X、三五六(orandum est ut sit mens sana in corpore sano:「健やかな精神が健やかな身体にあるように祈るべきである」)に基づく。なお、一般に日本で語られるところの、「健全な精神は健全な肉体に宿る」という句は、「宿る」と言い切り、それによって肉体が健全でなければ精神も健全にならない、と解することによって、古ローマ人の意図とは異なった方向に展開してしまったものである。

可能なのである。そのような「健やかさ」の地平までを視野に収めた当学科の標語は、vitae dignitati augenda sanitas、つまり「いのちの尊厳のために増大さるべき健やかさ」、より適切に訳せば「いのちの尊厳のための更なる健やかさ」のようになるであろう。

第4節　付記・なぜコミ福で坐禅か

最後に、手前味噌風で恐縮なのだが、筆者の授業について略記したい。筆者は過去八、九年間、「フィールドスタディ」（初代、二年次）、「専門演習」（三年次）、「コミュニティスタディ」（三年次、コミュニティ政策学科）において、坐禅の授業を学部に提供してきた。前期は、坐禅の基本と背景とを説明して坐禅実践への道馴らしをしつつ、実際に坐り方を学んでもらい、夏休みに四日ほどの「接心」を、主に東京都檜原村の神冥窟という禅道場で行ってきた。後期は、坐ることを続けつつも、禅の世界の古典的作品を読んだ。参加者はさほど多くなかった。最も多数のときでも二十人くらいで、普段は数人だった。あまり人気のあるゼミでもなかったことになる。しかし、なかには大変熱心に取り組んだ者もいたし、その後も坐り続けている者も数人いる。

坐禅とは何か。それは結局、上に述べたvitaの諸相のうち、「原いのち」のリアリティのなかに直接体験的に参入する道だといえる。自分のいのちとは何なのか、その根源は何なのか、それを思索して哲学や思想として構築するのではなく、坐るという最も単純な行為を通して体験的に接近していくのである。そうすると、自分でもあり、他者でもあり、他の一切物でもある「原いのち」であるvitaが、その直接のdignitasをもって立ち現れてくる。そしてその体験は、vitaの他の意味分野ともかかわるとき、つまり他の日常的な活動をしつつ「福祉」とかかわる場合も、必ずその者を支え、力を添え、前進させてくれるものである。

このような「原いのち」との日常的接触の「行《ぎょう》」の世界とそのダイナミズムを、私たちは大部分忘れてしまった。外部世界がめまぐるしく動き、私たちのものの見方も、「効用」と「業績」とによって強烈に再編成されてしまっているため、自分の深淵に降りていくことができなくなっているのである。さらに、この世では自分が他人よりいかに優れた者になるか、あるいはいかに優れているとして自己提示するか、それが学ぶことの最優先課題になってしまっている。しかしながら、「福祉」を目指す眼には、異なったものがみえてしかるべきである。つまり、他人を蹴落としても自分が優れようとするあり方では、vitae dignitas には出会うことがないのである。坐禅、あるいは一般的にいって深い meditatio は、こうした私たちの根源的偏見の箍《たが》をひとまず外すことにより、「原いのち」の根源から自分と他者とが一つである世界をみることを可能にするであろう。

第5節　まとめ

本稿では、コミュニティ福祉学部がもっている vitae dignitati という標語に関して、簡略な言語的・思想的解説を行った。Dignitas というのは、尊敬や畏敬に価する価値という意味であり、「尊厳」とか「かけがえのなさ」と訳しうる。Vita とは、「永遠のいのち」とか宗教的次元の生命という意味次元から、生きとし生けるものを包んだ生物学的現象としての「生命」、また個人的な「一生」、および「生活」「生きること」などの包括的な意味を有する。さらに vitae dignitati という与格形は、vitae dignitas の「ために」、それに「向かって」のような利害ないし目標を示す。いずれにせよ、vitae dignitas の全的に肯定的な意味地平に絶えず向かうヴェクトルを表現している。

ここからすれば、vitae dignitati の訳の例として、いくつか表示しうる。

「いのちの尊厳のために」「生命のかけがえなさのゆえに」「人生の尊厳のために」「かけがえのない一生のために」「生活の尊厳に向かって」「生きることのかけがえなさゆえに」などである。各自が各自の状況に合わせ、vita の複層的な豊かさを示す日本語表現をしてよいのである。

そこから、私たちの学部内の三学科も、その基本的理念をこの標語の展開として表現できよう。Vitae dignitati utenda adjumenta（「生の尊厳のための、援助実践」——福祉学科）、vitae dignitati creanda communitas（「生活のかけがえなさのための、コミュニティ創造」——コミュニティ政策学科）、vitae dignitati augenda sanitas（「かけがえのない一生のための、さらなる健やかさ」——スポーツウエルネス学科）。

筆者がこの学部で過去数年間担当してきた坐禅の時間も、この vita のもつ、人間の臨界領域からの「原いのち」のかけがえのないメッセージに、体験的に心を開く作業であった。その意味では、宗教人間学的次元をも包摂した総合学的視点が、私たちの学部の「福祉学」の地平であり、そのモットーが vitae dignitati なのである。

【参考文献】

アガンベン、J著／高桑和巳訳（二〇〇〇／原著一九九六）『人権の彼方に——政治哲学ノート』以文社

Glare, P. G. W. ed., (1982) *Oxford Latin Dictionary*, Oxford.

カント、E著／野田又夫訳（一九七二）「人倫の形而上学の基礎づけ」野田又夫編『カント』中央公論社

カント、E著／加藤新平・三島淑臣・森口美都男・佐藤全弘訳（一九七二）「人倫の形而上学」野田又夫編『カント』中央公論社

國原吉之助（二〇〇五）『古典ラテン語辞典』大学書林

Liddell, H. G., Scott, R., & Jones, H. S. eds. (1966) *A Greek-English Lexicon*, 9th ed., Oxford.

パスカル、B著／前田陽一・由木康訳、前田陽一編（一九六六）「パンセ」『パスカル』中央公論社

Ramsay, G. G. ed. (1940) *Juvenal and Persius* (*Loeb Classical Library*), 2nd ed., Cambridge University Press.

シュヴァイツァー、A著（一九九五／原著一九三一）竹山道雄訳『わが生活と思想より』白水社

シュヴァイツァー、A著（一九九六／原著一九二〇）浅井真男・国松孝二訳『水と原始林のあいだに』白水社

編者のまとめ

本書を出版するにあたって、私たちはいくつかの確認をしてきた。一つは、できるだけ学問的見解の論を少なくし、教員自身そして学生たちの動き・変容過程に焦点を当てること。二つは、それぞれの教育実践や諸活動を支える視点を明確にすること。三つは、原稿のスタイルは特定のモデルを提示せずにそれぞれの教員の持ち味で表現してもらうこと、などであった。そして、実際に原稿が集まってみると、まったくと言ってよいほどにそれぞれのスタンスは異なったものとなっている。

1　福祉教育のかたちを求めて

本書に掲載されている論文にみられるように、一見混沌としてみえる私たちの教育活動ではあるが、私たちはこれらを総体として福祉教育ととらえたい。

福祉教育は、小学校でも中学・高校でも、さまざまなかたちで触れられてきている。そこでの福祉教育は、主に「障害者・高齢者」などへの関心とふれあいとによって構成されており、いのちと生活の現実との接点では常に、「与える側」「支える側」に立ち続けている感は否めない。もちろんそれらを否定するものではないが、私たちは生のリアリティの深化と、自らが抱えた戸惑いへの逃れられなさとして、福祉教育をとらえたい。

もちろんのこと、私たちはこれまで長い時間をかけて先達たちによって「福祉教育」が作り上げられてきたことを正当に評価しているし、そうであり続けたいと考えている。福祉学の歴史に添っていえば、人びとが抱える困難さに向き合いながら、分野論、対象論、援助論を拡大・深化しつつ構築してきたこと、そして、それらを中心において支える思想としての原理・原論などが構築されてきたことに対して、十分な評価とともに敬意も持っている。

ところで、本書のなかで安積が、「福祉とか障害学というものがもっている範囲の広さ」に言及し、「人がよりよく生きることや、一人ひとりの生命力を徹底的に応援することが、福祉である」とする認識と主張に対して、全面的に賛同するものである。そして、自らに内包する偏見や排除や抑圧に向き合うことを通じてこそ、福祉が実体としてわれわれのものになるという観点は、私たち自身の在り方を問うているものと理解する。

だから、私たちは人びとへの眼差しを、簡単には「共感」とは呼ばない。もっと人間に内包する憎しみや怒りとともに、希望や慈しみといった感性から発せられた他者への行為そのものに目を向けていくことが、福祉教育に課せられた使命であり、ここから福祉教育は始まるからである。

いくつもの論文は、それぞれの学問的背景を異にしながら、「みえないものをみる力」「知ることから始まる存在への畏敬」「学び・かかわり続けることへの勇気と覚悟」「存在の基盤の確かさに立脚する」ことなどについて語っている。

ここで簡単に、本書に収められた論文のいくつかに触れておくこととする。

浅井は、自身が元ハンセン病患者、多磨全生園の森本美代治氏の講演で受けた衝撃から、「私の福祉教育は始まった」としている。「この国のなかで人間がないがしろにされてきた問題を、真剣に考えてこなかったという自らの反省」に立ち、「この人間としての怒りを共有する努力と、この現実を変える勇気を持ち合わせていなかったことを、恥じるものであった」と述べている。福祉学に取り組んできた専門家・実践家としての自らの不明を恥じつつ、新たな地平に乗り出していく覚悟に触れている。

佐藤は、学部が標榜する「Vitae dignitati――『いのちの尊厳のために』」を解読する作業を通じて、その思想的背景と私たちが向かっていくべき方向について示唆している。そして、「この世では自分が他人よりいかに優れた者になるか、あるいはいかに優れているとして自己提示するか、それが学ぶことの最優先課題になってしまっている。しかしながら、『福祉』を目指す眼には、異なったものが見えてしかるべきである」と指摘し、「いのちの尊厳のために」「生命のかけがえなさのゆえに」「人生の尊厳のために」「かけがえのない一生のために」「生活の尊厳に向かって」「生きることのかけがえなさゆえに」など、各自が各自の状況に合わせ、vita の複層的な豊かさを示すものに向き合う必然について語っている。この言葉は、いわゆる「福祉のコンセプト」そのものに向けて発せられていると受けとめられるものであろう。

尾崎は、一人の実習の記録をもとにした卒業レポートに触れて、自身の醜さ、弱さを抱えて実習に臨んだ学生の、その苦悶の過程のなかから生み出された強さやすがすがしさを読み込んでいる。一人の学生の心の軌跡を素直に感じとる感性が、実習生の傍にいる施設の実習指導者や大学教員にも感じとれる論文である。「私は『福祉』と呼ばれる領域のなかで誰かとかかわっていきたいのではない。『福祉』と呼ばれる領域のなかで誰かを助けたいわけでもない。私は人と人（あなたと私）とのかかわりのなかに『福祉』と呼ばれているような要素を取り入れたいのだ」と語るこの学生の豊かな言葉と思想に、感動を覚えるものである。

福山はクラスのなかにある学生たちの「孤独」と「怖れ」に対峙して、グループワークを取り入れた活動を紹介している。ここでは、「人はそれぞれに違った観点でものを見るのだと改めて確認しました」「考え方や意見などはそれぞれバラバラで、ある人は当たり前なことも別の人からしたら考えられないことだったり、みんな『考え』は違うということは前からわかっていたけれど……」という当たり前のことに直面し、そこから「私がコミュニケーションが苦手なのは、現在の自分を認めようとせず、統合性のある自己概念をもつことができていないと思われることや、積極的に他人とかかわろうとすることに苦手意識があることが、今考えてみると主な原因ではないか」と語るようになるまでの過程を紹介して、教室のなかにあるリアリティとしてとらえようとしている。

赤塚は、全学部に開かれた全カリ（いわゆる「一般教育」）での講義において「こころのバリアフリー」を訴えている。たくさんの当事者や関係者を登壇させることから、「それまで自分とは無縁であったことを『初めて知った』こと、『具体的に知った』こと、それをもとに考える時間をもったという経験が、その後の人生に何かをもたらしてくれているだろう」と結んでいる。この講義は、赤塚によって六年もの間継続され、多くの学生たちに刺激と感動を与えるものとなっている。この講義は、大学に福祉系の学部があることによって成し得たものであることを、強く心にとどめたい。

湯澤は、女性福祉の問題に関して、学生たちに「みえないものをみる力」を育てるという方向で具体的・実際的な問いかけを多方向から試みていくことで、学生たちの目と心を開いていく様子が記述されている。湯澤のなかにある大学教員であることへの戸惑いとともに、強い情熱を感じさせる論文として展開されている。

そして、岡田と森本は、地域福祉の専門の立場からではあるが、高畠町という場の力を「高畠力」と呼び、「民俗としての福祉」という枠組みから、地域のもつ独特のありように立脚した視座の必要性を訴えている。この視座は、これまで「地域福祉」と呼ばれてきた枠組みを、まったく新しい地平に根拠づけて認識することを主張しているという点では、新鮮な問題提起となっている。そして、そこに根拠づけて展開された「福祉実習」の新しい試みとともども、福祉教育の幅と奥行きを示唆するものとなっているといえよう。

読者の方々には、これらの論文から行間に表れた「問いと意味」を読み取っていただければ幸いである。

2　本書の構成として

本書は三部構成となっている。それは、「第Ⅰ部　実践としての福祉教育」「第Ⅱ部　コミュニティと向き合う福祉教育」「第Ⅲ部　福祉教育理念の再考」である。

できるだけ生々しい姿を読者に提示することを通じて、私たちの原点の確認と、これからの方向を点検するためである。この作業を通していくつかみえてきたことがある。

それらを列記してみると、以下のものが読み取れよう。

（1）学部での教育にみられる教員と学生とのダイナミズム
（2）教員自身の教育の軸の再確認
（3）学部教育の枠を超えた広がり
（4）正課と課外との往復運動の展開
（5）当事者の発信とそこから導かれる思想の広がり
（6）学生自身の自己探求

学生たちとのかかわりにおいて、一人ひとりの歴史に確かで豊かな眼差しが向けられていくことが教育であるならば、そのような教育を学部のなかに生み出していきたいと願っている。

教育は、教員と学生との間に存在する特別のかかわりの過程そのものであり、かかわりのなかから学ぶということは、教員も学生も各々変革を迫られるものであることだととらえている。教員はゆるぎなく動じないものであるというより、相互変容過程に参与する同道者である。教員は学生を動かし、変化を促し、評価する存在ではなく、強い者でも上部に位置するものでもなく、学生の揺れの傍らに立ち続けるものだと考えるからである。

さて、私たちはこの本を、大きな視点での「福祉教育」ととらえようとしている。それは、「福祉教育」というコンセプトに内包する「福祉」と「教育」とのはざまで学部教育がゆすぶられていることを、私たちなりに受けとめようとしているからである。

私たちは、これまで「福祉教育」が、福祉実践（いわゆる福祉対象者にかかわる諸方法の総体として）をとらえる視点と立場で展開されてきたことに、若干抵抗しようとしている。

福祉の思想はその設立から、「社会的弱者」「経済的貧困者」に対する社会の側の配慮と支援から生み出されてきている。だから、高齢者や子どもや、障害や病気をもつ人びとが、社会の力を借りつつその生活を構築していくことであり、こうした人びとと共に生きていく社会の側のシステムが工夫されてきたことに発するものであった。

現代では「社会的弱者」はその範囲を広げ、外国人居住者、難民など国際的視野が求められ、環境問題にいたっては、誰もが共通に加害者であり被害者でもあるという地平にまでたどり着いている。そして、犯罪被害者や被災者など、「生活」そのものが根底から覆される出来事も私たちのすぐそばにある。

私たちは、強い者であると同時に弱い者として現代に生きていることになる。特に、近年声高に叫ばれている「高齢者問題」については、誰もがいつかはたどりつく眼前の出来事として社会が向き合うことを迫られている。福祉学は、対象を広げただけでなく、人や人の生活にかかわることに、いつでも誠実であろうとする呼びかけであり続けたと理解している。

だから「序文」で述べたように、「『生のリアリティ』がもつ、わからなさ、矛盾、葛藤と向き合う時間や経験」を問い続けていくことが福祉教育の原点であり、その展望は果てしなく広くて深いものなのである。

私たちは、大学における教育のすべてを「福祉教育」という視座で語りなおすこと、学生の学びを通した自己変革への視座を保証するものであることを営みの中心に置いてきた。と、同時に、大学に福祉の学部が存在する意義と意味とを模索の柱に据えてきた。

私たちは日常の教育活動を、自覚的には「福祉教育」という枠組みとしては認識してこなかった。しかし、コミュニティ福祉学部における福祉教育は、①人間存在への根底からの理解、②学生の参加と成長の過程、③人びとへの共感と協働、④他者と自己への深い問いかけ、などとして展開されるものであると共通に理解してきた。

こうした営みを広義の「福祉教育」としてとらえ、これまでの狭義の「福祉教育」を乗り越える力を蓄えようとしてきた歴史である。いわゆる社会福祉の「専門家養成」に特化しない、「普遍的」「創造的」な取り組みとしての「福祉教育」を、社会に提案したいと考えているのである。

もちろん、私たちのつたない実践が、先に述べてきた「福祉教育」であると主張するには未熟であることを承知している。しかし、それでも現在取り組まれつつある福祉教育に対して、借りものや擬似的なものではなく、人と生活を確かに、相互に支える思想としての福祉教育に近づきたい。こうした希望を紡ぐことができるような実践と、それらを支える視座を追求していきたいとの想いは強い。

学部ができてちょうど十年が経った現時点で、私たちのこれまで探し求めてきた教育をとらえなおすことによって、次の十年に備えたいとの思いから本書は企画されている。

そして、本書を私たちの思想と意志に賛同していただいた誠信書房のはからいによって社会に送り出すことができることは、何よりの喜びである。本書の意図であるところの「生のリアリティ」とは、私たちの前に立ち現れている学生たちの存在そのものであり、学生と教員がこれからもかかわっていく人びととの関係であり、そして社会の現実や人びとの生活そのものである。このような生のリアリティに向き合っていく

「勇気」と「覚悟」を、私たちが持ち続けていくことができるように願ってやまないものである。
その意味で、本書は、これで私たちの福祉教育への試みが完結するものではなく、学生たちと実現すべき未来に向けての一つの宣言なのである。

二〇〇九年三月

編　者

岡田哲郎（おかだ　てつろう）【第 8 章】

現在：立教大学大学院コミュニティ福祉学研究科博士課程後期課程
専門領域：地域福祉
主著：『公共政策の社会学』（分担執筆）東信堂 2007 年

森本佳樹（もりもと　よしき）【第 8 章】

現在：立教大学コミュニティ福祉学部福祉学科教授
専門・担当領域：福祉情報，地域福祉
主著：『福祉情報化入門』（共編著）有斐閣 1997 年，『地域福祉情報論序説』川島書店 1996 年

原田晃樹（はらだ　こうき）【第 9 章】

現在：立教大学コミュニティ福祉学部コミュニティ政策学科准教授
専門・担当領域：地方自治，行政学
主著：『概説 現代日本の政治と地方自治』（分担執筆）学術図書出版 2005 年，『自治体の創造と市町村合併』（分担執筆）第一法規 2003 年，『自治・分権と市町村合併』（分担執筆）イマジン出版 2001 年

松尾哲矢（まつお　てつや）【第 10 章】

現在：立教大学コミュニティ福祉学部スポーツウエルネス学科教授
専門・担当領域：スポーツ・プロモーション，障害者スポーツ，スポーツ社会学
主著：『変わりゆく日本のスポーツ』（分担執筆）世界思想社 2008 年，『身体感覚をひらく』（共著）岩波書店 2007 年

空閑厚樹（くが　あつき）【第 11 章】

現在：立教大学コミュニティ福祉学部コミュニティ政策学科准教授
専門・担当領域：生命倫理学，人権論
主著：『現代思想』36 巻 7 号（分担執筆）青土社 2008 年

佐藤　研（さとう　みがく）【第 12 章】

現在：立教大学コミュニティ福祉学部コミュニティ政策学科教授
専門・担当領域：新約聖書学，宗教学
主著：『禅キリスト教の誕生』岩波書店 2007 年，『悲劇と福音』清水書院 2001 年

▩執筆者紹介（執筆章順）

福山清蔵（ふくやま　せいぞう）【第１章・編者のまとめ】
〈編著者紹介参照〉

尾崎　新（おざき　あらた）【序文・第２章】
〈編著者紹介参照〉

安積遊歩（あさか　ゆうほ）【第３章】
現在：CIL くにたち援助為センター代表
専門・担当領域：優生思想，障害当事者運動における生命倫理
主著：『車イスからの宣戦布告』太郎次郎社 1999 年，『ねえ，自分を好きになろうよ！』コウ・カウンセリングの会 1997 年，『癒しのセクシートリップ』太郎次郎社 1993 年

浅井春夫（あさい　はるお）【第４章】
現在：立教大学コミュニティ福祉学部福祉学科教授
専門・担当領域：児童福祉論，セクソロジー
主著：『子どもの貧困』（共編者）明石書店 2008 年，『保育の底力』新日本出版社 2007 年

松山　真（まつやま　まこと）【第５章】
現在：立教大学コミュニティ福祉学部福祉学科准教授
専門・担当領域：医療福祉，医療ソーシャルワーク
主著：『新版 保健医療ソーシャルワーク原論』（編集委員長）相川書房 2006 年

湯澤直美（ゆざわ　なおみ）【第６章】
現在：立教大学コミュニティ福祉学部福祉学科准教授
専門・担当領域：女性福祉，家族福祉，ジェンダー論
主著：『子どもの貧困』（共編者）明石書店 2008 年，『相談の理論化と実践』（共著）新水社 2005 年

赤塚光子（あかつか　みつこ）【第７章】
現在：立教大学コミュニティ福祉学部福祉学科教授
専門・担当領域：障害児・者（および家族）の地域生活支援
主著：『個別教育計画のためのはじめての特別なニーズ教育』（分担執筆）川島書店 2000 年，『社会生活力プログラム・マニュアル』（共著）中央法規出版 1999 年

■編著者紹介

福山清蔵（ふくやま　せいぞう）

立教大学大学院文学研究科修士課程修了

現在：立教大学コミュニティ福祉学部コミュニティ政策学科教授

専門・担当領域：カウンセリング，福祉臨床心理学

主著書：『電話相談の実際』（共著）双文社 1999 年，『カウンセリング学習のためのグループワーク』日本・精神技術研究所 1998 年，『臨床心理学』（分担執筆）日本文化科学社 1989 年

尾崎　新（おざき　あらた）

上智大学文学部社会福祉学科卒業，東京大学・博士（保健学）

精神神経科秋川病院，東京都精神医学総合研究所，

日本社会事業大学などを経て，

現在：立教大学コミュニティ福祉学部福祉学科教授

専門・担当領域：ソーシャルワーク，医療福祉，スーパービジョン

主著書：バイスティック，F. P.『ケースワークの原則——援助関係を形成する技法』（共訳）2006 年，『「現場」のちから——社会福祉実践における現場とは何か』（編著）2002 年，『「ゆらぐ」ことのできる力——ゆらぎと社会福祉実践』（編著）1999 年，『対人援助の技法——「曖昧さ」から「柔軟さ・自在さ」へ』1997 年，以上 誠信書房　ほか

生《せい》のリアリティと福祉教育《ふくしきょういく》

2009年3月31日　第1刷発行

編著者　福山清蔵
　　　　尾崎　新
発行者　柴田敏樹
印刷者　日岐浩和

発行所　株式会社　誠信書房
〒112-0012　東京都文京区大塚3-20-6
電話 03 (3946) 5666
http://www.seishinshobo.co.jp/

中央印刷　協栄製本　落丁・乱丁本はお取り替えいたします

ISBN 978-4-414-60145-9　C 3036

ケースワークの原則

援助関係を形成する技法

［新訳改訂版］

ISBN978-4-414-60404-7

Ｆ．Ｐ．バイステック著
尾崎　新・福田俊子・原田和幸訳

本書は，ソーシャルワーク臨床の原点である「援助関係」の基礎を論じた古典的名著である。今版は，「英国版への助言」及び更なる改訳を加えたことにより，バイステックの示した援助関係の意義・関係形成の技法が，より鮮明となり理解を促す。

目　次

四六判上製　定価（本体2000円＋税）

ケースワークの臨床技法

「援助関係」と「逆転移」の活用

ISBN978-4-414-60118-3

尾崎　新著

援助者の多彩な個性やもち味を十分に生かし，ダイナミックで生き生きとした援助関係を築くという発想，それを実現するための具体的できめ細かな記述は，新たなケースワーク臨床の地平を感じさせる。

目　次

A5判上製　定価（本体2200円＋税）

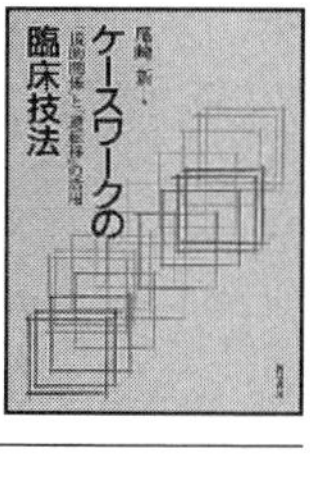

「ゆらぐ」ことのできる力
ゆらぎと社会福祉実践

ISBN978-4-414-60326-2

尾崎　新編

社会福祉を実践するなかで援助者やクライエント，家族などが経験する動揺，葛藤，不安，あるは迷いなどの「ゆらぎ」は実践の専門性や質を高める出発点となる。この「ゆらぎ」の諸相をさまざまな角度から捉え，「ゆらぎ」に直面する力について事例を中心に考える。

目　次

四六判上製　定価（本体2600円+税）

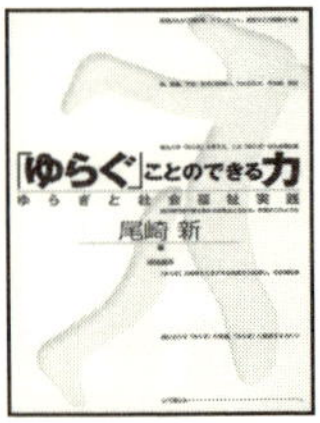

「現場」のちから
社会福祉実践における現場とは何か

ISBN978-4-414-60327-9

尾崎 新編

看護や精神医療の現場の人も含めて，さまざまな職種の人々がそれぞれ実践における「現場」の意味を考える。現場の持つ意味を考え直すことによって，ケアの受け手と与える側の立場の逆転など，さまざまな新しい視野が広がる。

目　次

四六判上製　定価（本体3000円＋税）